新教育力译丛
名师工程

有效教学：证据与实践

（第四版）

[英] 丹尼尔·缪伊斯（Daniel Muijs）
[英] 大　卫·雷诺兹（David Reynolds）◎著

杨华 沈诗扬 ◎译

EFFECTIVE TEACHING
Evidence and Practice (4th Edition)

西南师範大學出版社
国家一级出版社 全国百佳图书出版单位

图书在版编目（CIP）数据

有效教学：证据与实践：第四版 /（英）丹尼尔·缪伊斯 (Daniel Muijs)，（英）大卫·雷诺兹 (David Reynolds) 著；杨华，沈诗扬译．-- 重庆：西南师范大学出版社，2019.12

（名师工程·新教育力译丛）

书名原文：Effective Teaching: Evidence and Practice（4th Edition）

ISBN 978-7-5621-9819-2

Ⅰ．①有… Ⅱ．①丹… ②大… ③杨… ④沈… Ⅲ．①教学研究 Ⅳ．① G420

中国版本图书馆 CIP 数据核字 (2020) 第 003465 号

有效教学：证据与实践（第四版）

YOUXIAO JIAOXUE：ZHENGJU YU SHIJIAN（DI-SI BAN）

著　　者：[英] 丹尼尔·缪伊斯 (Daniel Muijs)
　　　　　[英] 大卫·雷诺兹 (David Reynolds)

译　　者：杨　华　沈诗扬

责任编辑：郑持军　李　玲

封面设计：闰江文化

排　　版：重庆大雅数码印刷有限公司·吴秀琴

出版发行：西南师范大学出版社　地址：重庆市北碚区天生路 2 号
　　　　　邮编：400715　市场营销部电话：023-68868624

经　　销：新华书店

印　　刷：重庆荟文印务有限公司

幅面尺寸：185 mm × 260 mm　　**印　　张：**15.5　　**字　　数：**348 千字

版　　次：2020 年 3 月第 1 版　　**印　　次：**2020 年 3 月第 1 次印刷

著作权合同登记号：版贸核渝字（2018）第 272 号

书　　号：ISBN 978-7-5621-9819-2

定　　价：48.00 元

第四版简介

本书第四版主要扩充了第五部分(教师职业发展),其中有关教师职业发展的章节(第18章)和教师评估的章节(第19章)是全新章节,反映了最近几年英国社会对高质量教学的探讨情况。

此外,我们还在每章增加了一些"思考题",旨在帮助读者结合每章内容对一些关键问题做进一步的思考。

附录有每章"思考题"的答案,这些答案并不是唯一正确的,仅供读者参考。

第四版还涉及了一些自第三版以来教育领域讨论得比较多的话题,如认知科学、学习的基因理论、核心知识、翻转课堂和新加坡的数学等。

我们还对本书的结构进行了一些调整,重新安排了有关因材施教的章节(第三部分)和有关学科知识和测评的内容(第四部分)。

旧版中有关问题解决、高级思维能力和建构主义教学等内容被整合到第五章的元认知和自主学习理论中;有关课堂管理和行为管理的内容被整合到第7章,以反映这些内容的相关性。旧版中的个性化学习被整合为差异化学习理论(第14章)。

除这些新章节和新结构之外,每章的内容都根据教育理论研究和实践的变化进行了新的调整和补充。

作者简介

丹尼尔·缪伊斯(Daniel Muijs)先生是南安普顿大学教育学教授,社会人文和数理学院主管研究与实业的副院长。他曾任职于曼彻斯特大学、纽卡斯尔大学和沃里克教育学院等知名学府,是教师和学校效能研究以及量化研究法等方面的专家,也是《学校效能与学校改进》(*School Effectiveness and School Improvement*)杂志的编辑。他发表并出版过大量有关学校效能和改革、教育领导、研究方法等方面的文章和著作,此外,对理论研究、政策与实践的关系等方面也有很强的研究兴趣。

大卫·雷诺兹(David Reynolds)是斯旺西大学的教育学教授。他曾任多所名校(如南安普顿大学、卡迪夫大学、埃克塞特大学和纽卡斯尔大学等)教育项目负责人,在学校效能、学校发展、教师效能和阅读障碍症等方面的研究颇富国际声誉并发表过200多篇论文。他与其他人共同成立了"国际学校效能与改进学会"(ICSEI),该组织现有60个成员国。他还是8个国际刊物的编委,雷诺兹对教育学研究在国家教育政策方面的影响尤感兴趣,是英格兰和威尔士政府的教育顾问。

致　谢

迪克森学院合伙人:菲尔·戴维斯(Phil Davis);贝德福德免费学校校长以及卓越学校执行校长:斯图尔特·洛克(Stuart Lock);奇切斯特大学的茱莉亚·奥凯利(Julia O'Kelly);约克圣约翰大学的彼得·雷蒙德(Peter Raymond),以上各位为本书第四版提出了许多宝贵的意见和建议,在此表示感谢。

目录

CONTENTS

引言　英国有效教学研究综述

诚然，教学是学校最重要的活动，也是教师从事的主要活动。然而，直到过去几十年，英国才开始对教学本身开展研究，开始评选最佳教学，才有试图改进教学的相关政策。我们先来回顾一下过去四十年间所发生的事情吧。

英国研究综述

美国有成千上万的“过程—结果范式”研究（Borich，1996；Brophy，1981；Good等，1975）。这种研究涉及大量范本班级，通过对这些班级学生的某种学术能力如阅读能力进行“研究前测试”和“研究后测试”，对这些班级的学生课堂行为、学习态度和课堂气氛进行深入观察，发现这些班级学生的能力进步与教师的性格有很大关系。这类研究成果产生了20世纪七八十年代和90年代著名的“有效教师”清单：

（1）日常教学和管理清晰明了；

（2）所设课程能给学生提供大量学习机会；

（3）良好的课程组织结构；

（4）使学生能高度集中注意力的课堂管理；

（5）能把课程内容教给学生的积极教学；

（6）高水平高质量的问题设定；

（7）良好的时间管理；

（8）频繁的学习反馈。

与之相比，英国在这些方面的研究显得少之又少，研究成果也相当落后。早些年有学者试图研究学生的学业成就与小学教师的教育观念、教学风格和教学实践的相关性，他们把这些教师分为“改革派”与“传统派”，可惜这类研究并不成功（Bennett，1976），还受到各方的指责批评。不过这类研究发现，所谓“改革派”教师教出的学生学习成绩反而更低，但有趣的是，“结构一致性改革派”不论是作为一种教育观念还是教学实践，其学生的学业成就却是最高的。但无论如何，学生学业成就的多样性与教师教学“风格”的多样性并没有多大相关。

另一项值得一提的是英国的ORACLE中学研究项目，该项目与美国的“过程—结果范式”研究极为相似（Galton，1987）。该项研究发现，被称为“课堂跟踪者”的教师的学生在数学和语言方面取得了相当不错的学业成就,可惜这种效果并没有扩展至阅读方面。而被称为"个体监控"的教师的学生的学业进步最差。不过,值得注意的是,"课堂跟踪者"教师花在课堂互动教学上的时间是"个体监控"老师的四倍(Croll,1996)。进一步分析发现,不同教师—学生互动模式下的学生所取得的学业成就不同,教师与全班互动还是与小组互动和学生的进步有一点正相关,正如克罗尔(Croll,1996:23)指出的那样,"学业进步与非个性化互动呈正相关"。克罗尔还发现,将ORACLE研究用于教学实践有两个问题,即用"全班互动法"的老师在课堂上的教学技巧并非异于其他教师,而其他教学风格的教师如所谓的"常规教学者",他们没有进行多少全班性的互动,然而学生的学业成就仍然高于平均水平。ORACLE项目还着眼于研究学生用于课业的时间(或称为学习时间),结果显示,全班互动法与学生用于课业的时间呈正相关,"课堂跟踪者"的学生用于课业的时间为中等,而全班互动法的学生用于课业的时间比前者多出10个百分点。PACE研究(Pollard等,1994)也注意到了全班互动法学生的高课业负担。ORACLE研究(Croll和Moses,1988)的进一步分析显示,使用全班互动法越多的班级,花在课业上的时间越多。而使用小组互动法的班级却没有显示这种相关性。全班互动法与课业时间的关系比同样适用于其他使用这种教学法的场所,只要使用这种教学法,学生花在课业上的时间就会多于他们独立学习的时间。另一个值得一提的英国教育学研究项目是由彼得·摩特莫等人(Mortimore等,1988)主持的一项研究,他们针对一大帮学生,收集大量的数据,包括其所在班级、所在小学和他们的个人背景资料,对其初中四年进行跟踪研究。在研究中,摩特莫和高尔顿(Galton)都发现了一种普遍现象,在初中阶段,教师都会花很多时间与学生个体进行交流,所花时间远远超出花在进行全班教学或组织学生进行小组合作的时间。从班级层面来看,有效教学应有如下特质:

(1)教师负责组织学习活动,如结构性教学;

(2)活动期间学生对自己的任务负责,有相对独立性;

(3)一次活动只涉及一门课程;

(4)与全班高度互动;

(5)教师提供丰富的、有一定难度的任务;

(6)学生在活动中具有高度参与性;

(7)教室里具有积极的气氛;

(8)教师要经常赞扬和鼓励学生。

摩特莫及其团队的研究表明,那种花大量时间与学生个体接触的老师其实花了很多时间在日常琐事上,用于解决学业问题的时间反而少些,而那种用课堂讨论教学法的老师则倾向和学生进行有关学习问题的讨论。摩特莫总结道:有效教学的课堂因素应该包括结构良好的课堂、有一定难度的教学内容、利于学习的课堂环境、师生之间的互动和突出的学习重点等。蒂泽德等人在对市区学童低教师期望的样本进行的一项研究(Tizard等,1988)中发现,对个体教师的要求越高,教师越能提供更大范围的课程和良好的学习体验。不同教师提供的课程范围差距巨大,这在很大程度上影响到学生的学业。有些学生的大量在校时间被用在其他跟学业无关的事情上，在有些学校，甚至不到半天的时间用于课堂学习，也只用了61%的时间在学习任务上。OFSTED虽然不是一个研究项目，但也是跟有效教学有关的，这个项目的报告"基础"(OFSTED,1995)列出了一系列与有效教学相关的因素：

(1)良好的学科知识；

(2)良好的提问手段；

(3)注重教学；

(4)谨慎使用小组教学；

(5)教学目标明确；

(6)良好的时间管理；

(7)有效的教学计划；

(8)良好的课堂管理；

(9)有效利用教师之外的教学资源。

20世纪90年代末和21世纪初，有关有效教学的主要研究就是我们团队进行的一项专门干预数学教学的"数学进步计划"(Muijs和Reynolds,1999,2000b,2002,2003b;Reynolds和Muijs,1999a)。这项研究用了一年时间，其研究对象为35所小学的所有学生。我们用一系列标准的手段对这些学校的教师行为、学生行为和课堂结构等进行干预和观察。被观察的教师行为有将近60项，涉及课堂管理、学生行为管理、教学质量、与学生的教学互动、每段教学内容的复习与练习、教学手段的多样性、联结主义教学法的使用、课堂气氛的营造等一系列跟学生学业成就有关的因素。可惜我们并没有发现哪项特定教师的行为会特别影响学生的学业成就，但我们发现了不少小的相关性，这表明，有效教学并不是要做对什么"大事"，而是应该做好很多"小事"。我们的进一步分析发现，"有效教学"是影响学生成长的一项重要因素，仅次于他们的学业水平，这进一步印证了我们先前提出的教学是重点的观点。我们的研究还表明，教学行为并非是影响学生学业成就的唯一因素。其他因素如教师的教育观、学科知识和自我认识(或是他们对自己作为教师的能力评估)等等，这些因素关系到教师是否能使用更为有效的教学手段来提高学生的学业成就，因此，这些也可算是影响学生学业成就的因素。

近年来，对有效教学的研究、对这类研究的评论综述以及有效教学的实验样板逐渐增多(见诸如Campbell等,2004;Muijs等,2014)。例如，特德利和雷诺兹(Teddlie和Reynolds,2000)曾对1500多项教育研究进行了综合评述，但在对有效教学研究的评述里，并没有专门的章节论述教师的有效教学。然而在2015年的新版本里，关于教师教学有效性的章节(Chapman等,2015)已增加了一倍。这个领域已有许多新的研究发现，如EPPE(有效的学前教育)研究项目以及我们自己的研究显示，教学质量对学生阅读和数学方面的学业成就的影响远远大于学生的个体背景因素如性别、贫困等。具体来说，教学质量涉及丰富的教学手段、积极的课堂气氛、有效的课堂时间、如何对待学生反馈、教师对学生的需求敏感而非漠不关心(Sammons等,2008)。VITAE项目(即教师工作、生活和效率的多样化)研究也表明，教师对工作的投入和抗压的表现与学生在7岁、11岁和14岁时参加全国联考的成绩有关系。最新的英国有效教学研究是由萨顿信托和英国政府建立的EEF(教育捐赠基金会)进行的。该基金会已开展旨在提高学生学业水平的随机干预试验,具体目标是减少来自贫富不同阶层的学生的学业差距。他们已经发表了一些总结性的研究成果,如“教学工具包”,进行独立测试的教学干预等。这项计划的关键是使用了独特的、严格设计的随机试验,这在英国尚属首次。其主要的干预在课堂教学,他们使用了多种经过测试的教学手段,从尽量发挥教师助理的作用到儿童哲学(Education Endowment Foundation,2016),然而,从一系列检测来看,该项目还没有产生多大的效果。

在美国,有效教学的研究虽然沉寂了一段时间,但在梅琳达·盖茨基金会的支持下,有一个“有效教学测试项目”,致力于对有效教学测试方法进行研究,该项目具有一定的国际影响。

该项目用随机分配的方式,使用成绩提高率、课堂观察和学生调查等手段收集2009—2010学年进入该项研究的各教师的能显示其教学有效性的相关数据。项目内各个学校的学生在下个学年会被随机分配给不同的老师。研究发现,在2010—2011学年,分配在高效能老师手下的学生学业成就高于在低效能老师手下的学生。这项研究清楚表明,教师教学的有效性是可以通过学生学业成就监测到的(MET Project,2013)。

关于教学的有效性,在英语世界之外也有不少有趣和重要的研究,特别值得一提的是克利梅(Klieme)等人的研究。在借鉴前人研究成果、建构主义学习理论和研究了一系列教学录像的基础上,他们提出了一个结合认知和学习动机的有效教学模式,这个模式试图从三方面掌控教学有效性:认知活动、课堂管理和良好的学习氛围(Klieme,2012)。克利梅及其团队强调,学生知识的获得要靠教师的教学,而教学应当注重概念及其与学生已有知识的连接。教学的基本重点是教会学生解决问题,但这并不是要否定其他基本技能的学习。解决问题、与已有知识的连接、内容讲解、练习等等都是这种有效教学模式的内容。这种模式也包含了前人在有效教学领域的研究成果,如练习时间、课堂管理等。

有效教学研究发展的另一个趋势是大型国际化研究越来越多。由经济合作与发展组织(OECD)进行的PISA研究项目即是一例。这项研究影响广泛,其进行的国家教育排名已促使如威尔士、德国等地区和国家开展了教育改革。在PISA项目中表现突出的国家已将其视作教育改革的航标灯。不过,实际上各国可借鉴的东西并没有那些政府官员想的那么多。还有一个不是特别出名的研究项目是OECD的教学国际化研究(TALIS)。这是一个对教师和校长的国际化调查,2008年首次开展,分别于2013年和2018年再次进行。2013年的调查涉及34个国家6500所学校的100000名教师和校长。调查主要集中在学校环境、教学风格、教师的自我认识和教师的工作环境等方面(OECD,2016)。这个调查发现了教学方式的国家差异,也暴露出该项调查的两个不足的地方:一是缺乏教学效果测试手段,二是只使用了教师方面的问卷,没有提供学生方面的问卷,不过这两个问题后来都得到了纠正。关于第一个问题,通过相关连接研究,一些国家可以让一些学校同时进入TALIS和PISA项目,这样PISA项目学生的学业成就可以和TALIS项目里的教师数据相匹配;关于第二个问题,已经有数个国家开始对教师的课堂教学进行录像备案，这样就可以通过TALIS项目，对教学录像进行研究，进而解决这个问题。

过去五年，英国教育研究最重要的发展应该是在对教师的研究方面。以往，政府和学界制定政策往往毫无研究依据，或是依据不足（如学习风格等），对此教育基层感到失望不已，于是他们自发组织起来，进行一些高质量的研究和实验，让广大教师得以见识什么是可靠有效的研究。因此，在英国，各类教育组织和活动等如雨后春笋般出现，其中最有名的是汤姆·贝内特（Tom Bennett）创办的“教育研究”（ResearchED）。近几年出现的其他组织还有“教学接管”（Teaching and Learning Takeover），“Pedagoo”和各种叫“教学圈”（TeachMeets）的组织等。此外，教育方面的各类博客、社交媒体也极为活跃，教师可以在此分享他们的教学实践和研究成果，对现有的研究、实践和政策进行颇为深刻的点评。如“来自教育前线的报道”（Scenes from the Battleground），“教师的工具箱”（Teacher Toolkit），“学习间谍”（The Learning Spy）等等。

历史忽视了教师

本书要探讨的各类研究成果都是最近的，为什么还要回顾历史？这是因为对教师的看法长久以来一直有一个误区，认为教学活动体现的是教师思想和灵魂深处的本质，是这些本质的东西决定其教学效果的好坏，就如艺术家创作的艺术品反映的是他们的思想和灵魂一样。人们把教书看作是一种跟艺术创作一样的活动，而不认为它是可以通过学习获得的、具有科学依据的“实践技术”。因此，教学被认为是无可研究的。

另外，在微观政治层面教学研究遇到了许多障碍。花了二十年时间，中学教学有效性差异化才进入政客、公众和专业人士的视野（Teddlie和Reynolds，2000）。不过，他们关注的教学有效性还只停留在教师个体的层面，还没有从学校整体层面来看待教学效能的问题，他们以为只要问责教师个体就可以改进提高教学效果。这让教师群体很受伤，因为每次对学校进行教学评估的时候，被评估的只是教师个体层面，而不是学校这一整体层面。有人提出国家应该进一步对教师进行监管，在诸如此类的政治和其他外界因素的干预下，专业人士开始注重对教学效能的研究，提高人们对有效教学带给社会的正面和负面影响的认识。

英国在教学效能方面的研究之所以落后，还跟我们的学术特点有关。我们在教学研究领域缺乏具有心理学知识背景的研究人员，这类人才在其他国家如荷兰、德国、法国、意大利、北欧三国甚至美国等都是教育研究领域的中坚力量。

最后，英国成功进行了“学校效能运动”，这可能转移了学术界以教师为基础的研究方向。20世纪六七十年代，美国和英国对试图用教育制度来建立一个公平的社会这一想法普遍持悲观态度，这从“教育不能补偿社会”（Bernstein，1968）这一论断可见一斑。研究表明，在所有因素可控的条件下，学校对个体发展的影响是微乎其微的，这可以从科尔曼等人的报告(Coleman等,1966)和詹克斯及其团队的报告(Jencks等,1972)中看出。

以上各因素导致首先在美国,后来在全球范围的对学校效能的研究,人们试图反驳上述论断,力图说明"学校改变命运"。但是大家的重点都放在学校的各种评估上,而忽视了教师这一群体的建设。就这样,直到十年以前,除了克里莫斯(Creemers,1994)、特德利和斯特林菲尔德(Teddlie和Stringfield,1993)、摩特莫等人(Mortimore等,1988),大多数教育效能研究都被禁锢在对学校的研究,而非对教师这个群体的研究上。

忽视教师的代价

毫无疑问,"教学""教师"研究的长久缺失妨碍了英国教育的发展,主要体现在下面几方面:

由于没有足够有效的研究成果,我们对教师教学"有效性"的界定是靠OFSTED、教学委员会或教育部,而他们的界定又缺乏研究依据,易受政客操控。

由于缺乏这方面的研究文献,在其他国家取得了良好效果的教学有效性实践在英国却不能生根,因为我们理解不了人家为提高"教学"水平所投入的努力。

我们的学校即使对他国有效教学实践有强烈的兴趣,但由于缺乏这方面的专业文献,人们很难对其进行概念整理、描述和定义。没有明确界定什么是教师的有效性,大量的专业、政治辩论,正如"改革派教学对传统派教学"的辩论那样,都是些马后炮,常常牛头不对马嘴。研究的缺失导致我们长期的毫无意义的"无理争论"。

然而,从一些研究结果来看,教学很重要,教师以及他们的教学方法对学生的学业成就有相当大的影响。从我们研究(Muijs和Reynolds,2003b)的样本学校显示,高效能老师和低效能老师教出来的学生,在数学考试上有20多分(这里的"分"和阅读的"分"一样)的差距。让我们来换一种说法,学生学业成就之间的差距(即方差),可以非常清楚地说明学生各自的不同特点和情况,但是,学生学习好坏,教师的影响力比学校的影响力大近四倍。(见下表,选自雷诺兹,2006)

学校、班级和学生的数学成绩方差表

	学校	班级	个人
第一年	9.9	14.1	76.0
第二年	5.6	18.0	76.4
第三年	4.8	28.8	66.4
第四年	5.7	22.4	71.9

注:年是指学年;数值显示的是某个年级数学成绩的均方差

我们来观察不同教师小组在相关领域的差异以及由此带来的影响。由费希尔家族基金提供的最新数据(Reynolds,2006)显示,在65%~75%的中学,处于第三关键阶段的学生的学业成就基本达到国家要求,这表明,如果把学生划分成六组(男女学生三个核心科目各一组)会发现:

(1)80%学校的成绩提高率显著高于某个单独小组的成绩提高率;

(2)在三年内,50%的学校至少有一个小组的成绩位于全国前20位。

值得注意的是,不仅仅是学术界认为教学是有关教育政策的"可变"变量,其他社会团体也有此共识,并且此共识开始影响教育决策。如OECD发表了一系列有关教学的报告,虽然这些报告并没有多少教学实践的依据,但它们都不约而同地指出教学质量的提高要靠提高教师的专业水准。目前,我国有关教师发展项目的参加人数、各种在职训练和职业再教育等活动越来越引人关注,教学和教师得到了前所未有的重视。

本书的框架结构

如此,本书旨在把这个蓬勃发展的教学研究领域呈现给广大读者。在第四版里,我们涉足了许多新的研究课题,删减了原有的一些不相关或不太重要的内容。

和以前的版本一样,我们查找了许多相关领域的文献资料,每一章的内容(如直接教学、活动教学、全班互动教学等)都可作为一定范围的搜索条件,在如Web of Science,Scopus and Ebsco等数据库进行搜索。本书的目的是给读者提供一个以实证研究为基础的关于有效教学的概述,因此我们在选材上注重的是实证,我们选择的研究主要有以下标准:

(1)课题的相关性;

(2)研究方法清楚,有清晰的样本和人数;

(3)研究设计精准;

(4)观点和结论新颖。

本书分为五部分,第一部分,我们讨论的是教学的核心;第二部分,学习框架的建构,我们要讨论涉及学习环境的主要因素,如课堂气氛等;第三部分,我们着眼不同对象的教学;第四部分,我们要讨论关键学科如语文和数学等的教学和测试;第五部分比较短小,主要是讨论教师的职业发展。

第一部分包括6个章节,在第1章中,我们首先要回顾有关"教学核心"的研究,勾勒出我们所认识的学生学习,接下来的两章主要着眼在引言部分所提到的关于"有效教学"的各种研究。

在第2章里,我们总结了关于有效教学研究的各种研究方法和研究成果,其中,"直接教学法"被认为是最有效的基本教学法,我们将专门进行讨论。

第3章探讨的是"交互教学",这是"直接教学法"的基本组成部分,也是公认的最有效的教学法。"交互教学"研究产生了许多翔实的、可操作的成果,如:如何提出适合学生认知水平的问题?学生答错了该怎么办?等待学生回答问题的最佳时间是多久?等等。

第4章,我们要看看小组互助学习和同伴互帮学习的缺陷和优势。

第5章,我们来到元认知理论和思维技能训练,在过去的10年里,这个领域产生了不少的研究成果。

第6章,我们探讨教师关于教育、学生和教师自己的信念问题,还有学科知识在有效教学中的地位问题。

在本书第二部分,我们要讨论大量关于教学、行为管理、课堂气氛、家庭作业等方面的研究,这是教师效能研究的关键内容。

第7章是关于教室和课堂行为管理的,我们要探讨如何避免在一节课开始和结束时,或是在课程内容衔接处被打断,怎么样建立清楚的课堂规则和教学过程,以及如果学生有不良行为该如何处置,等等。

第8章,我们要看看课堂气氛,包括如何建设愉快的课堂气氛,教师期望的重要性等。

第9章,我们要讨论家庭作业的问题,包括家庭作业的主要形式、主要目的,如何有效使用家庭作业等。各种研究表明,家庭作业是学习的重要手段之一,家庭作业应根据学生的年龄有所不同。

第三部分,我们专门探讨如何根据学生的不同需求提供相应的教学。

第10章,我们讨论如何发展学生的"非认知"水平,这包括自我认识、社交能力、适应能力和幸福感等。

第11章,我们要关注一下有特殊需求的学生,如学习困难者、有听力问题者、行为困难者、专注困难者等等,我们也会涉及有关如何把特殊学生放入普通班级里学习这方面的研究成果。

第12章,我们要讨论超常学生的问题,包括如何鉴别他们,培育超常学生的各种手段(如按能力分组、丰富课程、合作学习和加速学习等)的优缺点。

第13章,我们要讨论关于早教的各种观点,如何在幼儿园阶段让孩子做好学习的准备、玩耍的重要性以及其对幼儿的意义。

第14章,探讨如何处理学生的差异性,包括筛选、分流和安置等,个性化教学和其他方式等。

第四部分讨论的是具体的学科教学和测评。近几年教育领域最有争议的话题之一就是语文教学。

第15章,我们要讨论最有争议的两个教学法,即"自然拼读法"和"全语教学法",我们要讨论儿童如何习得阅读能力,如何教给他们这种基本能力等。

第16章关注另一个基本能力——数学能力,我们要研究儿童如何学习数学,以及其他研究对数学教育的影响。

第17章,我们专门关注"学习测评",列出了学校常用的测评方法,用测评结果更好地提高学业成就、理解能力,彻底地改进教学反馈,分享学习目标,使用自我测试和进行学习规划。

第五部分将探讨教师发展之道，尤其是职业再教育和教学效果测评。

第18章，研讨教师的职业发展之道，通过我们提出的框架，鼓励教师提高自己的教学有效性。

第19章，我们关注教师教学效能的测评，包括成绩提高率、课堂观察、校长评估和学生调查等。

在本书结尾部分，我们从教学效能这一主题的各类研究成果的述评转为对未来有效教学的展望。未来的教学行为会变得更加复杂，不同学校、不同科目、不同教学内容会对应不同的教学形式，以适应不同的教学发展要求。教学效能会考虑更广泛的、多样化的社会需求。

未来需要我们拥抱各种新观念新思潮，以此来改进我们的学校——我们应把每个最佳的学校实践经验推而广之——通过风靡世界的认知理论来指导我们的教学实践，提高学生的学习能力。我们还应该更好地利用信息交流技术（ICT）。未来充满了对教育工作者的挑战。

我们希望这本书能尽量全面而广泛地涵盖所有关于有效教学的内容。然而，要想在一本书里把所有各方面研究的详细内容都囊括进来是不可能的，我们注重的是广度而不是深度。希望此书能起到抛砖引玉的作用，读者可以结合其他文献进行有关教学效能的进一步阅读和探索。

第一部分

教学的基本要素

第1章　学习与智力理论

本章要点

在本章,我们要涉及:

- 行为主义学习理论的主要观点;
- 皮亚杰和维果茨基的学习理论及其现实意义;
- IQ的意义以及传统理论;
- 加德纳的多元智力理论;
- 认知科学的发展。

引论

本章主要讨论几种儿童学习理论。学习理论在教学研究中非常重要,它可以使我们更好地了解学生的学习规律,提高我们的教学效果。学习和智力理论丰富多彩,不可能在一个章节里全部都讨论到,我们只集中讨论最具影响力的几种。

IQ理论

IQ理论是最早在教育界产生广泛影响的有关学习的理论之一。

IQ理论主要研究的是智力这个概念,智力好坏决定了一个人的学习能力,进而影响其学业进步,最终决定其能否在社会上处于优势地位。威廉·施特恩(William Stern)是20世纪早期最主要的IQ理论家,他认为智力是先天的。欧美的许多心理学家都支持这种结论,心理学家特曼和比内(Terman和Binet)还发明了专门测试人类先天智力的工具。还有瑟斯通和斯皮尔曼(Thurstone和Spearman)发明的要素分析法。这类分析法中的所有项目(问题)都是针对一个主要因素即被称为"G"的一般智力(general intelligence)。这类理论认为,每个人都有一个潜在的"G"即一般智力,它决定我们的学习能力和学业表现(Howe,1997)。

可是这种被认为可测量的智力是先天的还是习得的?这个问题引起了各种争论。初期的理论大多认为智力是先天所得。后来一些理论又认为智力并非完全是先天所得，通过教育干预，智力可以得到提升，这种观点的代表是英国的CASE研究项目。在过去几十年，所有进行IQ测试研究的国家，他们的IQ测试成绩都有普遍提高，这也证明了IQ的可习得性。当我们测试一个人的智力时，无论其先天智力怎样，我们其实都是在测试其受教育的水平。但是，又有不断的证据显示，我们的学业表现其实是有一定的基因背景的。关于这个我们下面会讨论到。

除了智力是先天还是习得的争论，整个IQ理论多年来还受到以下几个方面的批评质疑。首先是测量智力并得出“G”的方法。我们无意在此进行深入的数据分析，但是，应该注意的是，是先有潜在要素的理论，才有了专门针对这种理论的要素分析法。如果你用别的方法，你会发现有更多的其他因素出现。因此，是先有了各种理论才有了为这些理论设计的各种测试方法。其次，智力理论只注重“学术”智力，它忽视了其他技能。对此，后来的学者从不同的角度提出了新的见解和看法(Gardner，1983)。最后，这种认为仅靠一个因素就可区分人类的观念很多时候被人误用。早些时候，有人把这种智力测试用于社会不同群体，结果表明确实存在群体智力差异。(其实有人就是想证明有些群体确实不适合承担领导社会的责任)这些所谓的研究成果本身比“群体智力差异”本身更能说明一些社会问题。在美国，这类研究集中在不同族群智力差异上(白人的智力测试得分高于黑人)，法国主要研究不同性别之间的智力差异(男性得分高于女性)，英国则把重点放在不同社会阶层的智力差异上(上层社会的得分明显高于劳动阶层)(Blum，1980；Gould，1983)。虽然有来自各方的批评，但完全否定IQ理论也是不对的。有证据显示，智力确实影响学生在各科的学习表现，比如在数学和语文上，学生的表现确实和他们的智力有非常大的关系，可惜很多人没有认识到这点。

多元智力理论

我们在前面谈到，IQ理论强调的是一般智力，这种观点长久以来不断引起争议。然而几十年下来，在学习能力和智力研究方面却没有任何理论可以取而代之。这个情况直到20世纪80年代初，霍华德·加德纳(Howard Gardner)的《智力的构成》一书的出版才得以改变。此书也奠定了他“多元智力理论”的基础。

加德纳采取了与IQ理论全然不同的研究角度。他认为，人并没有所谓的一般智力，而应该有一系列的智力。因此，我不能事事聪明，但我可能在某些领域特别聪明，比如数学；别人有可能在其他方面特别聪明，比如体育运动。加德纳(1983，1993)首先把智力分成7种类型：

(1)视觉/空间智力。它使学生擅长进行图像思维。这种学生需要生动的图像来处理保存信息，他们喜欢看图画、图标和各种录像。

(2)语言智力。这是使用词汇和语言的能力。这种学生往往具有很强的语言表达能力，他们通常能言善辩。他们思考的工具是语言，而不是图像。这个对应IQ测试中的语言测试部分。

（3）逻辑/数学智力。这是使用理性、逻辑和数字的能力。这类学生喜欢用逻辑和数字概念进行思考，擅长把各种信息联系起来。他们喜欢提问题、做实验。这个能力对应的是传统IQ测试的非语言部分。

（4）身体/运动智力。这是有关身体运动和掌控物体的能力。这类学生通过身体运动表达自己。他们的平衡感和手眼协调能力很强。他们通过和身边的空间互动来处理和记忆信息。

（5）音乐/韵律能力。这是创作和欣赏音乐的能力。这类学生用声音、韵律模式来思考。他们对音乐和韵律有很强的反应，对身边的各类声音非常敏感。

（6）人际交往智力。这是与人相处并理解他人的能力。这类学生易于同情他人并擅长从他人的角度为他人着想。他们擅长体察别人的感情、意图和动机。总的来说，他们能促进团体的和平与合作。他们也善于操控别人。

（7）自省的智力。这是进行自我反思、注重内心的能力。这类学生善于理解自我的内心感受，以及与他人的关系，能认识自己的优缺点，有梦想。他们的能力在于自我反省（Gardner，1983，1993）。

关于多元智力理论，长久以来有一个误区，即认为一定有一个处于支配地位的智力形式。但是现实并非如此，我们每个人都在一定程度上拥有以上提到的所有智力。大家还应该记住，要做好某件事，必须动用不止一种智力。还有人认为这种多元智力理论显得武断、随意，所选择的7种智力是没有科学依据的。加德纳认为这也是一种误解。每种智力的定义都是有一系列标准，是有发展心理学和人类文化学等学科做依据的。

（1）从大脑功能来说，每一项智力都可以在人类大脑的某处找到其功能区。这已经通过大脑图像技术得到了证实。

（2）有某种智力上的天才、自闭症特才和其他优秀人才。要想成为某种奇才，某种领域一定得有一些特别的才能作为证据。

（3）一系列核心操作。鉴别某种智力，一定得有一套特别的、可辨别的操作过程。

（4）有一个发展的过程。真正的智力是有一个发展过程的，在人的发展过程中，一定有一个水平能达到精熟的地步。

（5）有一个进化演变历程。真正的智力可以通过文化人类学追踪到其在我们这个种群中的演变历程。

（6）是由心理学任务支撑的。一种真正的智力是可以通过完成临床心理学的具体任务来进行观测的。

（7）受到心理测量的支持。真正的智力是可以用心理测量来测试的。心理测量是一种标准测试，用于测量心理的某些方面，如人格或智力。

（8）可以编码成一套符号系统。真正的智力有其独有的符号体系，这是其完成相关任务的基础(Gardner,2003)。

然而以上这些标准本身就备受质疑,有人批评它们太松散,照此条件,可以有无数种智力加入进来,如威林厄姆(2004)的例子,即幽默智力。

研究要点1.1

加德纳理论的误用

加德纳的理论在教育界盛行一时,也颇具争议。心理学的一些理论,在不被完全理解的情况下就被教育界或商业咨询机构滥用,这样的结果只会使心理学理论庸俗化。加德纳就指出了他的理论被教育界误用的几种情况:

(1)所有的学科和概念都要用那7种智力的形式来呈现给学生。加德纳(1995)认为,许多知识的确可以通过多种形式教给学生,但每种知识都用7种智力的形式来教,这纯属浪费时间。

(2)重复某种智力的动作并不能导致良好的学习效果。加德纳举了一个例子:有老师让学生东奔西跑来锻炼他们的身体/运动能力。

(3)加德纳(1995)并不认为使用与多元智力有关的材料(如在教室播放音乐)能增进有音乐智力学生的学习效果。

(4)有老师让学生边唱边跳地背乘法表,还美其名曰锻炼他们的多元智力(这种情况其实只限于音乐/韵律智力)。这可能有所帮助,但加德纳(1995)认为这只是对多元智力理论微不足道的使用。教师应该利用音乐思维或是把音乐的结构画下来,用此启发学生对其他领域(如数学)知识的理解。

(5)加德纳认为,那些用来测量智力的方法和工具与自己的多元智力理论是背道而驰的。他认为智力只有在一定的文化背景下从事一定的活动才能体现出来。

加德纳的理论在教育界颇有影响(如我们上面所说,这些影响不都是有利的),同时也招来了各种批评和质疑。这些批评主要集中在他这个理论的不可测试性,原因是该理论的模棱两可,没有清晰界定每种智力单独使用或与别的智力连接使用能到什么程度。其实智力的存在与否、是否能通过实验来进行测试,甚至我们能否进行准确的心理测试等等,这些都遭到了诟病。不过加德纳反驳说这些都是对他的误解,他认为智力只有在文化行为中才能得以体现。

有人认为加德纳没有给他的智力进行一个清晰的概念界定,有人觉得加德纳研究的其实是认知方式,而不是智力理论(Morgan,1996)。他所使用的标准是模糊的(White,1998),

他没能清楚说明为什么所选择的是这些标准而不是别的标准(Klein,1997)。此外,不断增加的智力形式使他的这个理论框架显得不够严谨。最近还有研究开始质疑这个理论的正确性。例如维塞等人(Visser等,2006)研究发现,当对各项智力进行测试时,总有证据显示在这些智力类型下面都有一个传统智力理论所说的一般智力因子存在。他们的这个观点也得到了神经科学研究的支持。神经学研究表明,控制大脑不同功能的神经通路有很多重叠的部分(Waterhouse,2006)。

这就进一步说明,许多技能需要多种智力同时作用(加德纳也承认),这也意味着,肯定有一个能统领一切的因子存在。总的说来,多元智力理论最主要的问题就是缺乏实证。自该理论提出以来已经有20多年了,早就应该有足够的证据来证实它正确与否了(Waterhouse,2006)。该理论的实际应用也备受质疑,以此为依据的教学成功案例寥寥无几(Willingham,2004)。我们只能遗憾地认为,该理论无论是在科学的依据方面还是在实际运用方面都是不成功的。

思考题1.1

虽然多元智力理论没有实证做支撑,但它试图解决一般IQ理论不能解决的问题。你觉得这些问题是什么?

行为主义心理学

最早把研究重点放在学习而不是智力的心理学理论是行为主义心理学。它是20世纪二三十年代由心理学家斯金纳(Skinner)、巴甫洛夫(Pavlov)和桑代克(Thorndike)等发起的。尽管现在看起来这个理论有点儿过时,但它仍然对教育实践具有一定的指导价值。

行为主义学习理论强调学习过程中的行为变化,认为这是学习的主要结果。行为主义理论家借用自然科学的一些研究方法来对学习中发生的现象进行观察。最激进的行为主义学者斯金纳,认为凡是对不可观察行为(如心灵方面)的研究都是非科学的(Hilgard,1995;O'Donohue和Ferguson,2001)。然而近年来,行为主义传统下的心理学家和其他有关研究人员如班杜拉(Bandura,1985)等,已经把他们的学习行为研究扩展到预期、思维、动机和信念等因素,并将这些纳入他们的学习理论。

行为主义认为,学习就是对外界刺激的反应。这个观点对他们来说是一个巨大的转变。以前的行为主义强调的是意识和内省,在学习研究领域并没有得到具有概括性的发现。在研究学习行为时,他们通常会用动物如狗和人来做实验。与心灵主义不同,行为主义认为我们的行为多数情况下是由外界因素引发的。行为主义认为,行为发生的机制是各种条件,而条件可分为两种：

对刺激产生的自然反应叫作条件反射。他们以巴甫洛夫对狗的实验为例。狗在进食时会产生唾液，以此来消化食物。养过狗的人都知道，狗往往在进食前，一闻到或看到食物就开始流唾液。因此，食物就是刺激狗分泌唾液的外因。遇到一定的刺激，无论是人还是狗，都会习惯性地形成某种反应，即条件反射。如果对某种刺激的反应得到强化，就会变成操作性条件反射。操作性条件反射其实是一种简单的行为反馈系统：如果对某种刺激的反应加以奖赏或强化，未来在同等条件下产生这种反应的可能性就会增强。比如，如果学生因良好表现得到表扬，那他下次有可能还会好好表现。

表扬和惩罚是行为主义学习理论的重要组成部分。在狗和老鼠身上所做的实验显示，通过奖赏和惩罚可以在动物身上诱导出我们期望的行为，比如推动杠杆等。这些实验使行为主义心理学家更加相信奖惩机制。接下来的几十年里，这一发现在人身上也得到进一步证实，因而在教育界具有广泛影响。令人愉悦的结果是强化剂，它可以加强某种行为，而不愉快的结果，即惩罚，则削弱某种行为。行为受到结果的影响，也受先行因素的影响，因而就有了A（Antecedents先行因素）—B（Behaviour行为）—C（Consequences结果）链。斯金纳主要研究的是后两者，即行为和结果（O'Donohue和Ferguson，2001；Skinner，1974），他这方面的研究成果在今天依然是学校行为管理的基础，也是许多教学有效性研究的基础（Muijs和Reynolds，2003b）。

尽管行为主义具有广泛影响，但人们越来越意识到它的局限性，认为它不能很好地反映人类学习和其他行为的复杂性。单纯把学习看作是对外界刺激的反应，这个观点已经被证明是错误的。例如，认识物体的活动（这是一个球），整理物体（这是橄榄球，那是足球），储存信息等活动显然是"心灵活动"，因为它们发生在大脑里。当外在刺激（如对某个物品的知觉）呈现的时候，行为主义理论不能解释我们面对此类刺激时的信息加工过程。行为主义理论也不能解释没有强化因素的学习行为——儿童掌握语言模式（语法）的行为就不能用行为主义理论来解释。此外，对于学习者脱离了对大脑产生刺激的环境时的表现，行为主义也不能给出恰当的解释。行为主义并没有对记忆进行有效的研究（他们只关注"习惯的养成"），如果我们想用它来解释学习行为的话，这也是一个问题。如果我们想理解人的学习机制，在观测学习者对外在刺激的反应的同时，我们必须还得是"心灵主义者"，必须研究大脑里面发生了什么。

然而，有些对行为主义的批评指责是没有道理的。有些批评者根本没有认真研究行为主义理论家提供的相关证据，就对其研究结果横加指责。行为主义过度强调环境决定论，容忍不了自由意志和个性，这绝对是不得人心的。但是，这也不能说行为主义理论一无是处。虽然我们相信自由意志，但在有些情况下我们的行为可以靠行为主义理论的模式实现一定程度上的预见。在教学中使用的奖赏机制，一直以来都被证明是有效的，而这正是行为主义的方法之一。行为主义理论被发现了一些令人不愉快的东西，但这不能成为否定它的理由。科学研究的目的不只是告诉人们想听的。在教育界之外，有许多新行为主义理论出现，这些理论在科学家中颇有人气,他们试图从进化的角度来看待我们的行为。如果去读读理查德·道金斯的著作(Richard Dawkins,1989),你会发现他的观点与行为主义心理学有着千丝万缕的联系。

皮亚杰和维果茨基

皮亚杰及其认知发展阶段论

和行为主义心理学家斯金纳一样,皮亚杰和维果茨基在学习理论上也有着深远的影响。让·皮亚杰是瑞士心理学家,他在"二战"前就开始研究儿童发展和学习理论。行为主义心理学的理论大多以实验为基础,很少研究现实生活中儿童的行为,与他们不同,皮亚杰的理论是以观察生活中的儿童开始的。

对儿童的观察使他意识到,要想理解儿童的心理,必须对其解决问题的能力发展进行质的研究。在皮亚杰看来,认知发展其实就是在原有信息储备上添加新的事实和观念,或者说儿童思维的发展会发生质变,是因为其思维的工具发生了变化,这导致他们在不同的年龄阶段对世界持不同的看法。儿童的世界和成人的世界是不同的(Piaget,2001)。

皮亚杰认为,影响儿童认知发展的主要因素是他所谓的成熟,这是在儿童一出生时就由基因决定的一个生物发展过程。第二个因素是活动。不断的成熟增强了儿童处理和周边环境关系的能力,使其从行为中学习。这种学习又导致儿童思维发展变化。第三个因素是人际交往,即向他人学习。儿童在处理周边环境的同时,也在和他人互动,向他人学习。能向他人学多少要看儿童所在的发展阶段。

皮亚杰把学习分成了四个时期:

(1)感知运动期(**0~2**岁)

这个时期的儿童通过动作和感觉信息来认识世界。他们学习把自我和环境区分开,开始掌握空间和时间的因果关系,开始出现内在心理表现。

(2)前运算期(**2~7**岁)

在此阶段,儿童通过内化首次学会思考。在感知运动期,儿童不会回忆也不会预测,他们的思想仅限于实际动作。而到了前运算期,儿童开始学会用符号思考,不过这个时期的思考仍然有限,他们还只能朝一个方向思考,对他们来说,反向思考或是打乱思考步骤还是件困难的事。

这个阶段的儿童还拥有另一个能力,他们可以理解对话。这意味着,这个时期的儿童会懂得,即使某些东西的外表或形态变了,但它们的数量其实并没有变(例如:四条狗和四只猫的数量是相同的)。然而让他们完全理解还有一定难度,因为对他们来说,真实的世界和他们眼中的世界是难以区分的。这个时期的儿童以自我为中心。他们是以自己的眼光来看待世界和他人的。

(3)具体运算期(7~12岁)

这一时期儿童的基本特征有:①认识到物质世界的逻辑稳定性;②认识到虽然某些东西改变了,但其内在基本特征还在;③认识到有些改变是可以逆转的。

这个时期儿童掌握的另一项操作就是分类,这种操作要依赖儿童学会认识物体的某种共性,然后按照这个共性把物体归成一类(例如,如果给儿童一些不同颜色不同形状的笔,他们会选出圆形的)。这个时期的儿童已经能理解顺序的概念,能够建立A比B小,B比C小……这样的逻辑顺序。但是他们的操作仍然限于物质世界,超越这个要等到下一个阶段。

(4)形式运算期(12岁以上)

这一阶段的目标不是人人都可完成的。前几个阶段形成的能力在这个时候仍然在起作用,不过这时的孩子已经明白,世界上有多种情景存在,他所能感知并真实经历的情景只是其中之一。为了帮助学生理解,我们必须把某个特定情景的多种可能性系统地教给他们。这个阶段的学生已经能够设想出一个理想的并不存在的世界。这个阶段的学生还有一个特征,即青春期自我中心。他们会不停地分析自己的信念、态度,理所当然地认为别人也跟他们一样,因而也不断地分析别人。

皮亚杰的理论具有重大影响,但他的理论也有几方面的不足。他划分的学习阶段太过死板。有研究显示,儿童有可能比皮亚杰提出的阶段更早拥有具体运算能力,他们的思考能力也比皮亚杰设想的要高。他还忽视了儿童发展的个体差异,其中一些差异是由社会和文化背景造成的。皮亚杰认为学习完全是儿童自身的发展,因而他没有研究儿童如何向他人学习,比如父母、其他儿童甚至老师。但无论怎样,皮亚杰的理论经受住了时间的考验,在今天仍然是我们研究儿童发展的有效方法。

维果茨基及其环境决定论

维果茨基是苏联心理学家,和皮亚杰同时代(不过他比皮亚杰早逝),深受皮亚杰理论的影响。他生前在西方的知名度并不高,但死后(尤其是20世纪60年代)的影响力却越来越大。

维果茨基的研究兴趣主要在儿童的语言发展方面,他认为语言和思维能力最初是分别发展的,随着儿童的成长,这两种能力开始相互重叠。但他认为,会有不能重叠的部分存在,即便是成年人,也有非语言思维和非概念性的话语存在(Moll,1992;Vygotsky,1978)。

维果茨基和皮亚杰的最大分歧是,维果茨基否认成熟本身能使儿童取得高级的思维能力,他认为儿童与他人的语言互动才是其获得概念思维能力的关键(Vygotsky,1978)。

维果茨基坚信,我们可以向他人、同龄人或是比我们成熟的人学习,这主要通过在最近发展区(ZPD)搭建支架进行。最近发展区的概念是维果茨基对学习理论的主要贡献,是指一个人单枪匹马做事的能力和在一个比他更有知识更有能力的人的指导下做事的能力之间的差距。正是这个差距使老师、成人和同龄人的作用得以体现,他们可以在这个最近发展区里通过一些干预把学生的知识水平提高到新的高度。这些干预就是为学生的思维提供一些所谓的支架,一旦学习过程完成,他们就可以摆脱这些支架。但不是所有的儿童在这方面都是可教的,有些儿童在最近发展区里可以学到比别人多的东西。

因此,维果茨基认为,合作是学习的基础。正是来自有知识的他人,如父母、祖父母、老师或是同龄人的正式或非正式的指导传授才使得知识在某种文化环境里得以传播。和皮亚杰一样,维果茨基也认为知识体现在一定环境(文化)内的行为和交往中,但跟皮亚杰不同的是,维果茨基强调的是与鲜活的人交往。

皮亚杰因太过重视学习的阶段性而备受指责,而维果茨基恰恰相反,他不太关注儿童的自然发展及其和学习的关系(Wertsch和Tulviste,1992),他的理论被认为太过笼统并且没有完全成型(这可能跟他37岁就早逝有关)。维果茨基的贡献主要在于其对学习社会性的关注。目前对大脑功能研究的成果正好印证了他的观点。

维果茨基这种学习的社会性观点对后来的建构主义理论有非常大的影响,也影响到具体的教学。其最近发展区的概念对互助学习的发展也有深刻影响。

思考题1.2

行为主义学习理论和皮亚杰、维果茨基的理论对教学实践有着深刻的影响。你能想出它们还有什么其他意义吗?

学习风格

近来,人们越来越关注学生学习风格的差异性。这个概念经常被人提及,但到底是什么含义,还没有一个清楚的说法。

科尔布(Kolb)的学习风格理论

科尔布对学习风格有一个比较翔实的研究,他认为我们可以罗列出一系列的学习风格来:

(1)具体经历(参与一个新的经验);

(2)反思观察(观察别人或对自己的经验进行观察);

(3)抽象概念(创建理论来解释自己的观察);

(4)再积极实验(用理论来解决问题,做出决定)。

可以看出,科尔布认为这些不同的学习风格是每个学生早晚都会经历的一个循环。近来有学者将学习风格定义为学习者偏好或主要依靠的获取知识的方式,大多数学生都会偏好以上四种方式。利青格和奥塞夫(Litzinger和Osif,1993)分别给偏好以上方式的学生冠以“适应型、思考型、推理型和同化型”的名号,分别和科尔布划分的学习风格相对应,如图1.1所示:

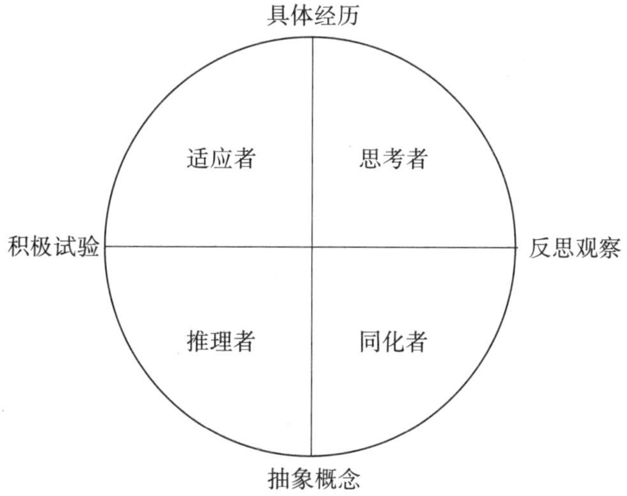

图1.1　科尔布划分的学习风格(Litzinger和Osif,1993;Pierian出版社许可使用)

适应型学生偏好积极的学习方式,他们喜欢依靠自觉而不是逻辑推理,喜欢把学习跟自己的个人经历结合起来,喜欢把所学知识用于实际的生活场景,不喜欢过多分析。在教这类学生时,建议鼓励他们去独自发现,让他们积极参与学习过程。人际关系对适应型学生很重要,所以他们也喜欢合作学习、小组作业。

思想型学生主要关注事物背后的原因,即“为什么”。他们总是试图从具体实际的信息整理探索出一套规律系统,他们还喜欢从不同角度看待分析事物,喜欢把各种信息加以分类整理。这类学生解决问题富有想象力,他们喜欢独立自主学习、模拟学习和角色扮演等,给他们呈现的信息最好是具体而又系统的。

推理型学生主要对信息之间的相关性感兴趣,他们爱追究事物运行的细节并运用于实践。这类学生偏好工程技术,不喜欢社会和人际知识。他们适合互动型授课,喜欢把所学的知识用于解决生活中的实际问题。推理型学生还喜欢动手操作。

同化型学生喜欢精确系统的知识传授方式,他们尊重他们心目中权威的观点,擅长逻辑,喜欢抽象的观念。对他们来说,逻辑甚于实际解释。他们喜欢讲座式的授课方式,对课后作业也非常认真。他们还喜欢独自进行数据分析和研究。

科尔布的学习风格分类并不是唯一的。有人以学生学习时偏好的感官为依据来对学习风格进行分类。根据这种分类法,可以把学生分为视觉型、听觉型和触觉/运动型(Benzwie,1987;Dunn和Dunn,1978)。后来又有人增加了印刷型、互动型和嗅觉型等,下面分别加以说明:

•视觉型学生擅长依靠图画、图表、幻灯片、演示、电影等手段学习。丰富多彩的图画有助于他们掌握、储存知识信息。

•听觉型学生喜欢听老师讲解或是听录音。给他们提供录音磁带非常有助于他们掌握知识。

•触觉/运动型学生通过触摸和运动学得最好,因此他们喜欢动手操作型的学习。他们也喜欢角色扮演,喜欢用一些动作(如手势)帮助记忆。

•印刷型学生喜欢通过阅读来学习。

•互动型学生喜欢与别的学生组成小组来学习。

•对嗅觉型学生,可以在学习过程中使用一些气味来帮助他们,将特定的课程与某种气味联系起来,这有助于他们学习。

还有学者将学习风格分为归纳学习和演绎学习(Hodges,1994)。归纳学习者喜欢从观察或数据开始,然后归纳出相应的规律或定律。他们喜欢从具体到一般,他们想知道:(1)归纳出的结果对我何益?(2)结果是什么?(3)我如何得出这些结果?演绎学习者从一般定律出发,由此演绎出一些结果和现象。他们喜欢从一般到特殊,他们想知道:(1)会有什么样的结果?(2)我如何演绎出它们?(3)我该如何使用这些结果?

学习风格这个概念如今非常流行,归纳出的学习风格也多如牛毛,但都可以列入序列型学习风格和整体型学习风格两大类。序列型学习风格的学生每次学一点儿,他们对局部知识有非常好的理解,擅长分析和聚合思维,可惜很多时候对知识缺乏整体性理解。而整体型风格的学生则喜欢学习整块知识,他们不擅长局部理解,但在综合理解知识和创新方面有优势。他们对一些具体知识一知半解,尤其对新知识的掌握显得较慢(Felder和Silverman,1988)。

英格兰的教育工作者仍然喜欢把学生的学习风格分为视觉型、听觉型和触觉/运动型,分别侧重视觉材料、听力材料和通过触摸和运动来学习(Rogowsky等,2015)。最近布拉贞科瓦(Blazhenkova)等人又把学习风格分为语言型、空间视觉型和物体可视型学习风格。语言型学生喜欢用语言文字呈现信息;而空间视觉型学生则喜欢按照一定图示表达空间和物体关系;物体可视型学生偏爱把物体的具体形象呈现出来。

关于学习风格的研究

从上面我们可以看到,学习风格多种多样,有些研究竟然发现71种不同的学习风格(Coffield等,2004),其实这本身正好说明了学习风格研究领域的问题。市面上已经有针对不同年龄学生进行的所谓学习风格测试的商业工具,如学习风格目录(Dunn等,1985)。然而,这些小伎俩可能会产生一些肤浅的效果,但是,没有什么研究可以证明,针对不同学习风格的教学能提高学生的学业表现。

倒是有研究表明学习风格和学业成就有一定关系(如Burns等,1998;Uzuntiriyaki等,2003)。但总的说来,没有什么证据可以用来证明学习风格的存在。科菲尔德等(Coffield等,2004)发现,大量证据显示,所谓学习风格并没有什么理论基础,也缺乏实证依据。早些年曾有一项由戴维斯(Davis,1990)进行的研究,她测试了一群二年级学生的学习风格并按其学习风格改变了一下教室环境。结果,她发现没有考虑学习风格因素的控制组的学业表现反而好于实验组。类似的结果还有来自奥·萨利文等(O'Sullivan等,1994)的报告。他们发现,在对九年级学困生进行的以学习风格为依据的教学效果喜忧参半,同样也没有什么证据可以证明科尔布提出的学习风格和学业成绩有什么联系。有人曾对他的那些概念的有效性提出过质疑，如加纳(Garner, 2000)在其研究中曾使用过科尔布的学习风格分类法，发现没有证据显示有一成不变的学习风格存在。近年来越来越多的研究也发现，学习风格这个概念缺乏实证依据。但这并非说明个体之间就没有学习方式和学习条件的差异，而这些差异应该是可以测试量化的。花样百出的学习风格，恰恰说明这个概念还不完备，还有待改进。我们所缺乏的是能够证明针对不同学习风格开展的教学是有效的证据。正如帕西勒等人(Pashler 等, 2009: 105)在他们的文章中说的："没有足够的证据显示应该在教学实践中引入学习风格评估机制"。换句话说，以学习风格为基础来进行教学实践是没有任何意义的。

此外不要忘了，即使我们发现学生有不同的学习偏好，也并不意味着一定要迎合他们，给他们提供"他们想要的"。相反，我们更应该发展他们的薄弱区域。

认知科学

近来，认知科学在教育领域的影响越来越大。认知科学研究的是大脑工作机制，它结合了如心理学、神经科学和计算机科学(尤其在人工智能研究方面)等多个研究领域。技术进步，尤其是大脑成像技术使这个领域的研究有了重大进展，引起了公众的巨大兴趣。认知科学使我们在理解大脑的不同功能方面有了重大突破，我们开始理解大脑的工作原理，如视觉处理过程等。这些发现也开始影响我们对学习过程的理解，但同时也带来许多误解，也为一些骗术提供了依据。从实验室的数据到课堂还有一大段路要走，更别说认知科学家在研究大脑的学习功能时，其研究对象是孤立的，而现实中的大脑功能会以非常复杂的形式与周边的各种环境因素相互影响。威林厄姆(Willingham, 2008)曾用过度学习作为这方面的例子。认知科学认为，对某段知识完全掌握以后，如果加强练习，这方面的记忆就会得到强化。可是，这对学生的学习动机并没有什么积极的影响。在这节里，我们试图讨论一些我们可以从认知科学借鉴的东西，同时也要讨论一些不能照搬的东西。

由于当时研究手段的局限，旧有的学习理论(如行为主义心理学和维果茨基的理论)未能和大脑的工作机制结合起来。然而近来认知和神经科学都有了巨大进步，也给学习理论和教育学提供了前所未有的各种新的信息。从某种意义上来看，它们一方面证实了一些我们前面提到的理论，另一方面也使我们对这些理论有了一些新的认识。其中最主要的就是认知理论中关于记忆和信息处理的部分，尤其是记忆在学习过程中扮演的角色。研究发现，记忆包括三部分：感觉缓冲、工作记忆和长久记忆。记忆是这样工作的：我们的经验(触觉、视觉和听觉)首先在感觉缓冲区被记录下来，然后转化成工作记忆和长久记忆。(见图 1.2。)

长久记忆呈节状结构，在神经网络中以相互连接的记忆块的形式存在。这些"节"与各种概念对应，它们相互关联形成概念的意义，然后组成信息群。触发信息群中的任何一点都可能唤醒整个信息群(Best, 2000)。这就意味着，记忆和创造连接是学习的两大关键。

大脑这一结构特征的发现对教学具有十分重要的意义，尤其是对工作记忆的了解。如果工作记忆就是进行信息加工，那么工作记忆一定有一个最大负荷量，这对学习效果非常关键。这也是认知负荷理论的基本论点，即任何时候，工作记忆能处理的信息量都是有限的。这个限制仅针对新的还未被长久记忆储存的信息。这类信息只是被暂时储存，它们跟被长久储存的信息不同，长久记忆储存的信息可以永远储存并大量找回。

因此，学习时不能使工作记忆超负荷运作，然而这正是一些教学法，如发现教学法的问题（Kirschner 等，2006）。通过学习小组（每个学生分担不同的学习任务）来控制学生的认知负荷，这样的教学法可能更为合理。这也是我们在教学效能研究中发现，在水平比较低下和没有什么背景知识的学生中进行所谓以发现为方向的教学往往会事倍功半的原因（Muijs 等，2014）。

短期记忆的功能发挥不能脱离长久记忆。长久记忆中关于某个领域或某种技能的信息越多，工作记忆就能更容易提取所需的信息以加快目前的信息处理。工作记忆处理信息（即学习）的速度和范围受已有知识（这里为广义）的影响，因而，工作记忆的信息处理部分由原有知识的广度决定。此外，原有知识的组织形式是否利于工作记忆的提取也可能影响工作记忆的信息处理速度。这些处理过程具有可变性，是可以通过实践和学习加以提高的，而它们又与数学和阅读成绩的提高有关系（Molfese 等，2010），目前还没有关于其他科目的研究。当然这种可变性意味着我们以为大脑处理的信息块一定有一个具体数目，这其实是个误解，是有害无益的。

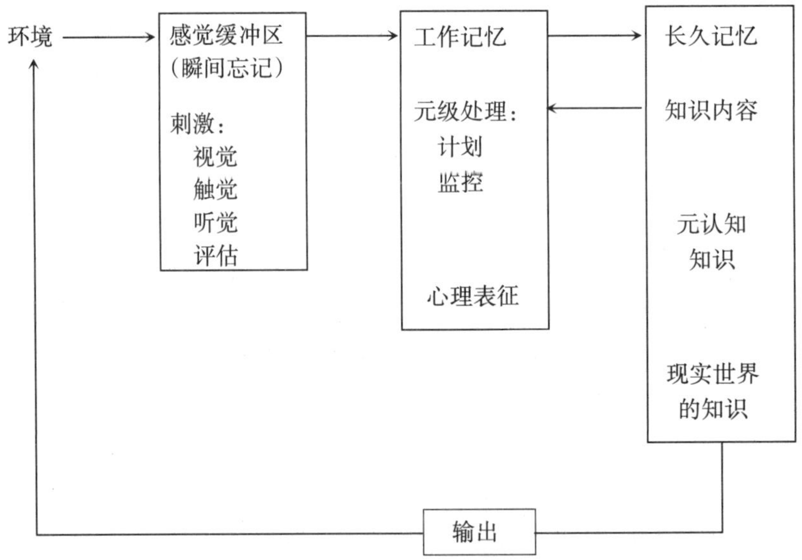

图 1.2 记忆结构图

记忆的工作机制不是我们想象的那样。例如，我们在学完某个内容后，马上会反复阅读相关内容或是不断加以练习，我们以为这是在帮助自己记忆，其实这并非如我们希望的那样有用，这样做反而会使我们加快忘记所学内容的速度。更为有效的做法应该是，为新学的知识或技能留出一些时间，或是与别的知识和技能交叉起来进行练习，以检验我们所学的内容

（Brown等，2014）。

认知科学的另一项重要发现就是情感因素在学习中的重要性。情感可以帮助学习，也可妨碍学习。从积极的一面来看，情感可以通过在感觉缓冲区里感受到的正面或反面刺激，帮助我们提取长久记忆里的相关信息。研究显示，大脑在面对大的挑战或小的威胁时效能最好。大脑需要一些挑战来激发我们的情感和学习，因为如果没有一点儿压力的话，大脑会过于松懈，这样反而不能积极学习。然而压力过大也不行，它会导致焦虑和“抵触”反应，减少过多压力是建设心理安全环境的重要因素（Sousa，1998）。

我们在前面章节提到过，有一些所谓的“理论”也曾号称以“大脑研究”为基础，但并没有经得起实证的检验，学习风格理论就是其中之一。还有其他所谓的“神经神话”，如将大脑功能划分为左右的，我们只用了大脑的百分之十，还有荒唐如“大脑体操”之类的，这些理论在英国及欧洲大陆的学校至今仍然流行。最近的研究显示（虽然是小规模的），在被调查的教师里，有一半的人居然相信这类“神经神话”（Dekker等，2012）。

认知科学是不断发展的研究领域，在未来很有可能会更加影响我们对学习的认识，从而影响我们的教学方式。然而得注意的是，我们这里呈现的只是一些基本的研究成果和发现，因为这个研究领域涉及非常广泛，一些研究成果并不能相互说明印证，所以在我们有限的篇幅里不能一一谈到。此外，把认知科学的研究成果简单直接用于教学，这也是不对且有害的。认知科学研究为我们提供了一些相关信息，但我们必须认识到，他们的研究目的与我们教育学的研究目的有所不同，必须将这些研究与我们的有效教学研究相结合，才能用于实际的课堂教学。

思考题1.3

认知科学显示，即刻对所学新内容进行大量练习的效果可能比不上过些时间再练习的效果。这个发现对教学有何指导意义？

学习的基因基础

心理学的另一个研究发展趋势是对学习基因因素的研究。为了理清基因和环境因素对人类行为的影响，有人对双胞胎进行了研究，结果有了一些对教育有深刻影响的发现。阿斯伯理和普洛明（Asbury和Plomin，2013）对这个领域的研究做了一个综述，他们总结了几个关键点：第一，基因因素对学习成绩的影响看起来很大，可以解释个体之间各个学科成绩三分之二的差异；第二，基因因素只和静态成绩（即我们的起始成绩）有关联，而环境因素对我们的成长影响更大（一定时间内我们的相对成绩变化）；第三，接受的教育质量越好，越同质化，基因对学习成绩的贡献就越大；第四，没有所谓的“学习基因”。从基因领域的其他研究发现,复杂的基因相互作用是学生学习成绩不同的原因。

这类研究尚处于早期,但已经给教育研究带来了挑战。阿斯伯理和普洛明建议,我们应该建立与学生基因决定的能力相匹配的教育模式,如更加个性化的教育方案和更广泛的课程选择。我们认为,现在就根据这类尚未成熟的研究来得出教育的相关结论还为时尚早。不过作为教育工作者,我们应该时刻关注基因领域的研究发展。

总结

本章主要回顾了几个有影响力的学习和智力理论。

IQ 理论注重智力概念。IQ 理论认为,有一个潜在的一般智力决定着我们学习的能力。后来,又出现了加德纳的多元智力理论。加德纳认为,人们不止拥有一种智力,而是多种智力,如音乐的智力,视觉/空间的智力等等。

行为主义理论关注的是我们如何通过外在刺激来学习。他们使用实验手段,研究如何给我们的学习行为制造条件,如提供奖赏或惩罚。

皮亚杰通过对儿童的观察发展了他的学习理论。他尤其关注儿童的发展。儿童因逐步成熟而发展,因而我们基因意义上的成长使我们的行为思想发生改变,通过活动,儿童与其环境发生作用而得以学习。皮亚杰理论的重点是,成长并不意味着知道的多,而是我们的思维发生了转变。

维果茨基则认为学习是一个社会化的过程。我们在与他人,包括同龄人和比我们年长或成熟的人的相互作用中学习,这要通过在 ZPD 即最近发展区内构建支架来完成。所谓最近发展区就是指一个人独自做事的能力和在别人帮助下做事的能力之间的差距。构建支架就是在别人帮助下弥补这一差距的行为。

认知科学对我们认识理解学习过程越来越有影响,为我们教育研究者提供了许多宝贵的信息和发现。记忆结构的发现对学习研究的关键作用在于,我们要确保知识与长久记忆的连接,确保通过长久记忆为学习建立起一个必要的基础。认知科学还强调了情感因素在学习中的重要性。

复习题

1. 想想自己的教学实践,想想我们谈到的那些学习理论,它们可以如何影响你的教学?
2. 想想自己的学习过程,想想那些不同学习理论,它们是如何来描述你的学习过程的?
3. 行为主义理论的哪些地方可以对你的教学有所指导?
4. 认知科学的哪些研究发现能对你的教学产生影响?

第2章　直接教学法

本章要点

这一章我们主要讨论:

- 直接教学法及其含义;
- 直接教学法的效能证据;
- 提高学习效果的一些做法;
- 直接教学法的一些模式;
- 直接教学法的缺点及其局限性;
- 怎样有效利用课堂作业。

引论

这一章我们主要讨论一下最广泛使用的,同时也是被认为最有效果的教学法:直接教学法(DI),也被称为积极教学法、明确教学法、全班教学法等,这是一种教师直接把教学内容教给全班学生的教学方法。长久以来,这个方法是有效教学的重要组成部分,不少研究已经证明,通过使用直接教学法,教师对学生的学业成绩影响非常大(Nye等,2004)。例如,英国的一项研究表明,在一个两年的课程里,前25%的教师教出的学生在GCSE(中考)中的各科成绩要高出后25%的教师教出的学生0.5个百分点(Slater等,2012)。所谓教师间的差距跟其个体差异如性别、年龄无关,而是和他们在课堂上使用的教学方法,尤其是否使用直接教学法(Muijs等,2014)有关。

尽管直接教学法由来已久,但其教学效能被科学证明还是近代的事情。对该教学法的研究起始于20世纪60年代末的"教师效能"研究,该研究试图从教师的人格方面来解释其教学的不同效果,但却失败了。因而研究者又从教师的课堂行为入手,观察教师的课堂行为,再把它们跟学生的学业成就如标准考试的成绩联系起来。这项研究开始时,"以学生为中心"的教育思想正大行其道,许多国家(如英国、美国)的教育政策也开始以此为依据,教学发展为指导学生的课堂活动以及教师对这些活动的设计。

美国早期的教师效能研究者逐渐发现，教学效能高的教师（即所教学生在标准化考试中取得良好成绩的老师）往往会比教学效能低的教师更喜欢针对全班进行积极的教学，他们会花非常多的时间对学习内容进行讲解、演示、和学生进行互动等（Rosenshine，1979a）。除了积极教学以外，教学效能高的教师还有其他一些行为，我们会在后面专门涉及。

研究者发现了那些教师的有效行为后，决定把这些发现再用于实践。他们交给其他教师这些有效的行为方式，然后再看是否对其他学生也有效果。20世纪60年代最重要的一项研究项目就是对不同教学方法进行比较的“教学法追踪”研究，该研究旨在改善贫困家庭孩子的生存机会，就不同的几种教学模式对学生学业成就的影响进行了比较研究。有7万多名学生参与了这些研究项目。另外还有一组对比学生，对他们没有使用上述任何教学法。这项研究的具体内容包括如何提高学生的自信，改进他们的思维能力和直接教学法。直接教学法被证明比其他教学方法更有效能（Stebbins等，1977）。另一项重要的研究项目是由古德和格劳斯（Good和Grouws，1979）在20世纪70年代末进行的密苏里数学教学效能研究。他们把40名教师分成两组。对其中一组进行直接教学法的培训，教给他们经专家总结的直接教学法的一些具体做法，另一组教师仍然按以前的方法教学。结果显示，经过“培训”的教师在课堂上使用了直接教学法后，他们的学生考试成绩好于控制组教师的学生。此外，菲茨帕特里克（Fitzpatrick，1982）在英语教学方面也做了类似的研究，他也发现了一些可以教给老师的行为做法，也发现这些方法能使学生在课堂上学得更好。还有几个实证研究，把学生分为两个组，结果发现用直接教学法教出的学生的学业成绩优于对比组的学生（Nye等，2004；Stockard，2011）。在对“学校改进计划”的总结报告里，也有直接教学法模式非常有利于教学的证据（Stringfield等，1997）。

在美国之外，也有一些研究发现了有关“直接教学法”的有利证据。在英国，过去几十年里先后有三项主要针对教学效能的研究（非实证）。首先是高尔顿（Galton）的ORACLE研究项目，他们发现被标为“班级追踪者”的老师在数学和语文方面的教学效果最好，可惜在阅读方面的表现差强人意。出乎意料的是，被称为“个体监控”老师的学生学习效果最差。值得注意的是，“班级追踪者”老师花在课堂上与全班互动的时间是“个体监控”老师的4倍之多（Croll，1996；Galton和Croll，1980）。

英国另一个重要的教师效能研究项目是摩特莫及其团队进行的“初中项目”（1988），这个项目对50所小学的学生进行了4年的跟踪，收集了大量有关学生及其家庭背景（即招生对象）、学校及课堂表现（即学习过程）、学习结果（主要是阅读和数学方面）和教育效果（即自我认知、出勤和行为表现等）的相关数据。该研究总结了几个影响整体教育效果的因素和影响一些具体科目（如数学）学习效果的因素。其中有利因素有结构良好的课堂、富有挑战的问题和讲解、不断的提问、突出和集中的课程主题、学生的参与、与全班交流的时间掌控等等。而教师花太多时间与单个学生的单独交流是不利于教学效能的（Mortimore等，1988）。这再次证明，面向全班的教学有利于全体学生。最近，对英格兰和威尔士的100名数学老师的课堂观测发现，有一些行为表现，如花在面向全班进行讲解的时间的多少，可以甄别教师教学效能的高低，即面向全班讲解的时间越多，则教学效果越好（Muijs和Reynolds，1999，2001，2002）。

欧洲大陆的研究结果也支持这一观点（Creemers，1994）。但是，荷兰的研究结果却出乎意料，在29项研究中只有4项研究证明，在小学阶段，全班教学法与学生学业成绩呈正比，没有研究显示呈反比。分别有2项和3项研究显示分化与合作教学法与学生的学业成绩呈反比，没有研究显示这两种教学法与学生的学业成绩呈正比（Scheerens和Creemers，1996）。然而，有相当多的研究结果支持英美研究得出的结论（Creemers，1994；Westerhof，1992）。荷兰最近有一项有趣的研究，他们使用实证的方法来比较指导性教学法和直接教学法的教学效果。在指导性教学法里，教师的主导作用没有直接教学法强。他们发现，开始的时候，实验组（指导性教学法）的效果优于控制组（直接教学法），但一段时日过后，教学效果发生了变化，在最后的测试中，直接教学法教出的学生成绩优于指导教学法教出的学生（Snel等，2012），这表明，直接教学法教出的学生有深度学习的迹象。

教育国际比较研究，如英国的“天壤之别”（Worlds Apart）研究项目（Reynolds和Farrell，1996）等，也显示直接教学法有更好的教学效果。“天壤之别”项目把英国使用的教学法和其他教育高效能国家，如新加坡等使用的教学法加以比较，发现这些国家的教学效果之所以好于英国，是因为他们大量使用了直接教学法。最近，一项中英数学教育的研究也表明，中国学生学得更多更扎实，这与他们使用直接教学法不无关系（Miao等，2015）。哈蒂（Hattie，2009）使用元分析法分析总结了大量的教育研究，发现教师主导的教学，即直接教学法比所谓的探究型教学法有效得多。

直接教学法对处于不利条件下的学生效果尤其好（Muijs等，2014）。许多研究证明，常规练习、合理的课程结构、精心安排的教学进度和框架等因素，对在家里没有多少学习资源可以依靠的学生尤其重要（Silva Mangiante，2011）。缪伊斯和雷诺兹（Muijs和Reynolds，2002）的研究发现，直接教学法对处境不利的学生有双倍的教学效果，荷兰的斯奈尔等人（Snel等，2012）研究发现，直接教学法尤其能提高少数族裔学生的成绩。

以前关于直接教学法效能的大多数研究只着眼于母语和数学教学。目前，关于其他科目，特别是科学等的研究也越来越多。这些研究显示，在科学方面，直接教学法和老师指导下的探究法的效果要比没有指导或以学生为主导的探究法好许多（Lazonder和Egberink，2014；Lazonder和Wiskerke-Drost，2015）。

为什么全班教学法，即直接教学法的效果比其他个性化的教学法好？主要有几种原因：其一，实际上全班教学比小组学习或以学生为中心的学习更能使老师和全班每个学生互动。而师生互动和学生之间的互动正是教学成败的关键，关于这点我们在本书还会涉及。其二，全班教学比个体教学更有助于学生全神贯注，可能是因为对老师来讲，监管全班易于监管学生个体。其三，全班教学也有利于老师把课堂活动搞得丰富多彩，学生听不懂或觉得乏味时就会分心走神，全班教学在这种时刻也有利于老师发现情况，及时调节课堂气氛。其四，全班教学也可使老师把学生的错误和理解不透的地方在全班进一步讲解。此外，其他教学模式,特别是那些在课堂上让学生组成小组分别开展不同活动的教学模式要更加复杂,因此,让所有学生统一做事的全班教学模式更加利于教师进行课堂管理(Brophy和Good,1986;Rosenshine和Stevens,1986)。

全班教学模式也符合我们在上一章讨论过的学习理论。在第一章中我们谈到长久记忆是学习的关键。研究显示,学习就是建立和长久记忆的连接,即建立短期记忆里的新知识与长久记忆里旧知识之间的连接。研究显示,解决问题的能力很大程度上依赖于长久记忆所存储的各种方式方法,这就是说,长久记忆里储存的信息越多,就越容易同化和使用新的知识。直接教学法是掌握新知识的最快途径,因此,对发展我们的学习能力至关重要(Kirschner等,2006)。但是,这并不是要求老师把整堂课都用来进行全班教学。学生需要练习来巩固所学内容,因而个人练习或小组练习仍然是提高学生学习效果的重要组成部分。此外,全班教学并不等于老师满堂灌,它同时也强调学生在教学活动中的积极性,这是不可或缺的。

思考题2.1

大家可以看出,直接教学法有很强大的研究依据。然而仍然有许多教育工作者反对这种教学法。你认为这其中的原因是什么?

决定直接教学法是否有效的主要因素

对直接教学法的研究产生了一批直接教学模式,如"阅读掌握"之类的,这些教学模式都有一定的固定程式,但它们并不能代表所有的直接教学法,直接教学法包含的教学模式很广泛。真正有效的直接教学法也不是简单的全班教学所能代替的。要想使直接教学法产生良好的教学效果,就必须要达到以下我们要讨论的一些标准。

课程结构明确

直接教学法要求每堂课的结构应该清晰明确,这样学生才会理解所学的内容以及它们和已有知识的联系。有专家建议每堂课开始时,应先对上次课所学内容进行复习并加以练习,比如过一遍家庭作业,这可以使老师了解学生是否掌握了上堂课的内容,掌握得怎么样等,以便老师决定是否有必要再重复这些内容。每次课开始,老师应该清楚地告知学生这堂课的具体目标和内容,如"今天我们要学习……",或是将具体目标写在黑板或讲义上。在课堂上,学生是区分不出重点的,因此还得靠老师时时强调,否则就会被学生忽略。多次强调有益无害。快下课时,老师还应该再次总结一下这些重点,也可以通过提出诸如"今天我们学了什么"之类的问题让学生自己总结。课程的次要内容也可用同样的方式总结给学生。在转换教学内容时,如开始一个新的章节或是要对上一个章节进行相关练习时等等,这时候教师应该给学生一个明确的信号。这不仅可以保证学生记住所学内容,也可使他们明白所学的内容是一个有机整体，使他们认识各部分知识之间的关系。这种对教学目标的强调并不仅仅指某节课的课堂目标，也包括课程的远期目标。通过对小学教学的研究，专家们发现，每个学年开始时，优秀的老师都会把课程的学期目标事先明确地告诉学生（Bohn等，2004）。

专家们还建议，课堂上要有一定的重复，对一些定律或关键的概念不断加以重复可以加深学生的理解和记忆。对有一定难度的知识点或定律，重复尤为重要（Borich，1996；Brophy，1992；Muijs和Reynolds，2000b；Rosenshine和Stevens，1986）。

教学内容清晰

总的来说，直接教学法要求把教学内容按学生能理解的方式一步一步地呈现给他们，必须对所学环节加以练习以后才能进入下一环节。这样不仅能使学生有收获感，还可避免课堂变得乏味枯燥或课堂思路不清晰。老师必须清晰明了而富有激情地把知识呈现给学生，必须做到语言清楚，突出重点，避免东拉西扯。教学内容的呈现有多种方式，其中常见的模式为演绎和归纳模式。

- 演绎模式由普遍定律开始，进而到具体的例子。以民主比较为内容的教学为例，教师可以从“什么是民主”开始，然后把这个民主的定义用到不同国家的政治制度里进行分析。
- 归纳模式则由（生活中的）具体事例出发，进而到普遍的定律。用以上同样的例子，我们可以先分析不同国家的政治制度，然后归纳出民主政府的基本原则。

此外，鲍里奇（Borich，1996）还推荐了以下几种课堂内容呈现方式：

- 局部—整体模式。首先把教学内容的整体呈现给学生，然后把这些内容分解成易消化吸收的子内容。教师一定要注意时刻提醒学生，让他们清楚地明白这些子内容和整体的关系。鲍里奇以名词所有格的教学为例，他建议先给学生讲解什么是名词所有格，然后讲以“of”为标志的所有格短语，如“the daughter of”，再讲以“s”为标记的短语，如“the holiday's”等。
- 序列模式。这种模式是把教学内容按其在真实世界里的先后次序呈现给学生。这种模式常用于数学定律公式的教学，举一个例子就是钢铁制造的过程，从铁矿到成品的一系列步骤。
- 组合关系模式。在这种模式下，教师把可以影响某条规定、某些事实或某些先后顺序的各种因素、各种决定等都呈现给学生。例如，在法律条文的教学中，就可以把某条具体法律的相关因素一一罗列出来。
- 比较关系模式。在这一模式下，不同的东西被放在一起，学生对此加以比较，发现其差异。例如，在讲不同宗教信仰时就可采用此模式。

还有一种教学内容的呈现方式是把教学内容分成一个个小任务的形式，这些小任务都有一个明确的目标。这些小任务的设计必须跟教学目的紧密相连，学生必须完全掌握一个小任务才能进入下一项任务（Joyce等，2000）。

节奏合理

课程节奏是关乎直接教学是否有效的重要因素,对这个问题学界有很大争议。最初,专家们建议快节奏。对小学教学效能的研究显示,高效能老师的教学节奏快于低效能老师(Smith等,2004)。快节奏的优势在于可以使学生保持学习的兴趣,使他们在短时间内学到很多东西。快节奏对低年级的小学生可能有效,但对高年级的学生来说,学习的内容更困难,必须把节奏慢下来,给他们多点儿时间消化理解所学的内容。专家建议,教学节奏应该这样来把握:对基础知识的教学,在周考或月考中,学生答题的准确率应在90%~95%之间。

为学生建模

教授某个技能或演示某种过程的最有效的方法就是建模。建模就是把某个过程逐一演示给学生,它比用语言解释更加有效,尤其对小学生。建模有以下步骤:老师(或是另一个专业人士)亲自展示动作,这些动作必须跟学生已经掌握的动作或技能相联系。他必须一步一步地以清楚明了的方式给学生解释每个动作的含义和目的。学生要记住看到的每个动作并加以模仿(Ausubel,1968)。建模后必须要有练习,这样才能达到应有的效果。高效能老师往往会监控学生的练习和模仿,必要时要求他们回答一些问题。

使用概念导图

在学生脑子里建起一个知识结构的最有效的办法是使用概念图。所谓概念图就是在新课开始前为他们提供一个框架图,图里面有所有的知识要点和要点之间的相互关系,这样可以让学生对所要学习的内容有一个整体的了解。也可帮助他们储存、记忆相关概念,把相关的知识连接起来。这个办法对比较复杂的需要几次课才能讲完的知识尤其有效。下面图2.1是历史课上使用的一个概念图。

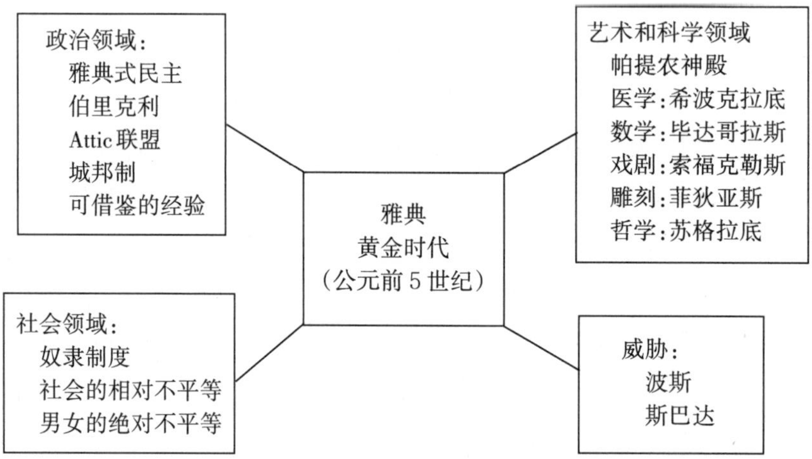

图2.1 概念图:雅典黄金时代

问题互动

直接教学法的关键部分是问题互动。由于它是有效教学的组成部分,关于这方面有许多研究,我们把对它的讨论专门放在下章进行。

直接教学法是一个非常有效的教学手法，但是如果没有恰当的练习，它依然不会有什么效果。学生必须通过练习来巩固所掌握的知识。下面我们要讨论学生单独的课堂练习和越来越流行的小组作业。

关于单独课堂练习，我们总结了以下一些要点：

准备课堂练习

准备做课堂练习时，首先一定要确保学生有足够的作业材料。如果使用作业卷子，要确保学生人手一份。一定要有“备用”卷，如果有学生做得快，可以给他们多做几份。如果作业涉及操作一些设备，如电脑或平板，教师也一定要确保每个学生都有。课堂练习一定要和所学的内容紧密联系，还要根据学生的能力水平“量身订制”。课堂练习最好在问答环节后马上进行。这样的话，学生就会少犯错误，还能巩固所学内容。

使用练习册/练习卷

课堂作业经常是卷子或练习册的形式，纸质或电子的都有。它们都有效果，也都有利弊。用现成的练习册可以节省准备时间，练习册里面的插图还可以激发学生（尤其是低年级的学生）的兴趣。但是，教师一定要注意练习册里的习题要和所学内容以及自己的教学目标匹配。如果使用直接教学法，那么教师就要用直接教学法的练习方案，而不应该用其他（如个体教学法）的方案。如果使用习题卷的话，教师得自己设计题目，因而是个费时费力的工作。习题卷的优点在于它是按课程的内容针对专门的目标，综合各方面的因素而设计的，具有很强的针对性。

组织课堂练习

在课堂上，教师一定要让学生明白课堂练习的目的，一定要让他们知道，这不是混时间，这也是学习的一个过程，也是有目标的，不能让学生敷衍了事（Arends，1998）。习题要避免含糊不清，一定要明确。在练习过程中，如果发现有大部分学生都不明白的地方，一定要在全班再一次讲解，直到学生清楚为止。一定要让学生知道他们应当做什么。有必要带领全班一起试做一道题，给学生一点儿信心。

课堂练习时，老师需全程密切监控，需要巡视教室，检查学生的练习情况，确保他们都在做练习，确保他们理解了所学的知识。如果学生做练习时出现困难，老师应该及时介入，帮助他们。如果出现全班大部分学生都不会的题，老师有必要让大家都停下来，一起解决这道题，然后再让他们继续做。老师应该亲切、平易近人，让学生觉得随时可以向他求助。

经常会出现这种情况，老师花太多时间在某个或几个学生身上而忽略了对全班的监管，如何避免这种情况发生？这还真是个问题。遇到这种情况，建议老师时不时地把注意力从个别学生转到全班，不要在个别学生身上花费太多时间。如果个别学生真的需要进一步的帮助，可由课堂助理来做。有些时候，老师可以在巡堂时就把学生的练习批改了。课堂练习需要老师积极参与，而不只是坐在讲台上等学生来问问题。

老师有必要跟学生说清楚，做练习时什么情况下可以讲话，什么情况下不可以。显然，如果练习是合作型的,讨论就是必需的。但如果练习没有合作的必要,那教师就应该限制甚至禁止学生讲话。座位的布置形式可以是有利于学生相互讲话的,也可以是防止他们讲话的,例如,如果学生坐成圆形,他们就很容易相互讲话;如果让他们按排座就困难了(Arends,1998;Johnson和Johnson,1994)。

批改课堂练习

为了不给学生造成课堂练习只是混时间的误会,一定要批改他们的练习。批改可以是多种形式的。学生练习时,老师可以边巡视边批改他们的练习,还可以口头批改,也可让学生相互批改,甚至也可让学生把练习交上来,老师课后专门批改。

还有一种有效的方法就是在下课前统一对答案。可以让学生先给出练习的答案,如果课堂练习是分级进行的,可以先让学生告诉大家他们做的题目是什么。对基础的知识和内容,课堂练习应该有一个较高的合格率,大部分学生答案的准确率应在60%~80%之间。

课堂分级练习

教师在布置课堂练习前应决定是否对练习进行分级。练习分级有两个原因。第一,这样做对学生的学习水平更有针对性。是否分级取决于班上学生的水平是否相差太多。混合班级学生水平差异特别大(固定班级的情况恰恰相反),这种情况常见于边远贫困地区,即由于各种社会原因,这些地区的学生平均水平往往相对较差,但也不排除偶尔班里会有特别优秀的学生(Muijs和Reynolds,1999)。练习分级的另一个原因是,不同的学生负责练习的不同部分,然后在全班讲解时合并在一起。这样做可以让学生看到合作、互相配合的好处,在全班讲解时,其他同学的答案跟自己的练习紧密相关,这样显得更加有趣。如果要分级练习,教师一定要确保座位的安排,以便学生能互相讨论。

研究要点2.1

为什么练习对学生来说至关重要?

练习的主要目的是要让学生对知识的掌握达到自动化和一体化的境地。所谓自动化是指知识已牢牢印在学生的长久记忆中,已经可以下意识地使用。比如,初学写字的时候,我们非常在意所写的每一笔每一画,然而当我们熟练掌握以后,写字就变得几乎是一个自动的行为。有些知识和技能的运用必须达到自动的地步,这样才能在短期记忆里为更复杂的任务腾出更多空间来(Woolfolk,1997)。

一体化是另外一种过程,是指把一些事实和步骤按一定顺序组合起来以解决实际问题。练习可以让学生在教师的指导下,在可控的环境里进行这种组合。教师必须确保学生把所有分散的事实和步骤都考虑到并将它们按顺序组合起来。

直接教学法的主要模式

经过几十年的实践,教育界已形成了几种直接教学法的成熟模式。在此,我们来具体看看,以便使读者进一步明白实践中的直接教学法是怎么回事儿。首先是“密苏里数学效能研究”课题组(Good等,1983)开展的“积极教学”模式。在大量研究的基础上,专家们设计了一种小学教师的教学模式,并对教师进行了专门培训。这种“积极教学”模式的结构如下:

(1)每日复习(+/–8分钟,周一除外)

- 复习前一天与家庭作业有关的概念和技巧
- 收集并处理家庭作业
- 做几道心算题

(2)新课(+/–20分钟)(引入新概念,进行讲解)

- 简单准备一些预备知识,包括概念和技巧
- 用生动的例子和演示讲解新概念的含义,促进学生理解消化
- 评估学生对新知识的掌握

a. 发现学生存在的问题(师生互动)

b. 在教师带领下进行练习

- 如果必要,重复说明概念的含义

(3)课堂作业(+/–15分钟)

- 进行不间断的轮流练习
- 让全班动起来(不要停),每个学生都有份,必须加入
- 警告——让学生知道下课时要检查
- 问责——检查学生作业

(4)布置家庭作业

- 每堂数学课后都要布置一定量的家庭作业,周五除外
- 家庭作业的量定在15分钟以内完成
- 应包括一到两个复习题

(5) 例行检查

- 周检

a. 每周一上课的前20分钟进行

b. 集中检查前一周学的概念和技能

- 月检

a. 每月的第四个周一进行

b. 涵盖上次检查以来所学的概念和技能

这个教学模式非常成功,后来经过一些修改,成为“积极数学教学”模式,也非常有效。基于教师效能原则的其他类似的教学模式,如格里芬和巴恩斯(Griffin和Barnes,1986)的

CTP项目,根据具体的教学环境做了一些修正,在美国小范围应用,效果也非常好。

直接教学法最雄心勃勃的大规模使用可能要数英国在20世纪90年代下半叶进行的“全国阅读”和“全国数学”计划。英国学生在数学和阅读方面的表现让人担忧,对此,在直接教学法研究的启发下,政府展开了这两项计划。

针对小学数学教育的英国“全国数学”计划是在直接教学法的影响下形成的。这从教育部(负责教育和教师管理的部门,DfEE)下发的通知里可见一斑。通知要求教师“用尽量多的时间来进行直接教学,无论是对全班还是部分学生,抑或是个别学生。”通知进一步强调“无论全班教学,还是小组教学,直接教学和良好的师生互动都很有必要。要尽可能多地以全班为单位组织教学,这样才能使学生跟教师接触的时间最大化,这样才能保证所有的孩子有足够的时间得益于老师的教学和互动。”(DfEE,1999)。教育部提供的教学指导意见也进一步说明了这点。

- 引导:告诉学生你的教学目标,确保学生明白要做什么。在怎样标注一幅图表,测量需要精确到什么程度,如何运算等这些地方,尤其要向学生强调。
- 教学:给出信息并指导学生。例如,讲解如何用三位数乘以两位数,如何看图表,如何证明一道数学题等等。
- 演示:用一些恰当的资源或视听手段更好地展示、描述或模拟数学问题。比如,展示如何记录数字,如何用米尺或量角器来丈量物体,在一条数轴上演示如何以10为单位递进,如何用温度计来演示负数的概念等等。
- 举例说明:合理联系以往所学的知识和方法,对数学问题给出准确的解释。例如,解释一种计算方法并讨论这样计算的原因,解释某个数学概念,解释解题的每个步骤并对一些公式给出具体的例子,解释为什么“7-3=4”是一个普通等式等等。举例说明可以用在许多场景下。
- 问题和讨论:问题应该和教学内容及进度相符,确保每个学生都能参与(如果必要,可以借助辅助手段、联络员,或是一个可以用各种符号、手势帮助学生理解的人),仔细倾听学生的反应,然后再建设性地反馈,引导学生逐步向前;使用封闭式和开放式问题,认真设计问题,问题要有针对性,要符合学生的能力,要让他们能展开讨论,要给他们足够的时间思考这些问题。
- 巩固学习成果:举行丰富多彩的课堂活动,或是布置富有针对性的家庭作业,尽最大可能地巩固学生在课堂上所学的知识。如可让学生以小组为单位思考或口头叙述解题过程,鼓励学生放开思路,大胆思考,比较各自的解题方法,寻找不同的解题思路,记录他们的作业情况,让他们总结规律或是就某些定律给出具体例子。
- 评估学生的学习情况:指出他们的错误,发现还没吃透的地方,把这些作为有力的教学点来巩固他们的学习;讨论学生的解题思路,找出其合理性;评判他们的课堂表现,对他们的书面作业做些口头反馈。
- 对学生的学习加以总结:下课之前回顾当堂所学,发现没有吃透的地方,纠正错误;让学生展示他们的作业，帮他们找出重点；寻找所学的数学知识和其他科目的联系，帮助他们为下一阶段的学习做好准备。

“全国数学”计划还倡导所谓“三段式教学”，即从全班教学开始，进而分组讨论或练习，最后再次回到全班教学。“三段式教学”并非直接教学法的唯一模式，还有其他模式可供选择，如短时全班教学，即从短时全班教学开始而后是个人练习，再回到短时全班教学等等。没有证据显示这些模式的优劣。

最近的各种网络课程也倾向于使用这种教学模式，即学生先在网上获取信息，然后加以练习直至掌握知识，然后再进入下一步学习（Magliaro 等，2005）。

研究要点 2.2

直接教学法的缺点和局限性

直接教学法虽然是目前为止最有效的教学法之一，但并不是说它在任何场景的使用效果都非常好。它适合有关定律、步骤、基本技能的教学，尤其是低年级的教学（Good 和 Brophy，1986）。

当遇到教授内容比较复杂、没有明确结论（如发展学生思维能力、讨论不同选举系统的优劣等）的课程时，这种结构明晰并以教师为主导的直接教学法就显得不那么有效了。在这种情形下选择开放性的教学模式可能更为明智（Joyce 和 Weil，1996）。直接教学法被认为限制了学生的探求精神。例如，有一个实验，幼儿园的老师教给孩子一种玩具的玩法，结果他们就只会按老师教的方法来玩，而没有老师教的孩子却可以玩出许多新花样来（Bonawitz 等，2011）。

直接教学法效果的好坏还有赖于学生的特点。前面我们已经说过，这种结构明确的教学方法对贫困家庭的孩子，或是某一科目起点特别低的孩子尤为有效。例如，最近在英格兰和威尔士进行的一项研究显示，学生学业成就和教师是否使用直接教学法的关系，在贫困家庭孩子比例高的学校强于贫困家庭孩子比例低的学校。这就表明，这些来自贫困家庭的孩子更加需要这种结构明确的教学，其中的原因可能是家庭条件好的孩子在家有更多的资源可以依赖。确实，家庭条件越好的孩子，其学业成就跟学校和教师使用的教学法的关系越小（Muijs 和 Reynolds，2000c；Muijs 等，2014）。

直接教学法有效性的证据倾向于小学低龄学生，倾向于数学和英语这两个科目。对其他科目和中学以上学生是否同样有效，还需要更多的研究来证实（Campbell 等，2004）。

当然，需要指出的是，和其他教学法一样，用直接教学法来上内容简单的课也是可以的，也可适用于相互关系不大的教学内容。最后,我们要强调的是,有时候,没有和学生互动的直接教学法会沦为效率低下的"满堂灌"。因此,直接教学法一定要用在适合的教学内容上,一定要注意和学生的互动(对此我们在第三章要做专门讨论)。

思考题2.2

你能想出哪些教学内容不适合用直接教学法吗?为什么?

总结

这章我们主要介绍了直接教学法,这是教师可用的最为有效的教学法之一。

在直接教学法里,教师起积极作用,以教师为主,他把课程内容教给全班。有大量的关于课堂观测和学生学业成绩的研究结果证明直接教学法的有效性。

要想直接教学法有效,必须具备以下条件:

必须精心设计课程结构,课程目标要清晰,课程重点要突出,下课时要总结所学的关键点。教师应该逐步展开课程内容,确保学生完全掌握了才能进行下一步教学。每一步的教学内容也应该精心构建。

在教低水平技能时,教学节奏可以加快,而在教高水平技能时,则可以放缓节奏,留出时间让学生思考。

使用统一的教学模板可以使课程更加清楚明了。有效的教学模板有:"密苏里数学效能研究"课题组的"积极教学"模式、英国"全国数学"计划模式等。

直接教学法有其局限性,它适合基础知识和技能的教学,不适合高级的思维能力教学。直接教学法对贫困家庭学生尤为有效(从广义来讲,可视为教师效能的体现)。

个人练习,也就是课堂作业,是直接教学法的有机组成部分。我们在这里再一次强调,课堂作业要有效果,必须达到一些条件。课堂作业准备要充分,要和教学目标、所学内容紧密联系;做课堂作业时教师应密切监管,确保每个学生专心练习;教师应该巡堂,帮助有困难的学生,但不能把时间只花在个别学生身上。

复习题

1. 想一想你所经历过的教学实践,你是如何使它更有效果的?
2. 选择一段教学内容,用直接教学法设计一下你的课程。
3. 回想一下你最近一次的课堂作业,有哪些需要改进的地方?

第3章　师生互动

本章要点

这章我们主要讨论：

- 师生互动在直接教学法里的重要性；
- 经研究得出的有效提问技巧；
- 如何使提问与课堂讨论结合；
- 如何避免冷落女生或其他天性害羞的学生。

引论

上一章我们看到，要提高教学效能，直接教学法是一个重要方式，但它的使用并非只是简单把知识灌输给学生，所有专家都认为师生互动是非常重要的环节。上一章提到的一些研究也显示，直接教学法不但要求用大量时间来进行全班教学，还强调教学中的师生互动。例如，摩特莫等人（Mortimore等，1988）在研究英国小学教育时就发现，频繁使用问题，特别是提一些跟所学内容有关的问题，不断与全班交流等都在教学中有积极效果。另一项对英格兰和威尔士教育的研究也显示，师生互动对提高教学效能非常重要，互动包括频繁提问（尤其是提跟教学内容有关的问题），开放式提问，让学生说明自己的答案等等，这些都与学生的学业成绩有关联（Muijs和Reynolds，1999）。

最近有研究显示，在小学教学中，效能良好的老师比效能差的老师更爱给学生提问题（Smith等，2003）。维恩曼（Veenman，1992）在荷兰的研究也同样发现，直接教学法关键的因素是师生互动。美国同行早在欧洲人之前就发现了师生互动的重要性。罗森珊和弗斯特（Rosenshine和Furst，1973）早在20世纪六七十年代的研究中就发现师生互动、课堂提问是教学的关键。这也被后来的研究，如我们前一章提到的那些相关研究（Brophy，1992；Brophy和Good，1986；Creemers，1994；Good等，1983；Rosenshine和Stevens，1986）所证实。

然而，问题互动的频率不是最重要的，关键是其质量。对课堂的观测发现，师生互动的质量直接关系到学生的期末成绩（在控制学生以往考试成绩等因素的前提下）（Allen等，2013；Muijs等，2014）。当然，专家们不但强调问题互动的重要性，他们还仔细研究了问题互动的有效操作。下面我们将逐一进行讨论。

课堂提问

课堂提问因其重要性而得到相当广泛和深入的研究。因此,有效的课堂提问应具备什么样的特征,也基本有了定论,通过我们以上提到的研究(Bennett等,1981;Brophyand Good,1986;Cooper等,1987;Rosenshine,1983;Rosenshine和Stevens,1986)可以总结如下:

什么时候提问?提问的频率多少为宜?

作为有效教学的重要因素,提问应在课堂占相当的比例。上一章我们说到,许多专家都认为,每节课都应该以复习前节课所学内容为开始,这样就可以检测学生到底记住了多少所学内容,因此在这个环节中提问非常重要。新的教学内容一旦展开,每一个环节都应该有老师指导下的练习,这样教师才能把握学生的学习状况,才能决定哪些内容或环节需要重复。每堂课结束时的内容总结也是如此。老师可以把当堂所学的内容罗列总结给学生,也可让学生自己总结,可能后一种方式的效果会更好。总之,课堂提问是直接教学法的重要组成部分,也是教学不可或缺的主要活动之一。

鼓励学生积极回答问题

既然师生互动是直接教学法的关键,那么如何激发学生回答问题的兴趣呢?这可能是个问题,特别对于高年级学生或是害羞的学生尤其如此。不过我们应该知道,如果互动式教学是学校或某门课程的主要教学形式,学生已经适应了这种互动式的课堂,那这就不是个问题了。

答案的非评价性

积极活跃而轻松的问答气氛也是至关重要的。如果学生觉得自己的答案不会招致老师(或同学)的批评和嘲笑,他们就会积极参与。为了激发学生的答题兴趣,可以试试这样做:让学生先写下自己的答案,老师再把正确答案写在黑板上;或是让学生先隐藏自己的答案(如将答案放在胸前),然后在老师提供的答题卡(如数学课上的数字卡)中抽出自己的答案给老师;还有一种所谓的“不举手”方式,即老师不看学生是否举手,而是根据问题的难易程度和他所观察到的学生能力来进行课堂提问。

思考题3.1

“不举手”回答和写卡片回答都曾招致一些批评,能否想想,它们在什么情形下起作用,什么情形下不起作用?

问题的认知水平

所谓问题的认知水平是指问题的难度,特别指解决这些问题是否需要复杂的思维能力

(“高”水准)或者只是定律的基本应用和一些死记硬背的东西(“低”水准)。“低”水准问题相对易答,因而应强调答案的精确性。“高”水准的问题需要学生多动脑筋,在很多情况下,不好直接回答,也没有一个“确定”的答案。研究显示,“低”水准问题极为常见,但教学效果良好的教师使用“高”水准问题的次数比教学效果较差的老师多。

显而易见,“高”水准和“低”水准问题的比例和平衡应取决于教学内容。比如,数学里的乘法运算只需“低”水准的问题就可以了,而一些复杂的教学内容,如科学课程里的实验设计,就需要“高”水准的问题了。要尽量给学生提一些“高”水准的问题,这样才能发展他们的思维能力,不过要回答“高”水准的问题是需要扎实的知识基础的。

开放式和封闭式问题

所谓开放式问题和封闭式问题是相对而言的。封闭式问题有一个明确的答案(如“4×8=?”)。而开放式问题的答案是开放的(如什么是民主国家)。这里,高效能老师使用开放式问题的次数再次高于低效能老师,尽管大多数情况下他们仍然使用的是封闭式问题。不过,跟认知水平一样,使用开放式和封闭式问题的比例依然要看具体的教学内容和教学目标。然而,如果教师一点儿都不使用开放式问题的话,就不能给学生足够的认知挑战,这样的教学效果肯定好不到哪儿去。一项英语课的教学研究显示,从听课的情况来看,我们在开放式问题的使用上显然不足,还不到问题的三分之一(Smith等,2004)。

过程式和答案式问题

课堂提问的另一个问题是注重过程还是注重答案。这个问题在教育界的争论由来已久。近来,许多国家开始偏重学生解答过程。研究也证明,不能把问题仅限于答案本身。教学效果优良的老师比效能差的老师更喜欢提一些注重解题过程的问题,当然,他们也没有完全忽视结果式的问题,显然,这两类问题的比例多少仍然取决于教学内容和目标,甚至取决于课程设置本身(即这是倾向于过程还是结果的课程)。一般来讲,强调结果本身的问题往往是封闭式问题,也是“低”水准的;而注重答题过程的问题往往是开放式问题,也是“高”水准的。研究发现,在教学效果良好的老师和较差的老师之间,他们对结果式问题和过程式问题的强调是不一样的(Muijs等,2010)。这之间也有文化差异的因素,比如,英国老师就比俄国老师更喜欢提结果式问题(Wilson等,2004)。

其实过程式问题和结果式问题经常可以结合起来进行,老师可以先给学生一个结果式问题(比如:这间屋子的面积是多少?),学生给出答案以后,可叫他们说明一下自己答案是怎么来的。

思考题3.2

我们前面提到,许多国家的教师在课堂提问环节开始向过程式问题倾斜,你觉得这样做的原因是什么?反对这样做的理由有哪些?

学生答对了该如何表现?

如罗森珊(Rosenshine,1983)所说的那样,当一个学生又快又果断地给出了正确答案,在任何情况下都应该加以肯定,而且是认真地肯定。夸张的表扬没有必要,也会耽误时间。通常我们可以根据学生的自信程度、背景,做出点头或一个别的什么动作示意一下即可。当然,低龄学生、自信不足的学生、能力低下的学生会需要更多的表扬和鼓励。

研究表明,给答对的学生再追加一个问题,这样做也很不错,当然对他的第二个答案仍然要进行反馈。通常情况下,第二个问题最好比第一个难些,或是让他们展示答题过程,说说这样回答的原因,这样也可帮助全班同学加深对相关概念的理解(Chin,2007)。

当学生的答案正确,但回答迟疑时怎么办?

当学生的答案正确,但回答得比较迟疑,这种情形在上新课时经常发生,这时应该对学生加以鼓励,老师应该清楚地对其答案加以肯定,这样学生才会明白,他的答案确实是正确的,才会加深印象。当再次出现类似的问题时,他们可能就不会像上次那样迟疑不决了。如果大多数学生的回答都不是那么肯定果断,那就有必要找找其中的原因,如果需要,甚至可以再讲一遍刚才的内容。

当学生回答错误时该怎么办?

回答错误有两个原因,一是因为粗心或没有努力,二是没有听懂。无论什么原因,老师都应该告诉学生答案是错误的,但不能批评学生,尤其对粗心的学生。要做到这点有时候很难,但研究已经清楚表明,批评没有任何效果,不但于事无补,反而会对学生造成伤害,还会使学生对老师产生反感,导致他更不努力。老师一旦告诉学生答案不对,就应该马上问下一个学生。不给表扬是这种情形最好的反应。

对知识理解不够造成的错误,应该是另一套做法。面对这种情况时应该鼓励学生,简化问题(比如,把问题拆分成几个小题),给点儿暗示,帮助他们理解问题,最后找出答案。如果一个学生没有答对,可找第二个学生来回答。老师最好不要直接给出正确答案,最好让学生自己纠正错误,得出答案。

即使在老师的鼓励下,大多数学生依然不能回答,这时又该如何呢?这里有几种做法:回头再看看相关的定律、事实,讲解一下解题步骤;给点儿包含部分答案的暗示、线索;或是用另一个类似的问题来引导学生回答(Borich,1996),这样做不仅能帮助答题的学生,对班上其他同学也有益。

学生的回答只是部分正确怎么办?

当学生的答案部分正确,老师一定要对正确的部分加以肯定,一定要给学生解释清楚哪些是对的,哪些是错的,这样答题的学生和班上其他学生才不会困惑不清。然后,老师应当引导学生对错误的部分加以改正,得出正确的答案。如果这样学生还不能得出正确答案,老师应另找一位学生来回答。不过,老师应当尽量让第一个学生纠正自己的错误,帮助他得出正确答案。

如何鼓励学生

上面我们谈到，在有些情形下老师应当鼓励学生，帮助他们得出正确答案。这里有三种鼓励的形式可供老师参考。最常见的是口头鼓励，常常是提示；提醒；指导；小暗示；参考以往的学习内容；老师说上半句，让学生接下半句等等。例如："这个问题的第一步怎么解？""还记得我们昨天的实验吗？""别忘加逗号"等等。动作鼓励也是课堂上常见的，可使老师在学生犯错之前规范他们的动作行为，如学生需要直尺、显微镜之类的学具，老师可以指示给他们，或是给他们动作示范，如怎样握笔之类。对低龄学生，动作鼓励是非常必要的，因为他们还没有完全掌握一些动作的要领，如怎么握蜡笔，如何进行字母和数字书写等。这种情况下老师可以手把手地教学生。这种做法也可用于体育课上。库伯等（Cooper等，1987）建议教师的鼓励应该从强制性小的手段开始，他们认为强制性最小的手段是语言鼓励，其次是动作示范，最后是手把手教。这样做的原因是避免学生对老师过分依赖。他们研究认为，语言形式的鼓励在记忆中存在的时间比动作形式的鼓励短，这样更容易为学生搭起"学习构架"，使他们尽快掌握相关技能，最终能独立完成任务。

等待学生答案的最佳时间是多久？

等待学生回答问题的时间应该是多久？这是个重要问题，因为老师既要顾及课程进度，又要避免冷场，还要给学生足够的时间思考。等待时间取决于问题的形式。如果是封闭式、"低"水准、死记硬背的问题，3秒左右足够。但开放式、"高"水准的问题则要多等一会儿（最多15秒）。不过一些研究显示，老师通常并没有等这么久，他们最多给学生7秒左右的时间（Smith等，2003）。超过这个时间的等待会让其他学生显得不安，这时就需要老师的鼓励了。

当问题比较复杂时，最好先让学生在下面思考（可以书写）一下，再抽学生起来给出答案。研究显示，学习新课的时候，老师给出的等待时间往往不足。

答题的准确率应该是多少？

一段教学内容结束时，大多数学生都应该准确、快速而果断地回答出老师的问题。如果95%的学生都能如此，说明他们都掌握了所学的内容。对简单的教学内容（如只需死记硬背的内容），老师讲解后（最好分步进行），学生的准确答案率达到60%~80%时就可向前推进。如果对开放式问题再用"正确""错误"来形容答案显然就不恰当了（比如问学生的观点）。这类问题要锻炼的是学生用逻辑思维给出前后一致的观点，必要时老师应该加以适当鼓励。

许多问题的答案是多个的（比如过程式问题的解题步骤），这时老师应对所有的正确答案给予肯定，即便他要的答案也许是另外更简便的。这时老师应该引导、鼓励学生得出他期待的那个答案（比如老师可以说：对的，没错；还有别的办法吗？）。

研究要点 3.1

学生对课堂提问的反应

课堂提问是学习的有机组成部分,学生应该积极配合主动回答老师的提问。语言是学习的关键,是大脑形成概念、进行理解的工具。学生对问题的回答就是他们自己动脑对所学内容进行理解的过程。

然而,对学生来讲,课堂提问另有作用。研究表明,许多学生把课堂提问看作获取正确答案的途径。他们并没花多少心思在与老师的互动上,他们只是等着正确答案,一旦出现就赶紧记住。这样做当然能得到正确答案,但这种消极态度只会使他们的学习停留在仅知正确答案这种肤浅层面,而不能对教学内容进行更深入的理解和消化。许多理解过程得用语言进行表达(Pratt,2006),然而还是有许多学生把"听别人"看得比"自己说"重要。

为了使学生更认真地参与课堂问答,教师最好不要直接对答案,应该让学生相互评判各自的答案,或是组织小组讨论。

课堂讨论及其与课堂提问的关系

课堂提问是使用最普遍的师生互动方式,但不是唯一的方式,有时甚至并不是最妥当的方式。提问不可避免地以老师为主,这在一些情况下不适合我们的教学目标。

课堂讨论有两种情形, 是在小组作业时,组内学生之间进行;二是在老师与全班学生之间展开。小组讨论我们将在下章专门论述,这里我们仅限于全班讨论。

全班讨论可以达到三个教学目的:让学生发表自己的看法,鼓励他们更投入更专心学习;让学生学会思考并把自己的思想用语言表达出来,从而加深对学习内容的理解消化;使学生掌握沟通技能(至少使他们有在公众面前发声的勇气,锻炼他们清楚准确表达思想的能力)。

要想课堂讨论顺利进行,必须加以精心准备,如先学习相关的内容,熟悉相关话题,让学生课前阅读相关材料,由老师或学生先讲讲相关内容再进行课堂讨论。

为了使课堂讨论达到应有的效果,务必要让学生集中思想,不要跑题。同直接教学法要求的一样,从一开始老师就应告知学生讨论的目的。为了使学生的讨论集中在话题上,可以给他们几道"指导性问题",确保他们不跑题,也可把讨论与已有的知识结合起来。在讨论过程中,老师应确保学生集中思想,避免他们转移话题。把讨论中出现的主要想法写在黑板或挂纸板上,这样也有助于学生的讨论集中在话题上,这样做是在给学生一个强调,即讨论也是学习的一种形式,并不是混时间。

在讨论过程中，教师对学生的观点应该持鼓励的态度，使他们明晰自己的观点（请为我解释一下……），注意自己的思考过程（这个观点很新颖，是不是想说……），让他们学会从别的角度看待问题。

讨论结束时，教师有必要总结一下学生的主要观点，再对他们的讨论过程做一个简短的点评，告诉他们讨论好在哪里，不好又在哪里。点评也可让学生来做（这样做更合适）。

是否要对某个话题进行再次讨论，那要看课程的具体内容，也要看学生的成熟度以及他们的沟通能力。有一个良好的讨论气氛，起码应做到师生互相尊重，所有学生的观点都应被接纳。教师对讨论给予多少指导，如何对待学生的观点，这些都对形成良好的气氛不无关系。

在讨论和课堂提问的时候，学生会有一些压力。研究发现，有时候有的老师会直接把自己的观点强加给学生，把课堂讨论变成了老师的独角戏。

师生互动中的性别差异和害羞学生

有人批评直接教学法，尤其是全班教学中的师生互动环节，只有利于男生，不利于女生和其他天性害羞的学生。

这其中的原因主要是男生天生果断，而天性害羞的学生（明显）做不到这点。这就意味着，男生可能会更愿意积极主动回答问题，成为课堂的“霸主”，而天性害羞的学生往往不愿这样做。这样下去，果断的男生就会剥夺害羞学生的学习机会。在全班互动过程中还有一种情况，即某些学生故意不参与，这就形成了所谓的“搭便车效应”。有些学生逃避讨论，成为讨论的旁观者，这样做的原因可能是故意或无能。

以上问题都可通过老师来加以控制。老师提问时要确保面向所有学生，每个学生都应有回答的机会，不能只抽不停举手的几个活跃分子。老师可以在学生中来回走动巡视，或是在讲桌上放一份学生名单，这样可方便老师抽取学生名字。

我们先前提到的“不举手”问答模式也是可行的。老师要多给女生一些答题机会。在低龄班级，性格果断的学生往往喜欢喊出答案，这种行为应被禁止。

老师还应避免只给学习好的学生答题机会。为了避免学困生老是回答错误，老师在提问时应注意提问对象的实力水平，并做相应调整。总之，要让全班都参与进来，这是关键。

总结

这章我们主要探讨了学生和老师之间的课堂互动，这是直接教学法的重要组成部分。提问可用来检查学生对课程的“理解”程度，帮助他们建立学习“构架”，帮助他们理清思路，表达思想，牢固掌握所学知识。

对有效提问的研究是教学研究的主要课题之一，对此，我们开展了大量的研究，并且储备了大量的知识信息，也发现了许多效果良好的提问方式和技巧。在每堂课开始时，直接教学法要求对上次课的内容加以复习并提出有关问题，每一教学环节结束后和下课之前都应对学生提问。教师应该把不同水平不同形式的提问有效搭配起来，如“高”水准还是“低”水准问题、答案式还是过程式问题、开放式还是封闭式问题等等，这些问题如何搭配取决于教学内容和教学目标。教师应特别注意每次要有足够的“高”水准、开放式和过程式问题。

学生回答正确时要给予积极肯定，但要简洁明了。当学生的答案部分正确，老师应当鼓励该学生继续找到剩余的答案，然后才能轮到下一个学生。当学生的答案错误时，老师应当迅速指出，告诉他答案是错的。如果学生的错误是粗心造成的，老师纠正错误后就该继续提问下一位学生。如果学生的错误是因没有理解造成的，老师就应当帮助学生理解，直至找到正确答案。

另一类有效的师生互动就是课堂讨论。为了使课堂讨论达到既定的效果，需要师生精心准备。讨论中教师要确保女生和其他天性害羞的学生都有说话的机会。

复习题

1. 回想一下你曾参与的一堂课（无论作为老师还是学生），想想师生互动是否可以再多些？还应在哪个环节怎样加一些师生互动的活动？

2. 如果学生总是答错，你该怎么办？

3. 怎样组织一场课堂讨论？能给个例子吗？

4. 你认为全班互动是否利于女生？请给出你的理由。

5. 在教基本知识和技能时，是否应该尽量避免使用开放式和过程式问题？请给出你的理由。

6. 以你的经验，老师在课堂提问时是否给了学生足够的思考时间？如果没有，如何帮助他们对此加以改进？

7. 你认为什么时候应该重新再讲一遍教学内容？

第4章　小组活动和同学辅导

本章要点

这章我们主要讨论

- 小组活动的益处；
- 小组活动的不良后果；
- 怎样有效利用小组活动；
- 如何评价小组活动；
- 同学辅导的益处；
- 有效的同学辅导的关键特征。

引论

我们在第2章曾提到，在直接教学法课堂上的复习和演练环节中，除了个人练习之外，还有一个选择就是小组活动。近年来，小组活动被教师广泛使用，也引起学者们的研究兴趣，但其有效性还在争议中。

小组活动的益处

小组活动与个人练习比起来有诸多益处。其中最主要的就是可以培育学生与他人合作的精神，锻炼他们的社交能力，发展他们的同情心，使他们学会从他人的角度看待事物，使他们认识到每个人都有各自的优点和缺点。以小组为单位解题还可让学生锻炼自己接纳他人、适应他人的能力。

小组活动和老师提问一样，可以帮助学生建立学习“构架”。一个小组所有成员所掌握的知识加起来肯定比单个学生多，因而解题能力也强于单枪匹马的学生，这样老师就可以给他们布置有一定难度的作业。交谈是学生发展思维的重要途径，小组活动还可使学生通过与他人谈话来修改自己的思路，也是他们发现自己、认识自己的有效途径（O’Donnell，2006）。

很多证据显示,小组活动有助于提高学生的学业成绩。例如,维恩曼等(Veenman,2005)发现学生的数学成绩与小组活动有很大的关系;韦布和马斯特乔治(Webb和Mastergeorge,2003)发现理解能力是学生学习成绩好坏的关键,而能用自己的语言来理解课程尤其重要。除了学习成绩,小组活动还可帮助学生建立良好的社会关系,尤其当他们学会如何积极参与小组合作时(Tolmie等,2010)。

思考题4.1

支持小组活动的学者认为,像老师帮助学生建立学习"构架"一样,学生之间也可以相互帮助建立学习"构架",你认为呢?请给出理由。

如何使小组活动有效

要想使学生小组活动有效,必须要事先做好相应的准备,提供一些先决条件。首先,学生之间必须相互配合,相互提供建设性的帮助。不少研究表明,小组活动只有在成员间互相尊重、团结一致时才对学习有利;而小组成员缺乏相互尊重,没有一个平等的关系时,这种小组活动对学习反而有消极影响(Battistich等,1993;Linn和Burbules,1993)。但平等合作、相互尊重的性格并不是天生的。实际上,许多学生(尤其是低龄学生和贫困学生)非常缺乏与其他同学积极相处的社交能力。

许多学生没有分享的习惯,他们不会与别人分享时间和物品,喜欢把控一切。这个问题只需通过教给他们分享的技巧就可解决。比如,使用"循环"问答,老师问一些具有多种答案的问题,每个学生轮流给出一种答案。

有的学生缺乏参与活动的能力。有可能是因为他们天性害羞,或是没有合作的习惯,所以参与小组活动对他们来说有一定困难。对此,可以把小组活动设计一下,让这种学生在小组承担一个特定的角色或是给小组成员配备一定的"时间券",每张券代表一定的"说话时间",如果学生想发言,必须交给组长一张"时间券",用完以后就不能发言了。这样就可保证每个学生都有说话的机会。

还有些学生缺乏沟通能力,这意味着他们不能很好地向别人表达自己的想法,这让他们在小组合作的活动中处于劣势。因此,在进行小组活动前一定要先教学生一些沟通技巧,培养他们解释自己思想的能力。

最后,有的学生没有倾听别人的能力。这在低龄学生中极为常见,我们经常会看到有学生坐在那里等着轮到自己说话,对别人说的什么却一点儿不在意。遇到这种情况,可以让学生先解释一遍上一个同学的发言,然后再让他发表自己的观点。

学生,特别是低年级学生要先具备上述这些技巧,然后才能让他们进行小组合作学习。

可以通过一些活动来掌握这些技巧。库特尼克等(Kutnick,2008)研发了一系列“关系建立方法”,首先让学生在活动中建立相互信任关系,如让他们学“盲人走路”;然后让他们学习沟通技巧,如让他们讨论一些自己的活动,表达自己的看法;最后才让他们进入联合解题的小组合作,如让他们合作画图、写字等。这样下来,小组合作的效果比没有做以上准备的控制组效果要好得多。

教师的作用相当重要,他们不但要让学生在思想和能力上都做好准备,还要精心准备问题和任务并在小组活动时监控学生。小组活动的任务必须是开放式的,必须要让学生能开动脑筋,但又不能让他们理解不了,这都需要下一些功夫来准备。活动中,老师必须监控各组的活动情况,确保学生都在做该做的事儿。要给出与任务相符的具体指导和建议,比如让学生解释自己的观点等,这也非常重要。“做得怎么样?”之类的笼统问题对小组活动没有什么效力(Webb,2009)。

研究要点4.1

给予和接受帮助

小组合作的主要好处就是学生之间可以互相帮助。然而并非什么样的帮助都是有益的。单纯给出最终答案并不能提高学生的理解能力和学习成绩。韦布(Webb,1991)在她的研究报告中认为,如果给予的帮助和教学内容有关,这种帮助就有利于学生提高学习成绩;反之,如果这些帮助和教学内容无关,则对学生学习成绩没有任何影响。讲解教学内容之类的帮助在一些研究中被发现对学生学习有益,而在另一些研究中则发现是无益的,这可能要看接受帮助的学生是否能消化并使用这些帮助。这也提醒我们,应该训练学生如何给予同学清楚明了的帮助。我们所知道的一些研究显示,接受非解释性的帮助(如直接被告知习题答案)对受助学生的学习成绩并没有意义甚至会起消极作用,而对非学习能力(如社交)的影响则肯定是消极的。在对3~5年级的学生的研究中,纳蒂夫(Nattiv,1994))发现,无论是给予同学解释性的帮助还是接受来自同学的这种帮助,都与学生的学业成绩呈正相关,给予或接受其他类型的帮助则与其学业成绩的关系不大。求助能力也非常重要,尤其需要教会学生如何问得具体,而不是笼统地问(如那道题怎么解?),表达自己不理解的时候也不能笼统(如我不明白)(Webb,2009)。

如何布置小组任务

小组合作并不是仅仅把学生编组，再给他们一个任务了事，这样做的话对他们的学习并无益处(Kutnick等，2008)。要想小组合作达到应有效果，在设计任务时就应该考虑到一些因素。在开始活动之前，必须让学生明白这个活动的目的，必须使他们毫不含糊地理解这个活动。老师必须给学生强调活动中的相互合作。按斯莱文(Slavin，1993)的研究，活动的最终目的必须是有关小组的，为了帮助学生建立合作，务必让每个学生都参与进来，避免“搭便车”效应。与其他小组进行一定的竞争可以促使小组成员一起努力。

为避免“搭便车”效应，务必给小组每个成员都要安排一定的任务，每个组员要想完成自己的任务，必须要在另一个人完成其任务的基础上进行，这样组员之间就会相互督促。两位都叫约翰逊(Johnson和Johnson，1994)的专家建议可以这样来安排小组成员的任务：

- 做总结的，这个同学要在全班代表小组做陈述，他要就小组活动做一个大家都接受的总结；
- 查资料的，他负责收集整理小组任务所需的相关资料；
- 做检查的，他负责查验小组任务所需的有关事实真相，确保经得起老师和同学的询问和检查；
- 跑腿的，他负责准备小组任务所需的有关设备、材料，如仪器、字典之类的；
- 做观察的，他负责记录小组任务的每个进展，这在最后总结时用得着；
- 做记录的，他负责记录小组任务的结果，并把所有成员的所有结果合成起来。

为了使小组活动达到学习目的，小组成员必须进行真正有益的对话，每个成员对别人的思想都要有所反应，都要进行相应的思考甚至重述。但实际情况并非如此，有的小组成员往往只顾在下面说小话，并不在意同学说了什么。这就需要老师把小组的结构安排紧凑一点，比如，每个小组成员都有一定的任务，像我们上面提到的，确保每个同学的观点都要得到成员的反馈，所有的观点评论都应和小组目标相关(Barron，2003)。必要时可给予学生具体的鼓励，让他们多进行高水准的思维活动(如：能解释一下为什么你认为这个答案是正确的吗？)。要让学生之间多进行这种问答(Webb，2009)。要想小组活动有益学习，达到良好效果，务必使学生多多提出并解释自己的观点。有研究表明，学生更敢于在小组活动中提出自己的观点和思想(Howe等，2007)。

既要给个人评分(小组成员对小组目标的贡献)，也要给小组集体打分，这既是对小组目标的认可，也是对每个成员所做的努力的肯定。

小组任务完成后，应在全班陈述问题的结果，简述解决问题的过程(这是集体努力的成果)，这个环节可以这样开始，首先让学生说说在小组作业时，哪些做得好，哪些做得不好(这个问题应由上面提到的负责观察的学生回答)，教师给予相应的反馈，并让学生回答如何改进不好的地方。

研究发现，小组成员的能力水平应该多样化，但也不可太参差不齐。由高能力—中等能力或中等能力—低能力学生组成的小组比高等能力—中等能力—低能力学生组成的小组会更多地相互提问并积极回应。对中等能力的学生来说，小组成员能力如果都差不多的话对他们有益。如果相同能力的学生组成小组，高能力的学生就会觉得没必要相互帮助，而低能力的学生又会觉得没有能力相互帮助（Askew和William，1995；Webb，1991）。

小组合作时可使用ICT（电脑信息技术），这些技术的使用可帮助学生完成小组任务，可找寻信息、记录信息，在小组内部和小组之间进行交流。每个小组可分配一台平板电脑，用于解决小组作业所需资料的查找、收集和储存，也可在白板上与其他小组分享信息。教师必须确保ICT的恰当使用，这样才有助于学生进行讨论（Kershner等，2010）。维基百科等网上平台也有助于小组活动（Woo等，2011）。

总之，小组活动并不是把几个学生安排在一起就了事儿的，需要师生精心的准备。

思考题4.2

小组活动与直接教学法比起来不是那么凸显以教师为中心，你怎么看？为什么？

研究要点4.2

小组活动的不利因素

小组活动虽然是一个不错的教学手段，但它也有一些不好的地方，它不能完全替代个人练习，而要和个人练习结合起来使用。

小组合作的缺陷是由其本身的性质决定的，它不能提高学生的独立学习能力，反而会让他们对别人产生依赖。如果是这样的话，这些学生的一些技能就得不到发展，到时他们就会无技可用。此外，小组活动很容易有“搭便车”的效应，一些成员不愿积极参与活动，只想依赖其他成员的努力而对小组作业不做任何贡献。

另外还有一个问题，即如果某个学生对某个概念有误解，这误解会随小组成员的分享而得以扩散巩固。

小组活动是复杂的，不利于教师进行管理。小组活动需要精心准备，教师需要准备足够的任务，要促使小组成员之间有足够多的互动。如果缺乏充分的准备，小组活动非常容易变成学生之间的社交而非学习活动。所以，小组活动中教师的指导和管理是关键（Gillies和Boyle，2010）。

许多人认为小组活动可以促进学生学习，其实未必。不是所有学生都喜欢小组活动。

学生在小组活动中可能会出现不耐烦情绪,甚至发生争吵,达成不了一致意见可能会让部分学生沮丧,不过这些并不能成为不做小组活动的理由。和成人一样,学生也得学会与人,甚至和自己不喜欢的人合作。在老师的带领下,做好应对小组活动所有问题的心理准备,甚至小组活动的经验本身,这些都是可以把对小组活动不利的风险降到最小(Kershner等,2014)的应对措施。

此外,小组活动只适合高水准认知任务的教学,而基本知识和技能的教学要求学生对所学内容要达到熟练甚至达到自动化的程度,小组活动显然不适合这种目的的教学。

作为独立教学法的小组活动法

在此之前,我们一直把小组活动作为直接教学法的一个组成部分来分析。然而,有不少教育界人士认为,小组活动有如此多的优势,完全可以成为一个独立的教学法,把整个课程围绕小组活动来进行设计(比如Slavin,1996)。在这种教学模式下,如果老师觉得课程内容合适的话,小组活动可以占去大部分课时(如果一节课60分钟的话,至少30分钟小组活动),因而留给全班教学的时间非常有限,老师只在开始时有一个活动介绍,结尾时对活动进行一个总结而已。

基于建构主义理论,有很多学者把小组活动看作教学法的一个新范例。建构主义理论认为,学习不只是老师把知识"传输"给学生的过程,也是学生对知识进行建设和转化的过程。故而,教学应该是给学生创造条件的过程,使学生通过师生活动,尤其是学生之间的互动产生(Johnson等,1998)新的知识和技能。

小组教学形式下的拼图教学法就是一个例子,这是由阿伦森(Aronson)等在20世纪70年代提出的,按照这种拼图法,可以轻松建起小组教学的课程结构(Aronson和Patnoe,1997)。具体是这样做的:首先把全班分为5~6人的小组,给每个组里的每个同学分配一个具体任务,或一个需要研究的主题;学生下去进行各自的主题研究,然后和其他小组里与自己主题一样的同学汇合(这里以加德纳的多元智力理论为例,如果要求学生研究多元智力,每个小组里负责研究视觉/空间智力的学生就会汇合起来讨论自己的发现),这样就可以确保有关这一主题研究资料的完备性。所有负责相同研究主题的来自不同小组的"专家"还会在一起排练他们的陈述。

然后,他们回到各自的小组,以组织良好、结构有序的形式陈述他们的发现。要想完成老师为小组布置的任务,每个小组成员的工作都是不可或缺的,因此每个成员必须参与进来并且相互依靠。这个教学法可以激发学生的同情心和训练倾听别人的技巧,同时也可提高学生学业成绩。小组活动的时间并不仅限于一节课,可以延续至几次课,可以根据课程要求,灵活安排。

然而,作为独立教学形式的小组活动也有其明显的缺陷。其中之一就是所需的教学时间比直接教学法长，但正因为如此，学生才可能得以进行深度学习。此外，这种教学法不利于天性害羞的学生以及学习速度与大多数同学不一致(要么快要么慢)的学生。有些学生喜欢一个人学习，不同学生负责不同学习内容也会使这些学生不能获益。另外还有一个问题，即小组讨论是否真能发展学生的思维能力。有一个研究发现，老师指导下的讨论有益于学生的思维和理解能力发展，而同伴之间的讨论更利于学生产生新颖的思想和探索精神(Hogan等，1999)。

因此，尽管小组活动是一个有效的教学形式，但和其他教学法一样，最好能根据教学内容和其他教学法结合起来使用。不过，公平地讲，在大多数学校，小组教学并没有多用，而是少用了。

古德等(Good等，1995: 140)提供了一套小组活动与全班教学相结合的模板，表4.1是一个课程结构图。可以看出，这个教学模板在教师指导下的全班活动和学生为主的小组活动之间来回变化，充分发挥了直接教学法和小组活动的特点，从而加强了通过活动进行学习的效果。

表4.1 以小组活动为基础的课程

最长时间	活动内容	控制源
10分钟	导出、探讨、调查或巩固概念	教师
	–探讨新概念、新技能	
	–提供问题场景和解决模板	
	–指导有意义的讨论	
	–布置任务	
	–讲明期待的结果	
5~10分钟	小组活动任务1	小组
	用任务来探寻、强化和扩展概念	
	–探寻	
	–调查	
	–应用	
	–强化	
5分钟	评估活动过程，明晰概念	老师
	–使用问题互动	
	–讨论问题	
	–讨论解决问题的方法、过程和结果	

续表

最长时间	活动内容	控制源
	–掌握新知识,产生进步	
	–提供新任务	
10～15分钟	小组活动任务2	小组
5分钟	评估活动过程,明晰概念	老师
10～15分钟	小组活动任务3	小组
5分钟	任务回顾总结	老师
	–简述任务目标	
	–回顾任务	
	–总结任务结果	
	–联接以往/未来的学习	

如何评估小组活动

小组活动以后面临着如何评定的问题。

显然最大的可能就是最后进行考试,看学生到底从小组活动中学到了什么,但小组活动的结果是多元的,这种评估方式显然存在不足。更别说小组成员对小组的贡献度,这才是小组成员相互竞争的原因。

两位都叫潘妮兹(Panitz和Panitz,1996)的研究者建议按照布鲁姆学习分类法的相关分类来观察评估学生五个方面的表现:解决问题所需的基本知识,对基本知识的应用,把知识用于新环境新问题的推理能力,根据所学概念提出新问题的能力以及给同伴讲解自己推理过程的能力。观察评估的好处在于它并非只简单地看重结果,而是对整个活动过程的重视,它也可使老师对小组的运行状况和每个成员对小组的贡献大小进行评估。

对任务完成的情况(研究报告、小论文、课堂陈述等)进行评估也是一种小组活动的评估方法。这种评估方式的问题在于不能评估个人对小组的贡献度,因而会使部分学生产生“搭便车”心理。因此,这个方式最好能和个体测试相结合来进行。

另外还可以让学生相互评价,尤其是当老师不好评价活动过程和个人对小组的贡献度时,这种评价方式尤其重要。学生将来肯定会遇到对自己和他人做出评价的情况,所以这种评价方式也是对他们的一种锻炼(Gueldenzoph和May,2002)。当然,同学互评也需要一个精心准备的框架。学生必须首先知道评估的目的是什么,评价标准必须明确甚至可以量化(如:他们准时完成各自的任务了吗?),需要评估的因素有:

- 出勤；
- 能建设性地解决矛盾的能力；
- 积极参与小组任务；
- 任务完成得如何（Gueldenzoph和May，2002）。

为了学生能进行互评，首先得为他们准备评价的工具，包括需要评价的因素，多数情况下可以发动学生来一起准备。学生互评必须要注意，一定要让学生说明他们这样评价的原因，这样有助于学得较慢的学生提高成绩（Gielen等，2010）。

同学辅导

同学相互辅导也是一个非常有效的教学方式。一个同学辅导另一个同学，之后转换角色，这样每个人都有同样的机会辅导与被辅导。不过，通常情况下是学习好的学生辅导学习差的。但是研究表明，能力相当的学生相互辅导的效果最好，只是担任“辅导员”的学生在课程的某方面暂时领先，比被辅导的同学在某方面学得更好而已。

同学辅导和小组活动的主要区别在于成员少，一般情况是一对一，他们都同时担任了辅导者与被辅导者的角色（Topping，2005）。

从许多国家的大量研究（美国：Kamps等，2008；Powell，1997。英国：Fitz-Gibbon，1988；Topping，2005。德国：Grossen和Bachman，2000。澳大利亚：Topping等，2006，等等）来看，同学辅导是非常有效的。其优势在于同龄人之间有许多相似的地方，他们更能理解对方的思路。此外，和小组活动一样，同学辅导也需要大量可以锻炼思维能力的语言交流，特别对担任“辅导员”的学生来说，他不但需要理解学习内容，还必须知道如何把自己的思想用语言表达出来。

和小组活动一样，同学辅导也需要精心设计和准备（有许多现成的辅导形式），需要注意辅导的内容（具体什么课、哪些学生参与）、具体目标、哪些学生担任什么角色、如何准备，以及如何给学生一些必要的训练。为确保活动的成功，必要的时候，老师、课堂助理等也需要一定的训练，得事先知道有些什么资源和材料可供使用等。

下面就是一些具体的要求：

- 首先，“辅导员”要做好准备。必要时接受相关训练，包括教学技巧（如：如何设定一个具体任务，如何清楚地给对方解释问题等）、学会表扬（什么时候用，什么时候不用）。最好让“辅导员”先演练一下再让他们面对自己的“学生”。两个老师分别扮演“辅导员”和“学生”做一下具体示范也不错。被辅导的“学生”也要做相应的准备，他们要能接受同学的“辅导”，不能有排斥心理，“辅导员”犯错时不能生气等等。
- 精心挑选辅导内容。同学辅导不可代替全班教学，最好作为全班教学的补充。使用同学辅导能很好地帮助那些全班教学时没有完全听懂的学生。“辅导员”必须理解吃透要辅导的学习内容,这些内容必须是定义明确清晰的。小组活动中所使用的开放式任务在这里是不合适的。

● 精心挑选"辅导员"和"学生"。这两个角色不一定要有能力差距,但在辅导的学习内容上,一定要有一个整体差距。所以最好能事先对学生做一个测试。通常情况下,可用不同年龄的学生,让年龄大的学生(大两岁)来辅导年龄小的。这样做好处很明显,首先,两者之间的知识差距是显而易见的,因而不用对"辅导员"和"学生"的能力和状态进行预设。也有很多同龄学生进行有效相互辅导的案例,如果是这样,最好是班里的所有学生都有充当"辅导员"和"学生"的机会。

● 辅导场地和资料的准备。"辅导员"和"学生"需要一个安静的地方进行辅导,这在学校还真是个问题。此外,需要事先准备好一些资料用具,如学习卡片等。最好是老师带领全班同学,特别是低龄学生一起来准备这些东西。

同学辅导是一个非常好的补充教学法,应该在学校得到更多的使用,如果使用得当,不失为一个良好的教学方法。

总结

这章我们主要讨论了小组活动。小组活动可以培育学生的合作和社会交往能力,是发展学生能力的有效教育方式。小组活动和老师提问一样,也可以使学生互相帮助搭建学习"构架"。常言道"三个臭皮匠,顶个诸葛亮",小组活动可以提高学生解决问题的能力。

要想使小组活动富有成效,必须进行精心准备,必须注意一些因素。

学生之间必须有合作的愿望,能相互提供建设性的帮助。但是,不是每个学生都有合作能力和精神的。因此在进行小组活动前必须要强调这两点。

必须确保学生明确知道在活动中要做什么,要达到一个什么样的结果。

要尽量避免"搭便车"效应。给每个学生一个相应的角色,评估小组成绩的同时也要评估每个人的表现。

小组活动完成后,必须在全班有一个陈述,这个陈述要关注活动的过程。

有专家提倡把小组活动作为一个独立的教学法来实践。他们提出了一些具体的操作模式,拼图法即其中之一,教师可按这种模式来进行具体教学。

小组活动的另一个形式是同学辅导,一个学生做"辅导员",另一个做"学生"。通常是年龄大的学生辅导低龄学生。和小组活动一样,同学辅导也需要精心准备,其中包括"辅导员"和"学生"的事先培训。

复习题

1. 小组活动以哪些主题为宜？为什么？
2. 和直接教学法相比，小组活动有哪些益处？
3. 和直接教学法相比，小组活动有哪些劣势？
4. 如何评价小组活动？
5. 在一个规模较小的学校，如何在混合班级进行分组活动？
6. 你能想出一个适合用拼图法教学的内容吗？
7. 你认为小组活动跟我们第1章提到的那些理论有什么关系？

第5章　元认知和自主学习

本章要点

本章要讨论：

- 为什么教育界越来越重视元认知和自主学习；
- 什么是自主学习和元认知；
- 启发式解题思路教学的主要因素；
- 如何通过元认知来提升学生的自主能力；
- 建构式教学是如何发展元认知的；
- 如何帮助学生把自主学习能力迁移至课堂之外。

引论

近年来，教育界越来越注重发展学生的自主学习能力、元认知和解决问题的能力。这个趋势的部分原因要归咎于一些理论研究成果，这些研究认为学生的一般思维技巧和其在校的各科成绩有关。有证据显示，发展学生思维技巧可以提高学习成绩。有一项研究甚至发现，抽象概念的学习和能力技巧的学习相比，前者更需要一定的思维技巧（Prins 等，2006）。另外，我们的社会在不停发展，知识和信息变得越来越复杂。这意味着，无论儿童还是成人，只掌握知识是远远不够的，我们还需要拥有能做出恰当选择的能力以及用逻辑推理来解决问题的能力。

自主学习这个概念来自心理学，是指把我们的大脑功能转化为学术技巧的能力（Zimmerman，2002: 65）。换句话说，就是在学习的时候，我们如何对自己的思维过程更加自知，更加有针对性地学习。这就是说，我们需要知道如何发展我们的学习和解决问题能力，从而使我们的学习更加有效。自主学习主要有三大要素（Muijs 等，2014）：

（1）认知，指自主学习中的信息处理部分，即如何积极设立学习任务、订立学习目标、计划如何达到这些目标以及所需的学习方法等（Winne 和 Hadwin，1998）。

（2）元认知，指控制、调节认知过程，即“对自己思考过程的自觉和认识”。元认知也被称为“思维的思维”，或高级思维。它是学习者对学习过程的积极掌控。

(3)动机，指学习者进行具体学习活动时的自我信念，如自我认知或是自我效能，对学习任务的兴趣、好恶等情感因素。

以上三点都是自主学习的重要组成部分，不过有不少人觉得元认知才是自主学习的关键，因为它决定其他两点能否在学习者身上发挥作用。

元认知本身又包含两大要素：

(1)认知知识，即学习者知道多少，他们如何学习，影响他们学习表现的因素(也被称为陈述性知识)；

- 可以用于解决问题和增加记忆的方法技巧和过程(也被称为过程式知识)；
- 什么时候使用、如何使用那些方法和技巧(也被称为条件性知识)。

(2)认知控制，包括三个要素：

- 计划：即设立目标、启动原有知识，选择合适的方式方法，设定用于学习活动的时间；
- 监控：即随时检查学习过程和学习方法的使用效果；
- 评估：即检查学习效果(Veenman等，2006)。

元认知和自主学习能力在学生身上有一个自然发展过程，且每个学生在这方面的发展情况和速度又有很大的差异，这和学生所处的社会背景以及性别因素不无关系。这就产生了一个疑问，即元认知和自主学习能力是否是可教的。教育界进行了大量的旨在提高学生元认知和自主学习能力的研究项目，有证据显示，这些项目能提高学生的学习成绩。对这些研究项目的综合分析可以看出，元认知和自主学习能力的培养意义重大(Dignath和Büttner，2008)。然而，我们可不能光被这些有效证据迷惑，其实，元认知和自主学习能力的培养方法千差万别，鱼龙混杂。许多教师其实不知如何(Barak和Shakman，2008)对学生进行这方面的培养教育。但是，通过对众多研究项目的总结和分析，我们可以概括出以下三种有效的培养方法：

(1)解题思路教学。即教给学生解题技巧，这也是最常见的方法之一。首先分析需要解决的问题，把问题分解成几个可以用已掌握的方法加以解决的小问题，有关这种方法的培训项目往往是去内容化的。

(2)元认知方法。即相信学生对自己思维过程的自知或理解有益于其学习表现。因此，教会学生对思维的自知自觉是这种方法的主要做法。

(3)建构主义教学。有教育界人士认为，建构主义教学法提倡的开放式的积极学习可以发展学生的高阶思维能力。

下面我们分别加以讨论。

启发式解题思路教学

解题思路教学的目的是教会学生具体的解题技巧，并能在实际情况下灵活使用。为了方便学生理解，需要对问题进行解构，把它分解成一个个步骤。学者们在这个问题上进行了大量研究，尤其是数学里的文字题。例如：一辆公交车从安特卫普出发到布鲁塞尔（两地相距40千米），另一辆轿车同时从另一方向出发。公交车的速度为90千米/小时，轿车的速度为120千米/小时，试问它们会在什么时候相遇？可以把解题思路分解为下列步骤：

（1）理解或重新陈述题目所给的条件和要求；

（2）选取或计划解题方法；

（3）执行解题方法或计划；

（4）验证结果（Polya，cited in Orton，1992：143）。

1.理解或重述题目给出的条件和要求

解题的第一步是要理解题目的意思和要求。需要学生找出问题的相关条件，剔除不相关的条件，文字题尤其如此。首先要求学生对题目的文字加以理解，找出给予的条件和要求回答的问题。接着要让学生用数学形式精确呈现问题，即立题。这就要求学生充分理解题目里面的每句话，不仅要理解字面意思，还要理解它们之间的逻辑关系。学生往往在理解关系命题（如公交车A的速度比公交车B的速度快10千米/小时）方面出现的问题比在理解赋值命题（如一张公交车票价为3.5元）出现的问题更多。学生理解了题目里面的每句话以后，还要把每句话综合起来进行全盘考虑。许多学生往往只看到表面上的条件就匆忙立题，因此，应特别教导他们仔细认真地把问题层层剥离，在仔细阅读原题的基础上进行立题（Woolfolk，1997）。

要做到这点，最好让他们多多见识各种类型的例题。这样做的效果肯定比一来就让他们盲目解题好得多。教师也可把这种文字题加以分类，教给学生识别技巧，从文字内容中分辨出相关条件和无关条件。教师可让学生相互讲解文字内容，让学生用语言文字把他们的假设表达出来，还要让他们识别问题里面的相关信息和无关信息。老师应该让学生从多个不同的角度来看待问题，鼓励他们给出一些新颖的、与众不同的解题思路和方法。

2.选择或计划解题方法

第一步完成以后，下一步就是制订解题计划，学生需要有一个整体解决方案即解题思路。这要求把问题分解成几个小步骤，然后逐个加以解决。可以有几种做法。一个是倒序的方法，从目标到问题，数学里面的证明题往往可以用这种方法。另一个是类比的方法，即用曾经见过的类似题目的解答方法。让学生解释他们的解题思路，这样可以使他们对解题过程有一个更加深入的理解。研究显示，能回答这种问题的学生往往比不能回答的学生学得好（Gagne，1965）。

做好这些以后，学生就要开始为问题的每一步列等式，找算法。算法就是得到某一特定结果的过程。如果学生没有对题目理解透彻，就不会有解题思路，就会盲目使用等式、算法，他们会在学过的众多算法里盲目试探。也有"瞎猫撞上死老鼠"的情况发生，但其实他们根本没有理解，这也是为什么要求他们对自己的答案加以说明的原因。

寻找解题思路的时候，应要求学生说明其解题的每一个步骤。上述启发方式都可以教给他们。

3.执行解题方法或计划

第三步就是得出答案。如果前两步，即思路和算法都找对了，得出正确答案就是水到渠成的事儿。不过也会有学生在计算中出错的情况，所以，基本计算能力是答对题目所必要的条件。

4.验证结果

最后来到对结果的验证阶段。对结果的验证是常识，但经常被学生忽略，验证就是看看答案是否合理。例如：一个轿车行驶速度为7000千米/小时的答案显然不合常理，说明计算、等式，或理解中的某一步骤一定有误。这种情况可以进行一下简单估算，比如：如果等式为101×31，显然答案应该超过3000。此外，还应要求学生就题目中出现的事实、数据进行相关验证，看是否与答案相互印证（或相互矛盾）。

要想有效发展学生的高级思维能力，命题应遵循难易适度的原则（Grugnett和Jaquet，1996；Sosniak和Etherington，1994），即内容必须新颖，对学生来说有意义，必须与他们现有知识水平相当，易于产生同化作用，使他们把所学知识调动、使用起来，这样才能真正发展其思维能力。题目内容与学生的生活紧密联系，或使用一些图画，这些都有利于学生解题（Hembree，1992）。

亨布里（Hembree，1992）对启发式训练进行了元分析，发现寻找思路的训练对学生非常有效，接受过此类训练的学生的解题能力明显好于没有受过训练的学生。思路教学对低龄学生和差生非常有益，尤其和其他教学法结合起来使用效果更佳。

思考题5.1

你觉得这种教学方法和我们上面谈到的自主学习的原则有什么联系？这样做有什么意义？

元认知方法

我们已经说过，元认知对发展学生自主学习能力非常重要。有元认知的学生更清楚自己的优势和缺点（Lester，1994；Schoenfeld，1987）。没有元认知的学生在解题时往往使用效率低下的方法（答案可能正确，但解题速度慢、效率低）。因此，为了提高学生的学习效率，我们必须让学生认识、学习元认知，使他们更好地认识自己的思维过程，从而在必要时对其进行适当调整。有效的做法是直接把元认知的知识技巧交给学生，条件是教师必须事先进行相关培训（De Jager等，2005）。元认知的教学有三大原则（Veenman等，2006）：

（1）元认知教学不能孤立进行，必须和各科教学相结合，必须成为各科教学的一部分（例如科学、数学、历史等课程）。研究显示，这种把元认知教学与各科具体教学内容相结合的做法不仅有益于学生自主学习能力的发展，最终还有利于提高他们的学习成绩（Hattie等，1996）。

（2）必须让学生明白为什么要学习元认知知识，否则他们就没有学习动力。有的学生即使知道元认知，但在学习过程中仍然不知如何使用（Veenman等，2000）。狄格纳斯和巴特纳（Dignath和Büttner，2008）进行的元分析显示，教给学生元认知的最有效方法就是让他们反思和他们关系密切的事情。只教给学生元认知是远远不够的，必须让学生进行反馈，确保他们知道如何使用元认知技巧，使他们切实体会到元认知的益处等等。

（3）为了促使学生使用元认知知识，只有短期行为是远远不够的。必须对他们进行长期的培养，最好能贯穿他们的整个学习过程，所以教学都有元认知的特征。要有他们对元认知和自主学习能力方面的反馈，最好能成为常规教学的组成部分（Hattie，2009）。也可通过一些具体活动来帮助发展学生的元认知能力。比如小组活动，既可以发展学生的元认知，还可帮助他们建立学习"构架"。建议在学生小组活动时发一些卡片给他们，卡片上有帮助他们思考的问题，如"我在做什么？""这样想会有什么结果？""除此之外我还能怎么做？"等等（Perkins和Salomon，1989）。这些问题可以帮助他们对自己的思路进行反思，一旦学生把元认知知识内化以后，这些学习"构架"（卡片）就可拆除。

教育界已经有几种把自主学习和元认知能力培养与具体学科相结合的教学模式，如浸入式教学，其中专门为培养学生思维能力的"激发儿童思维能力"法（McGuinness，2006）、科学课程里使用的发散性思维、历史课上通过历史人物进行决策能力培养的做法等都是典型的例子，这些浸入式教学模式把思维技巧和课程内容相结合，因而容易激发学生对教学内容的深刻理解，高效利用课堂时间，有利于通过课程提升学生的思考能力，巩固学生的学习，激励知识迁移。不少研究发现了控制组和实验组学生的元认知能力的差距，说明这种教学模式非常有效。

通过建构主义教学提升自主学习能力

过去几十年影响最为广泛的教育哲学就是建构主义了。它是一个影响广泛的运动，既是一种哲学思想，又是一种教育理念，具有广泛的影响力，也产生了许多新颖的教学方式和方法。下面我们主要讨论一下什么是建构主义，以及它对教育的影响。

建构主义哲学的基本原理就是认为知识是建构的而不是知觉（味觉、视觉、触觉等）直接感知的。根据建构主义哲学运动奠基人之一的冯·格拉塞斯菲尔德（Von Glasersfeld，1984）的说法，建构主义认为知识无论如何界定，都在人的大脑中，思维主体没有别的选择，只能根据自己的经验加以建构。我们所有的思维都是根据我们的经验而来的，因而是主观的。

将以上原理用于教育，就成为建构主义教育学，即学生的所有知识实际上都是由自己建构的，而不是由老师“教与”或由学习者“吸收”而来的。对某个具体学习内容，每个学生的学习是不一样的，老师永远无从知晓学生到底会学到什么。这种认为学生是在积极构建知识的理论观念会导致以下认识：

（1）学习永远是个积极的过程，学生通过接受输入的东西积极构建自己的知识体系。这就是说，学生必须在学习中积极参与才能达到良好的学习效果。学习过程就是帮助学生构建自学能力，而不是“获取正确答案”，因为实际上经过一定训练，学生不用理解相关概念一样能得出正确答案。学习应该是通过亲身经验，用反思和元认知等手段解决认知矛盾（自己的先入之见与别的思想观念的矛盾）的过程，这样的学习才最有利于学生。

（2）建构主义认为，学习就是找寻含义，就是积极构建含义的过程。因此，教师在创建学习活动的时候应围绕一些大概念和探索过程，这样才能使学生进行建构活动。

（3）知识构建不是孤立的个体活动，而是通过与同学、老师、家长等互动进行构建的社会活动。因此，应该鼓励小组活动与讨论，这样才能构建一个学习的社会环境。

（4）学习永远是在一定背景中进行的，我们不能抽象地学习知识，而是要和我们已有的知识产生关联，和我们的预想发生关系。这就是说，新知识的学习必须和已有知识结合起来（Schunk，2000）。

（5）真正的深度学习应该是通过探寻和不断重复使用相关资料，对知识进行完整建构的过程，而不是像直接教学法那样，从一个主题跳到另一个主题。学生不能只见树木不见森林，只有见到了知识的全貌才能建构相关的含义。

（6）教学是给学生提供源源不断的动力，使他们能够在真实的场景中进行新的发现和反思。和其他教学法的肤浅记忆相比，这才是真正的学习和深度理解（Von Glasersfeld，1989）。建构主义的这种学习理念使他们相信最好的教材就是真实的生活，而不是教科书。

以上原则必然会导致建构主义形成以学生为中心的教学风格，这种教学风格包含建模等要素。所谓建模是指教师通过完成一个复杂的任务来教给学生完成这个任务的过程，这样，开始的时候，教师需要建立一个模板来给学生做示范，学生逐渐学会独立完成后，模板的作用逐步消失。这个过程被称为“构架”，这是建构主义教学法的关键所在，其目的是培养学生独立的学习习惯。在“构架”过程中，学生还不能独立完成任务，因此需要教师的辅助，随着学生独立性的增强，教师应该慢慢拆除这些辅助。

教师辅导的作用就是激励学生，要分析他们的表现并进行反馈。学生无论是独立还是以小组的形式完成任务，教师都应该鼓励支持他们。其中有一种辅导形式被称为认知辅导，是要让学生对自己的思维过程更加自知，从而帮助他们学会反思自己的学习，发展他们的元认知（Costa和Garmston，1994）。

建构主义教学的另一要素是表达:鼓励学生表达自己的思想观念和结论。学生不但要建构含义,发展思维,还应通过表达来加深这个过程。要想达到这个目的,必须给他们布置一些复杂的任务,必须要给他们在老师和同学面前表达自己思想观点的机会。

当学生把自己的答案与“专家”或是其他同学的进行对比时,反思就发生了。这是学习最重要的时刻,老师应进行鼓励,可以对学生提出的答案进行反驳,让学生就自己的发现、思想和方法进行讨论(Duffy和Jonassen,1992)。反思就是学生对自己的解题思路、方法等所进行的思考,想想它们是否有效(Rittle-Johnson,2006)的过程。

探索和解决问题这两类活动是建构主义教学的关键部分。对假设的情景或事件做思考,发展具有新意的思想,这都是发展学生思维、“构架”含义的良好途径(De Jager,2002)。在建构主义教育的课堂上,学生经常会被要求寻找解决某个问题的相关信息或答案(Glasser,1998),这似乎更顺应我们这个更加复杂的时代的要求:现代社会要求我们会查询信息,而不是储存所谓的知识。

建构主义教学风格以开放式的解决问题为主,这样有助于发展学生的元认知技能。建构主义教学的课堂可以为学生提供积极的学习环境,鼓励学生寻找更深层次的知识。要想发展学生的思维能力和元认知技能,建构主义教师应该确保课堂活动的真实性,如所要解决的问题应该尽可能贴近学生生活。这就意味着应该鼓励学生自己决定探寻什么问题,而不是由老师来决定。当然,必须确保他们要探寻的问题在课程大纲以内,确保学习有效果,这就对教师提出了更高的要求(Schraw等,2006)。

在建构主义教学法对元认知发展的影响这方面的研究可谓形形色色,例如,德亚赫等(De Jager等,2005)研究了建构主义特色的元认知教学法,即有限教师指导下的认知学徒制法。他们发现在发展学生元认知方面,使用这个方法的教师并不比直接教学法的教师做得出色。两个小组的教师都经过元认知方面的培训。不过,这两个组的教师都比没有受过元认知培训的控制组教师表现得好。在德国进行的一个大规模的数学教学研究显示,建构主义教学法和直接教授元认知的方法都能提高学生的自主学习能力(Kistner等,2010)。

越来越多的学校开始注重小组活动和同学辅导活动,这些都被认为是有利于提高学生的思维能力的。同学之间的互动、小组作业、学习中的语言表达等,这些对元认知技巧的发展都是有利的。有一项实验研究,让一个7岁班的全体学生担任“被辅导”对象,一个11岁班的全体学生任“辅导员”,另一个7岁班的学生为控制组。第一阶段,对所有小组进行为期6周的配对阅读训练。第二阶段,实验组的“辅导员”班和“被辅导”班进行为期10周的配对思考(PT)法练习,控制组的学生依旧进行配对阅读。对所有学生的思维技巧和阅读态度进行了试验前后测试,发现实验组的被辅导学生在思维技巧方面的表现远远好于控制组的学生(Topping和Bryce,2004)。这说明,同学辅导的方法在提高学生思维能力方面还是有潜能的。

元认知技巧的迁移

解题思路和元认知教学面临的困难都是如何让学生灵活使用所学的技巧技能。在课堂上用所学的技巧答题不难,但当遇到一个新型问题时,学生很有可能变得无所适从,便又开始毫无章法地瞎猜。要完全克服这个问题非常不容易,但教师可以按以下的方法来帮助学生进行知识迁移。

学习新内容时,一定要就不同类型的问题进行广泛的练习。不断重复相似的问题很有可能导致学生把所学的知识变成死知识。练习应该包括多样的、复杂的、学生在生活中容易碰到的题型。

模拟学习可帮助迁移。一个很好的例子就是学习驾驶,我们通常会到路考的那段路去练一练。多多练习,直到所学的知识烂熟于心,这个方法也有助于迁移。再如,许多人遇到乘法问题的时候,自然而然地就会使用在学校学过的乘法口诀。最后,每当出现可以使用学过的思维技巧的场景时,老师都应该提醒学生,引起他们的注意。

我们在第2章和第3章讨论直接教学法时,也曾提到过几种帮助学生发展元认知技巧的方法,包括给学生提供高阶问题和开放式问题,让他们用语言解释自己的思考过程,进行讨论,发表自己的观点看法等。通过讨论的形式让学生在学习中发挥积极作用,进行良好的师生互动,独立进行研究实验等都可以帮助学生把课堂所学的知识迁移至其他场景。

教师应该确保课程(考试)既注重答案的正确性,又重视答题过程,甚至更加注重过程。对答案错误,但答题步骤正确的学生也要给分。

不过,自主学习研究领域的专家对直接教学的一些做法并不完全苟同。其中之一就是教学速度。显然,如果要学生通过解答有一定难度的问题来提高他们的自主学习和元认知能力,一定得给他们时间,这就不得不把大量的课堂时间用于小组活动或个人作业。面对一道题,老师不可以给出太多的答题线索,一定要鼓励学生对题目进行积极思考。因此,直接教学法下面的一些有效教学行为可以教给学生基本技能和知识,但如果只依赖这些教学方法势必导致对教学另一方面的忽视,即忽视了发展学生的元认知能力。

思考题 5.2

既然直接教学是一个有效的方法(见2、3章),为什么不能用来发展学生的元认知能力?

总结

这章我们探讨了可以提高学生自主学习能力的几种途径。自主学习能力近年来在教育界引起越来越多的关注。自主学习的意思就是知道如何更有效地学习,知道如何发展我们解决问题的能力。自主学习有三大要素，即认知、元认知和动力。有三种途径来对学生进行自主学习能力的培养：

（1）解题思路教学。培养学生认知能力，注重教给学生解决问题的能力，为了达到目的，需对解题过程进行解构，使其成为一个一个的步骤。

（2）元认知培养。旨在提高学生对意识的自控能力。元认知就是对自己思维过程的意识和监控，知道自己在做什么，为什么做，怎么做才可以在一定程度上帮助我们解决问题。这样我们就知道自己解决问题的方式方法是否妥当，如果需要，可否改变我们正在使用的方式方法。有多种方法可以提高学生的元认知能力。

（3）建构主义教学法把学生视为自己学习的建设者，因而应该使用开放的、以解决问题为基础的教学方式。建构主义教学的课堂为学生提供积极学习的机会，营造激发学生进行深入学习的学习环境。

我们还讨论了几种利于学生对所学知识进行迁移的方法，如练习在不同背景下出现的题目，使用真实生活中复杂的例子，随时提醒学生使用学过的思维方法，让学生积极参与学习过程，多学多练，烂熟于心等。

复习题

1. 本章提到的四种教学法你认为哪种最有效？为什么？
2. 如何来帮助学生把元认知技巧迁移至新的问题？
3. 解题时元认知技巧重要吗？能说一下你的亲身经历吗？
4. 如何帮助学生找到有效的解题思路？
5. 在常规课程中教师如何帮助学生发展元认知技巧？

第6章　教师的教育观、价值观和知识结构

本章要点

这章我们将探讨：

- 为什么教师的教育观很重要；
- 教师的哪些教育观念会影响教学效果；
- 教师的教育观念与学生成绩的关系；
- 教师应该具备的知识结构。

引论

前几章我们一直在讨论教师应该在课堂上做什么，用我们的专业术语来说就是教师行为。教师行为对学生学习(或者是不学习)是至关重要的。然而，除了教师在课堂上的行为，教师如何备课以及教师的教育思想、教学理念等等也不可忽视。诚然，教师的思想可能不像教师的课堂行为那样对学生的学习有直接影响，可能就是因为这层原因，我们前几章引用的那些研究教学效能的专家们都没有对教师的教育观、价值观等有足够的重视。

然而，如果只是觉得教师不会直接跟学生交流他们的教育思想和理念，就认为这些和教学效能无关，那就大错特错了。

在我们生活的方方面面，观念一直都影响着我们的行为。就拿你对全球变暖这一问题的观念来说吧，如果你相信这是我们时代面临的巨大挑战，这个问题是我们人类自己造成的，其关键原因在于我们的废气排放，你就会调整你的行为，如使用燃料更高效的混合动力车，或是干脆使用公共交通。反之，如果你认为全球变暖只是地球气温的规律性变化，你就不会那样做了。同样，你对教学的看法和观念也会影响你的教学行为，影响你对学生该学什么的想法。所以我们认为，教师的教育观和价值观对教学效能有影响，有些甚至会直接影响教师的教学行为。

有哪些教育观念？

所谓观念就是一个不断变化和渗透，在经验的影响下可能发生转变的心理结构。观念和实践的关系并非是简单的从观念到实践的单向关系，实践经验也会反过来影响观念的不断变化。

在研究教师的教学行为时，大多数专家研究的重点几乎是一致的，而对教师教育观念的研究，则显得千差万别。这可能是因为教师的观念本身就比他们的行为更多样化。当我们谈到什么是教师的教育观和价值观时，就总会出现各种分歧。

有几类教育观念可以影响教学行为。在这个领域的早期研究中，克拉克和彼德森（Clark 和 Peterson，1986）认为可把教师的思想行为分成三类：教师的备课、教师的思想过程和教师的理论观念。把教师的备课归入思想类值得商榷，因为教师备课也可被认为是一种教学行为。

最近，大多数研究者一致认为，有三大类教育观念可以影响教学，即认为什么是有效教学的观念（例如，这个教师相信建构主义教学法吗？），学生是如何学习的观念（比如，是否认为儿童必须足够成熟才能学习某些概念？儿童是否必须具备一定的能力才能学习某些东西？），以及关于儿童的一般观念（如贫困家庭的儿童是否需要学校来为他们提供家庭缺失的规范？在设立课程目标时，儿童是否应该参与或是应该有选择的自由？）。

当然，这三类观念其实是互相交织的。艾斯丘等（Askew 等，1997）把对这三类问题的回答分别描述为联结主义教育观念、以传输知识为导向的教育观念和以发现知识为导向的教育观念。其实就是基于教师关于什么是学生、怎样才能教得好，以及学生是如何学习的这三大基本问题的观念。下面我们将分别加以讨论。

艾斯丘等认为，持联结主义教育观念的教师相信，学生必须又好又快地掌握课程知识，必须学会选择恰当的问题解决方式，必须在不同的课程之间产生联结。持联结主义教育观念的教师强调迁移的重要性，鼓励学生把所学知识用于解决生活中的实际问题。认为教育应该以传输知识为导向的教师则认为，学生应当熟练掌握一些基本技能和常规知识，必须有常规知识的基础才能去解决问题。认为教育应该以发现知识为导向的教师则支持，无论效率如何，只要学生能找出问题的正确答案，所有的方法都是可以接受的，他们强调的是培养学生的创造性。

教师对学生以及他们如何学习的思想观念有以下不同：持联结主义教育观念的教师认为，只要给予有效的教育，所有学生都是可以学好的，学生来学校之前已经具备一定的知识，教师的作用就是教给学生更有效的方式方法。认为教育应该以传输知识为导向的老师则注重定理和方法的学习，至于学生来校之前的知识则无关紧要。他们认为学生的方法不是教学的基础，学生的能力是有差距的，学生没有足够的能力就理解不了老师所教的，就学不好。认为教育应该以发现知识为导向的教师认为，学习是个人活动，一旦学生准备好学习一些概念，他们的学习就发生了。学的过程在前，教的过程在后，学生自己的方式方法至关重要。

最后，教师对于认为什么是最有效的教学法的观念也是不同的。持联结主义教育观念的教师认为教学是基于师生的对话，对话让老师了解学生，也让学生从老师这里获得知识。这个观念倡导促进师生互动，特别强调通过和学生的讨论来引导他们探索更加有效的方式方法。认为教育应该以传输知识为导向的教师强调教胜过学，他们通过清晰的语言解释，把知识输送给学生。他们的师生互动就是大量的老师检查，看看学生是否会重复使用老师所教的知识来解决一些新的问题，主要是封闭性问题。而认为教育应该以发现知识为导向的教师则相信应该通过大量的实际经验让学生自己去发现问题、解决问题。

思考题6.1

你觉得以上三种思想和我们1～5章里面的哪些教学法有联系？

教师的教育观念和学生成绩

教师的教育观念对教师的行为有直接的影响，但是，是否有证据显示教师的教育观念对学生的成绩有影响呢？

这方面的研究有不少。艾斯丘等（Askew等，1997）通过对90位数学老师的研究发现，教学效果良好的老师往往具有联结主义教学观念，而教学效果不那么好的老师则大多有点教育应该以传输或发现知识为导向的倾向。方（Fang，1996）在其几个研究报告中也得出过类似的结论，认为在识字课上，教师的教育观念和教学效果有非常直接的联系。然而，学生的学习成绩是由他们在学校的实际表现决定的，但教师的教育观念并不会直接和学生的个人经验发生多少关系，可为什么会影响到他们的成绩呢？毫无疑问，这是通过改变教师的行为进行的。缪伊斯和雷诺兹（Muijs和Reynolds，2002）对这个问题进行过一个专门的研究。为此他们对英国的103所小学的教师进行了行为、观念、自信度和专业知识（自测）等方面的测定，看这些因素是否和学生的学习成绩有关系，再对学生的已有成绩和背景因素加以控制。他们的研究基于这样一个假设，即远程因素通过对近程因素(即教师的课堂行为)的影响，进而间接对学生的学习成绩产生一定的影响。他们发现，在控制已有成绩和一些背景因素的条件下，教师的教育观念对学生学年成绩影响非常大。上面提到的三种教育观念通过影响教师行为，间接对学生成绩产生重大影响，因而成为预测学生成绩的重要指标。其中联结主义教育观对学生成绩的影响最为显著。教师的自信程度和学科知识也对教师行为有影响，因而也间接地影响学生的学习成绩。

但是，不是所有的研究都能证明教育观念对教师的行为有影响。有一篇综述曾提到，有些研究发现，其实教师的教育观念和他们实际的课堂行为并不一致（Fang，1996）。这种现象并不奇怪，产生这种现象可能有以下原因。首先，教师的个人理念不一定和学校领导或政府的一致,他们可能被迫使用他们不认可的教学形式。比如,在一个靠全国统考来对学校和学生进行分级排列的系统里,教师不得不使用大量时间来让学生准备应试,即使他们认为这样对学生是有害的。其次,教师有可能对研究人员使用的某些概念理解不当。以建构主义这一概念为例,许多人在谈论教育时都会使用这个概念,但这并不意味着所有使用这个概念的人都和这个概念的创始人冯·格拉塞菲尔德(Von Glasersfeld,1987)所想的一样。最后,教师并不能很好地评判自己的教学实践,他们的言行并不都是一致的,我们在课堂上实际所做的并不就是我们认为我们要做的(Muijs,2008)。一个很好的例子可以说明这个问题:在对幼教活动进行研究时,四个老师在问卷调查中都非常坚定地认为活动应该以儿童为主导,然而,在实际观察时却发现,只有两个老师真正做到了让儿童自己来主导他们的活动,其余两位其实是在对儿童进行指导(Blay和Ireson,2009)。

研究要点6.1

教师的自信度

影响教师教学效果的其他因素还有教师的自我认识和自信程度。自我认识可以定义为一个人在与环境和其他人的互动和行为归因中形成的对自己的感知(Shavelson等,1976)。自我认识是多方面的,即一个人对自己生活的不同方面可以有不同的看法。比如,一个小学老师可以把自己看成是一个数学老师,同时也可把自己看成一个体育老师。教师的自信度可以定义为“教师对自己能力的一个评判,即他是否能使学生的学习达到既定的效果,包括那些缺乏学习动力的差生”(Henson,2001)。很明显,这两个概念其实有重复的地方。

有不少研究显示,教师的自我认识和学生的学习成绩有关系。研究发现,自我认识良好的教师教出的学生在标准化考试中的成绩好于那些自我认识较差的教师教出的学生(Anderson等,1988;Moore和Esselman,1992;Watson,1991,cited in Henson,2001)。教师的不自信和学生的低期望值直接相关,而期望值是关乎学生学习好坏的重要因素(Bamburg,1994)。在加拿大开展的一项大型研究发现,无论在学年开始时的学习状况如何,教师的自信程度和他们对学生的期望值会影响整个学年学生的学习情况(Archambault等,2012)。因此,跟学生对自己学习情况的自我认识影响他们的成绩一样,教师的自信程度也和他们教学效果的好坏有关系。但这不就是说教师自信与否是他们教学效果好坏的原因,这不是一个单向影响的关系,就和学生的自我认识和他们的学习成绩的关系一样,这是一个双向的关系。此外,教师的工作不是完全独立的,他们是学校、教研组等团队的一份子,影响教学效果的不一定是教师的个人自信与否,而是整个教学团队的自信与否,是这个团队是否相信他们可以影响学生的表现,这才是重要的。无论是个人还是集体的自信,都会受到他们所处环境的影响,如经验、学校结构、已有的成功和教学效果、生源质量等等(Klassen 等,2011)。教师的自信度可能还会从别的方面影响教师这个职业,研究显示,自信度高的教师对工作的满意度也高,因而中途转行的可能性较小(Skaalvik和Skaalvik,2010;Vieluf 等,2013)。

转变或影响教师的教育观念

教师的教育观念是由几个不同因素造成的,且极不容易改变。其中一个因素就是教师的潜在思想意识和价值体系,比如:什么东西最为重要,这个世界是如何运转的等等,这些都会在教师的教学过程中自然流露,如果一个老师注重教育平等,他可能愿意去贫困地区执教。至于教师的教学方法和实践,影响它们的一个关键因素是教师自己当学生的经验,这些经验会使他们以为教学上的一些做法是"理所当然"的。这些对教学观念的影响因素会在教师接受职业培训时得到一些矫正,这时,在课堂上,这些未来的教师会面临一套新的教育观念和实践,这对他们具有非常重大的影响,甚至会影响他们接下来的整个职业生涯。教师所在的学校文化也会影响教师的教育观念,因为无论何时何地,一旦我们成为一个机构或组织的一份子,就会理所当然地接受这个地方的正常行为和价值体系。教师个人的生活经历和职业发展也会对他们的教育观念产生影响。如对两位科学课老师的研究发现,他们虽然有相似的求学经历,但不同的生活经历却给他们带来不同的结果,其中一个成为采用直接教学法的老师,另一个却成为主张建构主义教学的老师(Smith,2005)。

在提高学校的教学水平时,我们时常会说必须转变教师的教育观念,这样才能改进课堂教学。从上面提到的那些研究来看,教育观念影响教学行为,因此,必须首先转变教师的教育观念才能转变学校的教学,这才是明智之举。不过,这样做并不易,因为我们上面已经说过,教育观念深深植根于教师的思想和价值观念里。显然,要想转变教师的教育观念,有的时候必须先转变他们的教学行为,如用新的教学方式方法来武装教师,使之用于教学实践。新的方式方法如果带来良好的教学效果,就可能导致教师教育观念的转变,因为如果教师目睹了新的教学方法在自己课堂上产生的良好效果,他们就会不断使用这种方法,久而久之,自然会改变自己的教育观念。如果新的教学方式和教师现有的教育观念不合,就会出现所谓的"认知失调",即新行为和旧观念之间的差异。这会促使个体去寻求行为和观念的和解,典型的情况就是找寻新行为的存在理由,同时转变自己的观念。可以摆出新行为存在的依据和理由,如良好效果等,以此来促使和加强旧观念的转变。最好先让新行为成为旧有观念的补充而不是与之对立,让新行为从另一个角度来说明旧观念。

教师应具备什么样的知识结构和水平

和教师的教育观念一样，教师的知识结构和水平也可以影响其教学效果。毋庸置疑，教师的知识结构和水平很重要，但教师到底应该懂什么、懂多少，这些也依然是个问题。总的来说，专家们把教师应该具备的知识分为三大类型：教师的学科知识（即他们所教课程的知识），教师的教育学知识（即他们知道的如何教好学生的知识）和教师的学科教学知识（即知道如何教好学科知识）。贝蒂（Beattie，1995）又补充了一类知识——对人的知识，这是指教师对学生的了解，即知道每个学生的学习需求，他们的长处、短处和兴趣爱好等。

当然，所有这些类型的知识都会对教学效果产生影响。如果教师缺乏有效教学的基础知识，就不可能在教学实践中使用一些基本的教学原理。同样，学科教学法方面的知识也是如此。对学科知识，学界还有一些分歧。对教师来说，学科知识固然重要，但到底应该掌握多少学科知识，这还没有一个定论。不是所有的研究都能证明教师的学科知识对学生的学习成绩有影响。美国的几项关于国家教师资格考试成绩与学生学业表现关系的研究显示，教师的这个成绩与学生学习表现几乎毫无关系，而关于教师资格认证的研究结果也不能说明什么问题（Darling-Hammond，2000）。不过，这种结果可能和这些变量的测定方法有关系。教师资格认证（看教师是否具备任教资格）对学科知识的测量很少，预备教师的知识背景非常不同。国家教师资格考试对学科知识的门槛很低，考查也很有限。当我们增加对学科知识的测量时，其影响效果就显现出来了。缪伊斯和雷诺兹（Muijs 和 Reynolds，2002）在一项研究中让教师标明自己的数学知识水平，发现在被观察的教师中，那些教学效果良好的教师，其学科知识水平也更高。其他人的研究也有类似的发现。在对英国幼儿教师的一项研究中，奥布利（Aubrey，2007）发现，有限的学科知识限制了有些幼儿教师在幼儿学习方面知识的运用。在艾斯丘等（Askew 等，1997）的一个研究中，他们使用一种非正式的“概念导图”来测量教师的学科知识水平，发现教学效果最好的持联结主义教学观念的老师在如何呈现知识和学生心理策略方面具有相当广泛的知识，而以传输知识或发现知识为教学导向的教师，这些方面的知识就没有那么广泛。在“概念导图”上发现概念之间联系较少的教师，他们所教学生的学习表现也要差些，虽然这之间的关系很微弱。学生学业成绩和教师知识的其他变量，如熟练程度、范围、理解程度等也有关系。教师在理解数学概念上没有多少差别，但持联结主义教学观念的教师似乎能发现更多概念之间的联系。而是否有正式的数学教师从业资格则与学生的学业成绩关系不大。

教师到底应该具备多少知识，这仍然是个问题。当然，教师不是只有是博士才能教好学生，本科毕业也不是教学良好的基本保证。对教师知识的要求要根据他们所教学生的年龄和所在年级来决定，但是应该有一个起码的要求。在“美国青少年的纵向研究”中，通过对2800名学生的相关数据分析，发现了一个有趣的现象。蒙克（Monk，1994）发现在教师的学科知识和学生的学业成就之间存在正相关关系，但各相关点的分布呈曲线状。这说明，它们之间有一个门槛效应，即教师应该有一个起码的学科知识水平才能教好学生，不过这个水平一旦超过某个点，影响就会逐渐消失，这个结论在其他人的研究中也得到了印证。

思考题6.2

学科知识很重要，教师必须具备足够的学科知识，才能有良好的教学效果。你觉得我们该怎么做才能确保教师有足够的学科知识？

核心知识：以知识为基础的课程体系

近来，教育教学界正进行着一个热烈的讨论，即学生应该掌握多少核心知识才能足以参加各类社会活动，即俗称的“有文化”。把我们的目光转向核心课程体系的第一人是E.D.赫希(E. D. Hirsch，1987)。赫西是一位文学教授，他认为，来自贫困家庭的孩子往往缺乏起码的文化知识，如知道一些基本事实、历史事件和遣词造句等等，这些人既没有文化解码能力，也没有理解具体文本的相关知识，这就是所谓的“没文化”，是形成社会不公的主要原因。核心知识的倡导者认为，共享一套文化知识可以增强社会凝聚力，特别是在一个多元的社会里，共同的文化知识尤为重要。如今的社交媒体会产生一个个大型“玻璃罩”，有着相似思想观念的人会聚集在这些玻璃罩里，这个现象其实有损社会成员的相互理解和宽容，在这种情形下，共同的文化知识显得格外重要。就教学来说，赫希建议应以高度结构化和顺序化的形式，而不是按主题把这些关键知识教给学生，这个想法正好与直接教学法不谋而合。

核心知识这一观点虽然出自美国的赫希，但很快就传播至其他许多国家。在英国，一个叫西伟塔斯(Civitas)的智囊机构已在其网站上列出了每个年级学生应该学会和掌握的文化知识内容，即“英国核心知识清单”，涉及文学、语言、历史、地理、视觉艺术、音乐、数学和科学等领域。当然，这种所谓的核心知识也招来不少批评。有人认为这是规定教师什么时候教什么，这种规定未免太过死板。这种一刀切的教学内容还招到建构主义的批判。不过，学习的关键就是获取知识，核心知识这种教育观非常符合我们第一章提到的认知科学。葛兰西(Gramsci等，2005)等认为，文化知识就是战胜教育不公的重要武器，他的这个观点获得了许多人士的支持。但是，最大的问题是，谁来界定什么是核心知识？学生应该学会什么才能被认为有文化？英国就有人质疑上面提到的那个知识清单，认为它所代表的其实是政府官员的意志，应建立一个独立的机构，进行广泛的咨询研究，再来确定一个清单，这才是确定核心知识的正确途径。

美国和英国，近年来已经有一些关于核心知识的教学评估。美国的研究显示，核心知识教育观念下的教学内容更丰富、教学更富挑战、课程结构更为一致，这些都有利于教师之间的合作，提高了教师的专业性。实验组学生核心知识的考试成绩大大好于控制组，而在其他方面，如基本技能方面的考试上，效果则没有这么好(Datnow等，2000；Stringfield等，2000)。

英国也有一个使用核心知识课程体系的实验项目,从对该项目的评估来看,最大的问题是教师学科知识的不足,不是所有的教师都有足够的核心知识(See等,2015)。

总结

我们前几章一直在讨论教师的教学行为。显然,教师的教育观念对他们的教学效果来说也很重要。特别是他们关于什么是有效教学,学生如何学习以及他们的儿童发展观等等。在如何对教师的教育观念进行分类上还存在分歧,其中艾斯丘等(Askew等,1997)做的分类得到大多数人认可。他们把教师的教育观念分为联结主义观念、以传输知识为教育导向的观念,和以发现知识为教育导向的观念。从很多研究来看,持联结主义教育观念的教师的教学效果最好。

教育观念很重要,一旦形成也难以改变,因为它和教师的价值观以及人格紧密相连。所以,如果要教师改变其教育观念,最好从改变他们的教学手段入手,如果这些教学手段富有成效,教师自然会转变自己的观念以适应新的手段。还有很多研究显示,教师的自信度对学生的学习成绩也有一定的影响。除了拥有一定的教育观和价值观外,教师还需要一定的知识结构和水平,如学科知识、教育学知识和学科教学知识等。

近来教育界出现一种趋势,这就是无论学生来自哪种社会阶层,都要确保他们能拥有足够的核心知识,只有这样他们才能成为"有文化"的人。这就要求教师首先应该具备足够的核心知识。

复习题

1. 想想自己的教学,你认为关于学生如何学习的哪种思想影响了你?
2. 你的有效教学思想受到的最大影响是什么?
3. 你的思想是如何影响你教学的?
4. 你关于教学的观念和你的教学实践之间存在什么样的矛盾?这些矛盾的原因是什么?
5. 你有没有发现你的学科知识限制了你的教学效果?为什么?

第二部分

构建学习框架

第7章 课堂行为管理

本章要点

这章我们要探讨：

- 课堂管理的主要研究成果；
- 学生行为不端的主要原因；
- 什么时候、如何有效地制止学生的不端行为；
- 有效使用表扬、奖赏和惩罚；
- 严明纪律；
- 行为心理学及其奖惩理论；
- 不同教学情形下的座位安排。

引论

教学效能研究的一个主要内容是对学生在校学习有效性的研究，因为这和学生的学习成绩密切相关。所谓在校学习有效性是指考试内容（用于测试学生学习情况的任何形式的考试）是否与教学内容相符。影响学习有效性的主要因素有课程范围（教学内容是否涵盖考试内容）和用于这些课程范围的学习时间。此外，还有一个影响学习有效性的因素，即一节课里，除去其他活动，如社交、离开座位以及老师用于课堂纪律的时间，学生真正用于学习课程内容的具体时间（Brophy和Good，1986；Reynolds和Muijs，1999a）。

学习课程内容的真正时间取决于课堂行为管理，它是一节课能否顺利进行的保证。课堂管理（Lemlech，1988）一直被认为是教学效果好坏的分水岭（如Muijs和Reynolds，1999），也是区分经验教师和菜鸟教师的主要因素，有经验的老师能如行云流水般毫无痕迹地把各种活动穿插在课堂中，而菜鸟教师却在这方面存在诸多问题。对课堂管理的主要研究起始于20世纪70年代，由德克萨斯州立大学师资研究与发展中心的研究团队进行的。该团队由埃德蒙·艾莫（Edmund Emmer）和卡洛琳·艾芙斯通（Carolyn Evertson）领导。从教学效果研究的角度，他们考查了学生学习和非学习的行为表现，与教师的课堂管理策略相关联（Emmer等，1997；Evertson，1995）。他们这项研究的成果影响了之后的教学实践，我们下面要给的课堂管理建议也出自这些研究成果。

另一个研究视角是“课堂生态”研究，由库宁(Kounin)在20世纪60年代发起，道尔(Doyle)和卡特(Carter)在20世纪80年代持续进行了研究。通过广泛的研究，库宁发现，学生的行为并不仅仅受课堂纪律的影响，而是很大程度上受教师课堂管理的影响(Kounin，1970)。课堂管理和学生的不端行为有密切关系，两者经常被放在一起研究，我们下面也会加以讨论。

课堂管理必须事前准备。在对高效能教师的研究中发现，他们非常重视课堂的组织和管理，认为这是教学效果的先决条件，而只有充分的准备才能有良好的课堂管理(Watson等，2007)。同时，有效的课堂管理来自一定的规章制度，而不是通过惩罚取得，因此，课堂规章制度应当尽早准备和实施，最好在新学年开始。

有效课堂管理的基本要素

开始上课

有效课堂管理的一个显而易见却往往被忽视的因素是准时上课。推迟上课的原因多种多样，如上节课老师拖堂，学生玩过了时间，从玩耍过渡到上课时产生的混乱，学生到教室时的无效管理等等。一方面，教师要负责解决上述问题；另一方面，学校也应该有一定的制度来保证上课时间不被浪费(Creemers，1994)。

开始上课时，有几个课堂管理的困难，教师必须引起重视。首先，上课前，学生有可能刚从操场或是饭堂返回，那些地方的规矩相对松散一些，因而有的学生不能马上进入上课状态。对于如何进入上课状态，教师可以制订一些规则来把干扰降到最小。比如，教师可以在黑板上写下一些东西，这样学生一进教室就可以马上进入学习状态；训练学生签到、阅读黑板上的内容或进行其他一些活动，如朗诵乘法口诀表等。在新学期开始时就该把座位排好，这很重要，只有这样，学生才知道每堂课自己该坐哪里。

恰当的座次安排

为学生编排座次也是有效课堂管理的重要因素。总的原则是，学生应有足够舒适的学习空间，如果有需要，离座应该容易，不会出现互相推搡的情况。座位之间应有足够空间，这样教师下来巡堂才不至于磕碰到学生，才不会打扰他们正常学习。如何安排学生座次取决于教室空间的大小。

座次安排还有一定的教学意义，应该和授课形式和教学目的相适应，因为座位安排会影响教学效果(见图7.1至图7.3)。如果是一堂直接教学法的课，老师会用很多时间进行全班讲解，还会和全班互动，那就应该保证全班都能毫无困难地看到老师及其使用的教具(如电子黑板)。每个学生都应该面对老师。有几种座位安排可供老师选择，如学生以行列面向老师、半圆形或是马蹄形排列，再小一点的学生，可以让他们在地毯上围坐在老师身边。

不同的课程计划可能需要不同的座次安排。比如安排需要小组合作完成的作业时,最好能让学生围坐在一起,这样有利于他们之间的交流互动。但是,如果是个人作业,学生之间不应该有多少交流,这种情况最好避免使用这种围坐的座次安排。全班讨论时最好让学生围坐在一张大桌旁,或是把他们的桌子摆成圆形或半圆形,这个时候如果还以行列安排座次就会妨碍讨论的进行。还有一种可能就是让学生(低龄)在全班教学时围坐在老师身旁,需要小组作业时再让他们围坐在桌子上。半圆形的座次安排可以防止个别学生"躲起来"不参加全班的互动(Joachim,2002)。

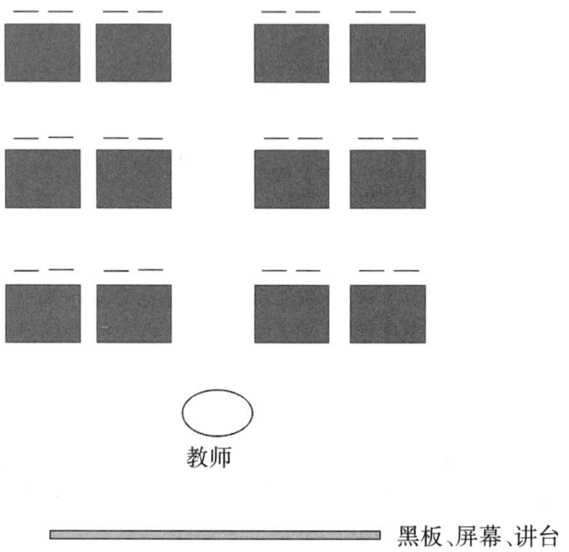

图 7.1 这种座位安排只适合全班教学,不适合小组作业和讨论

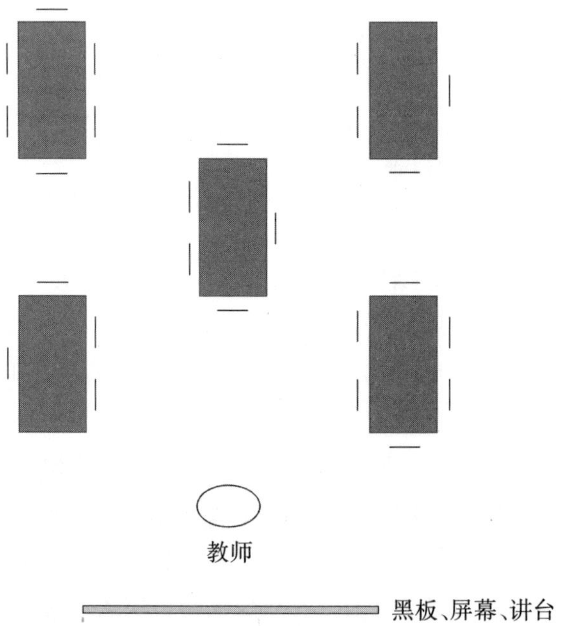

图 7.2 这种安排只适合小组作业,不适合全班教学和讨论

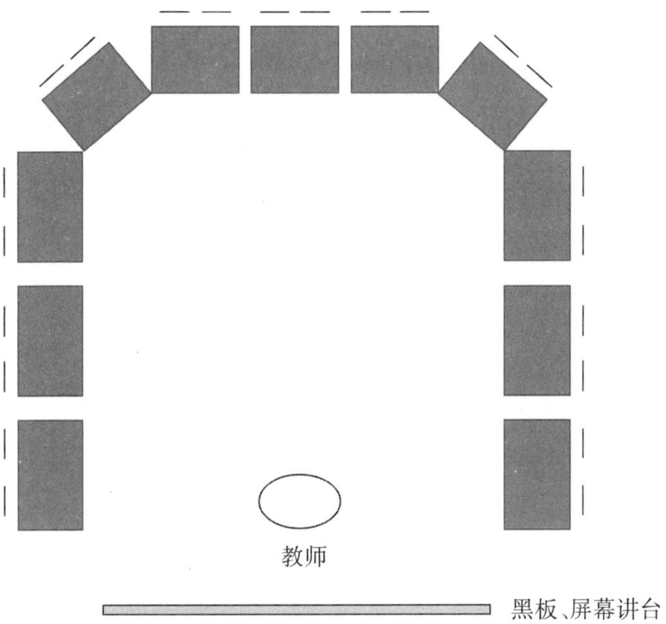

图7.3 这种座位安排只适合全班教学和讨论，不适合小组作业

如何处置外来干扰

外来干扰，诸如领导来发通知，其他班级的老师或学生有事儿来找等等，这些都有可能浪费我们大量宝贵的教学时间。学校最好有这方面的规定来防止这类事情发生，不过有些事情是避免不了的。为了把这类事情对正常教学的干扰降到最低，教师应该对此时学生的行为有所规定(如静坐、自己做作业等)，并快速处理，如有必要，让来访的老师和学生尽快离开，有事儿一会儿再来。

建立明确的规章制度

要想保证上课的正常秩序，必须一开始就建立起明确的规章制度。规章往往是正式的书面形式，表明学生可以做什么不可以做什么，制度则是教室里一些事情的具体安排和布置。规章是全校的行为准则，在有效教学研究中被认为可以区分学校的好坏。制度也可以是全校性质的，但通常老师都会在自己的班级做进一步细化。教学效果良好的老师往往会在新学期伊始花大量时间和精力来给学生明确相关规章制度(Wong和Wong，2004)。这乍一看好像与学习时间最大化的原则(即尽量把时间都用于书本学习)相悖，但实际上，开学时多花些时间对学生进行规章制度的教育，这些貌似浪费掉的时间会在以后弥补回来。

此外，学生也想知道自己应该做什么、怎么做，如果现在加以明确，以后就会好好表现。下面，我们要看看哪些方面需要制订相关的规章制度。

要想规章制度起作用，必须以积极的姿态将它们教给学生。对一个学校来说，与其有一大堆难以执行的校纪校规，还不如有几条能被明确理解并执行的规章制度来得好。规章制度要成为学生的日常行为准则。要想实现这点，必须在新学期伊始对学生进行强化训练。老师不但要告诉学生这些规定，最好还要让他们明白为什么要有这些规定。比如，规定学生不能随便喊出自己的答案的同时,要给他们解释,这样规定的目的是要让所有的同学都有机会思考和回答问题。同样,告诉他们有同学回答问题时,其余同学应该保持安静,要给他们解释,这样做既能体现对同学的尊重,同时也能向他们学习。小心实验设备的原因是为了学生的安全(并不仅仅是为学校的保险费着想!)。有些规定涉及座位变动,如要有序地坐成圆圈等,这种情况需要多次演练,直到能顺利进行。和其他行为动作一样,应该尽量使之变成学生的自觉行为。还有其他方面的规定,如怎样传递学习资料,迟到了该怎么办,需要老师帮助该怎么办等。

在建立规章制度时应该注意,规定一旦确立,就一定要坚守并执行。如果不能做到这点,规章制度就会形同虚设。例如,如果老师规定学生不能随意喊出答案,就要坚决执行,如果有学生违反了规定,就必须加以批评。如果不这样做,不久其他学生就会效仿,到时老师必须花更多时间和精力来恢复这个规定。

教学板块之间的顺利过渡

确保教学时间最大化的方法之一是不要在教学板块之间的过渡上浪费时间,比如从面向全班的新课教学过渡到个人练习。学生需要在教室里走动,如从地毯上起来走到自己的课桌,需要去拿书或是平板电脑等,这更是个问题。如果老师对此管理不善,这些动作就会占去很多上课时间(我们的研究发现,有的甚至会占用到15%的上课时间!)(Muijs和Reynolds,1999)。

教学过渡最好是流畅而短暂的。为了便于操作,高效能老师都会为此建立一套程序,包括每次可以走动的学生有几个(如每次只让一个学生走动),专门安排学生收拾课桌上的纸笔(最好让学生轮流)。最好把这种过渡分成不同的步骤,让学生依次执行。这些步骤可以用图画在墙上,教给学生。例如,从坐成一圈的全班答题过渡到坐在自己位置上的个人答题,可以这样操作:

(1)学生有序走到自己的座位上,如先是第一排的,再是第二排的,以此类推;

(2)到了自己座位后,学生拿出练习题册和笔;

(3)在习题册上写下姓名和日期;

(4)学生开始做练习(Arends,1998;Borich,1996)。

另一个过渡技巧就是给学生发信号提醒。信号的发出就是告诉学生要准备做其他任务了。例如学生在做个人练习时,在还剩5分钟时间的时候,老师要加以提醒,还剩1分钟时要再次提醒。发信号提醒可以避免学生忘了时间,帮助学生及时进入新的任务或课程内容的学习。

学生讲话

学生之间讲小话可能会打断正常的教学。说小话的学生往往是没事儿可做的,他们很容易影响其他学生。对他们的批评教育会拖慢教学速度,也会破坏教室气氛。因此,一定要明确规定,学生什么时候可以讲话,什么时候不可以讲话。当然,这并非要完全禁止学生讲话。小组作业或其他形式的作业,学生之间小声讲话是可以的,但如果是全班的作业展示之类的，学生是绝对不可以讲话的。老师在课堂提问的时候，学生该如何表现，也应该有明确的规定。通常情况下应禁止学生未经许可大声喊出自己的答案（抢答题例外），应让他们养成静听别人回答的习惯。课程过渡时学生容易大声讲话，按照鲍里奇的说法（Borich，1996），这个时候最好禁止学生讲话，因为容许小声讲话的规定不好实施。

布置家庭作业

布置家庭作业是件难事儿，不是所有的学生都喜欢家庭作业。因此，高效能老师往往会在相关的课堂活动结束时马上布置家庭作业，这样就会使家庭作业自然而然地变成课堂学习的一部分，而不是额外的"附加"任务。老师必须让学生明白家庭作业的重要性，而不是混时间的任务。比如老师说"这方面你们要多加练习，只有做好了才能进入后面的学习"，这样布置家庭作业的效果明显要好于"我要给你们布置点家庭作业，做10、11和32页上的练习"。不能把家庭作业作为对学生的惩罚。

保持正常的教学秩序

防止学生调皮捣蛋的最好方法就是流畅地授课。库宁（Kounin，1970）描述了几种影响正常授课的教师行为，其中两种都是突然终止已经开始的活动：

（1）"半途而废"，即已经开始一项活动，但老师半途把这项活动停下让学生去做别的。例如，学生已经准备做个人练习，突然老师决定再讲点补充内容。

（2）"出尔反尔"，即老师已经开始了一项活动，还没等这项活动结束，又开始另一个活动，一直等第二个活动结束才回到第一项活动。这种"出尔反尔"的活动会让学生混乱，一些调皮的学生当然就会出现不端的行为。这两种情况都可以通过老师的认真备课加以避免。

（3）另一种影响授课的教师行为是对某个学习点"纠缠不休"，学生已经完全掌握了，但老师还在讲。这样会使学生感觉疲倦甚至不耐烦，也会引起学生的不端表现。

（4）"鸡零狗碎"，即老师把活动弄得太过琐碎。比如，如果教师这样下令发卷子："把这叠卷子发下去。""自己拿一张，再递给旁边的同学。""从面上拿一张。"琐碎的活动是否要开展，取决于面对的是什么样的学生，学生的年龄和能力是怎么样的。

空白时间

所谓空白时间是指有些学生（甚至全班）提前完成了老师布置的任务；或是当天的教学内容已经完成，然而又没必要再开始新的内容；或是学生在等着拿教学资料、开电脑等等。这些情况下如果没有相关规定，学生很容易出现不端行为。高效能老师一般都会制订一些规则，如"如果先做完了就到阅读角去自己看书"，或是"如果做完了就到我这儿来拿答案"等等。最好避免出现空白时段。例如，可以准备一些额外活动来应对那些动作快的学生，上课前确保相关教学资料都已到位。最好准备的练习多一点，这样也好过让学生没事儿可干。

准备下课

课堂管理容易出问题的最后环节就是下课。这个时段容易出现的状况有：没有时间好好结束课程（研究显示最容易出现的情况是没时间做最后的总结，即便有也是匆匆而为）、拖堂等；学生都忙着收拾东西去了，根本没听老师布置家庭作业。教学效果良好的老师会把控课程进度，留出足够的时间来准备下课；他们会提早布置家庭作业，这样就不会出现上面提到的混乱现象；他们还会制订一套学生出教室的规则（最后准备一个问题，让学生答一个走一个，这个办法非常奏效）；或是提醒学生还有多久才下课等。这样下来，老师就能减少在下课时出现的课堂管理问题。

应对学生的不端行为

用上述那些技巧可以预防学生的不端行为。但是，每个老师都会告诉你，教得再好的老师，哪怕是再好的课堂气氛都会有学生做出不端的行动。这也不足为怪，研究显示，菜鸟老师最担心的就是学生在课堂上调皮捣蛋，在许多国家，无论教师多有经验，最让他们担心的也是这个问题（Akin-Little 等，2007；Gaby，2015；Ritter 和 Hancock，2007）。

思考题 7.1

你认为学校有必要制订一个全校范围的行为准则吗？或是让教师自己来制订？为什么？

学生行为不端的原因

学生行为不端的原因是多方面的，有些原因是课堂以外的，而有些原因则是由课堂环境造成或是强化的。

首先，家庭环境是首要原因。父母离异或正在离异的学生会走两个极端，要么变得沉默寡言，要么变得调皮捣蛋。家庭不稳定的学生，特别是那种家里缺乏权威或是没有得到疼爱的学生，往往更调皮。对这种学生，学校应该严格要求他们，给他们提供更多更好的关心，以补偿他们的家庭缺失。另一种情况是，学生家庭的价值观和学校提倡的价值观不同。有些家长认为上学不是什么好事儿，因而孩子在校表现好坏他们也不在乎。因此，学校应该和这类家长建立更积极的关系。从学生的成长轨迹来看，到了一定年龄（特别是青春期开始），孩子都有叛逆心理，想引起大家的关注。

学校和老师也是造成学生行为不端的原因。往往学生在他们认为无聊的课上表现得更调皮，同时，学校和老师要么对学生要求太严格，要么太松散，这些都会造成学生的不端行为。

如何避免学生的不端行为

大多数情况下，传统的做法是，学生一旦有不端行为，老师就应该马上予以纠正。但是最好的办法还是防患于未然。

这确实是说来容易做来难。即便在最好的班级也有学生不端行为发生。当然我们还是有一些方法来鼓励学生好好表现、认真学习的。

从教学入手

很多初入职场的老师(许多学校也是这样的,特别是差一点的学区)认为,必须先管好纪律,确保没有学生调皮了才能开始教学活动,但是,有越来越多的证据显示,这种认识是错误的。

许多学生的调皮行为其实是由于老师糟糕的教学引起的(Muijs等,2004)。在执行校纪校规的同时提高老师的教学水平,这才是改进学生在校表现的有效方法。

关注课程设置

和提高教学水平相关的是合理的课程设置。许多情况下,和学生需求不相关的课程往往会导致厌学和反抗的现象出现,从而出现不端的行为。改变课程设置,让学生有更多选择,让学习活动满足学生的需要,这样才可避免学生出现不端行为。这并不意味着要抛弃那些"困难"学科和那些不受学生欢迎的关键学科。如果是这样,那就意味着不能满足某些学生的学习需求,妨碍他们的进一步发展,从而影响他们的未来(Guthrie等,1989;Leithwood和Steinbach,2002)。贫困学区的老师往往会低估学生,所以这类学校容易出现上述情况。我们想表达的意思是,在核心课程方面要尽量满足学生的兴趣爱好,让他们在其他方面有更多的选择。

研究要点7.1

校纪校规

有效教学研究早就指出,要想办成教学水平高、学生成绩好的学校,必须要有一套校纪校规(Reynolds,1992)。校纪校规比教师制订的班级行为准则更有优势,因为它规定了所有学生在课堂上应该如何表现,因而更加统一,它也帮助老师节省了大量时间。为了强化这些校纪校规,最好把它们贴在教室和礼堂的墙上。

为了培养学生的责任感和主人翁意识,在制订校纪校规时最好有他们的参与,在检查校纪校规的执行情况时,最好也要有学生的影子(特别是高年级学生)。校纪校规的内容应该全面,但不能事无巨细,否则学生会觉得琐碎。不多但深入人心,执行良好,这样的校纪校规好过事无巨细、琐碎但得不到执行的校纪校规。下面是一个校纪校规的例子:

•低声讲话;

- 注意听别人讲话；
- 永远努力；
- 倾听尊重同学；
- 禁止在走廊里打闹。

倾听学生的声音

我们说课程设置和教学要满足学生的需要，但在实践中如何做到这点呢？

让学生参与学校的日常管理和工作被认为是消除学生不满情绪的有效方法。鲁达克和弗拉特尔（Rudduck和Flutter，2003）建议让一些学生成为“学生领袖”，让他们监督学生学习，在学校的日常工作中占一席之地。这不是做做样子而已，学校在做大小决策时都应该咨询他们的意见。学生会可以成为这类咨询的平台（Heath和Vik，1994），它可以协助举办各类学校活动，协助解决纪律、教学各方面的问题。然而，不是所有的学生都能进入学生会，尤其是那些对学校不满的学生，他们可能根本不感兴趣，因此，学校最好能定期举行学生民意调查，对那些需要特别关心的学生进行面谈等等。

让学生参与学校日常管理可以增强学生的集体意识，增进他们的学习动力，提高学习成绩。有些研究已经证明，学生参与管理可以改善他们对学校的态度，提高自我意识（Goldman和Newman，1998；Mosher，1994）。通过对美国4所学校的研究，发现参与学校管理的学生对学校有更强的责任感，他们把自己看作“学校团队”的一份子（Short和Greer，1993）。有一个研究项目，要求由学校职工和学生领袖组建的学生团队一起来改善学校日常管理，结果发现旷课现象大减，学生们的行为表现都明显改进（Furtwengler，1996）。

然而，我们还不清楚，倾听学生的心声是否会提高他们的学习成绩。科埃等人（Coe等，2014）指出，没有足够的证据显示这两者之间有什么联系。让学生参与学校管理并非意味着对他们放任自流。研究发现，学生自己也喜欢有明确的行为准则，他们支持这些行为准则的执行。有些人文学者声称，校纪校规和严格的课堂纪律会禁锢学生的内在学习动力，但是研究显示，严明的纪律所起的作用恰恰相反。

思考题7.2

对于倾听学生的声音，有支持的也有反对的。对此，你能想出对学生行为管理不利的地方吗？

如何处置学生的不端行为

如上所述，发现学生调皮捣蛋的原因并引起足够的重视，这很重要。但在课堂上，应该及时处置学生的不端行为，不能让它们干扰其他学生的学习，以保证教学的正常进行。可以让调皮捣蛋的学生下课到老师办公室，说说他们的原因。多数情况下，老师应快速注意到学生的不端行为，并尽早作出处置(Arends，1998；Borich，1996)。

第一要义，不能反应过度。有学生上课不专心、想引起关注，对于这些小打小闹，应尽量避免小题大做，尽快处理。毕竟，恢复被打断的教学秩序要比处理不端行为本身所花费的时间还要多，这更不利于教学。一种方式就是“趁早打压”，即教师悄无声息地把不端行为消灭在萌芽状态。老师可以边正常教学边靠近搞事儿的学生，轻轻拍拍他/她。另外，老师要经常扫视教室，及时察觉学生的不端行为。

此外就是被库宁(Kounin，1970)称作“擒贼先擒王”的技巧，是指老师快速发现不端行为，准确找出带头的学生，这需要一定教学经验。新老师对这个技巧可能还有些困难，不过一旦掌握，却非常有效。它可以使老师及时制止学生的不端行为，使之不再恶化，从而保证教学的顺利进行。准确找出带头搞事儿的学生，也可避免冤枉无辜学生，招致他们的怨恨。

有些情况下，老师可以忽视某些不端行为，因为如果每个不端行为都要去批评的话，教学的正常秩序就会被打乱，也会破坏课堂气氛，会给学生带来太过严厉的印象。不过，什么样的不端行为可以不管，老师一定要有一个原则，否则，学生会觉得老师不公平，会产生更多的逆反。

研究要点7.2

行为管理的文化契合性

纠正学生的不端行为一定要注意学生的文化背景，不要因为文化差异而误解学生。比如，西方文化认为，与人交流时应该有眼神交流。而在某些亚洲国家的文化里，与比自己年长或地位比自己高的人交流时，最好不要直视对方，这绝不是没礼貌或逃避的意思。同样，非洲裔的文化里，男孩子间一些戏弄、玩笑的话语，貌似很有攻击性，却是青少年之间的正常现象，就像体育一样，根本不存在欺凌的问题(Weinstein等，2004)。

作为老师，有必要分清班上学生在一定文化背景中的正常行为。但是，并不是出自相同文化背景的人都有一样的行为习惯。学生的行为与你认为的正常行为有一定出入时，一定不要不加以区别和分析地进行责罚。

然而，老师有时不得不对一些不端行为进行处置，以免其升级造成更大的问题。库宁(Kounin，1970)称之为“终止行为”。艾芙斯通和艾莫(Evertson和Emmer，1982)就此建议用

以下步骤进行处理:

(1)老师命令学生停止不端行为,密切关注该生,直到他停止。

(2)老师用眼神示意该生,直到他停止。

(3)老师应提醒该生什么是良好的行为。

(4)老师可以问该生,什么是正确的行为,如果该生不清楚,老师应告知他。

(5)老师对该生犯错的行为加以惩罚,包括让该生进行演练,直到正确为止。然而,有的学生其实知道该怎么做,只是故意要做错,这时老师可以温和地惩罚一下该生,如暂时剥夺他享有的一些权利等。

(6)通常情况下,重复学生已经掌握的内容容易使他们走神。变化一下教学活动,如把个人作业改为互动教学,或是另外做一种练习,适当变化一下教学主题,这些都可以把学生的注意力吸引回来。

另一套处置不端行为的做法即所谓"最少处置法",有5个步骤:

(1)不管它。如果不端行为翻不起什么大浪,可以无视它。

(2)间接终止不端行为。通过让学生做些事情来分散他们的注意力。

(3)多关注学生。老师应尽量了解学生的情况,这样才能找出问题的原因。是否是学生家庭的问题?他们是否被同伴欺凌了?他们在学习上是否有困难?等等。这些都可以帮助老师恰当解决问题。

(4)大声喊出指令。提醒学生这个时候应该做什么,警告他们不听的后果。

(5)跟踪学生的行为。如果不止一两个学生有某种不端行为,就有必要对这种行为做一些记录,如学生行为记录表之类的。然后和奖惩制度联系起来:如果有谁保持一段时间没有某种不端行为,就会得到一定的奖励,而如果谁犯到一定次数,则会受到相应的惩罚(Arends,1998:145)。

总的来说,上述两套方法都分为三个步骤。一旦老师决定矫正某种不端行为,首先,引开学生注意力,比如,要他/她回答个问题,加快教学节奏,重新开始一项教学活动以激发新的活力,收缴他/她手上的东西等等。如果这些不奏效,老师就应直截了当地进行矫正,如靠近调皮的学生,与之进行眼神交流,或是直接点名(如丹尼尔,下面应该是什么?),告诉学生应该专心学习,或是表扬一个行为良好的学生。如果上述手段还不奏效,老师就必须提出严正的警告,直至惩罚为止。

研究要点7.3

行为主义和奖惩原则

我们在第一章讨论过的行为主义学习理论,有很多通过奖惩来矫正学生行为的内容。

其中斯金纳的理论尤为重要。斯金纳在巴甫洛夫和桑代克的基础上,发展了行为主义理论的基本观点,即注重后果。愉快的后果,即奖赏,能强化一定的行为;而不愉快的后果,即惩罚,能弱化一定的行为。

这里我们得注意,后果与奖惩的关系不是一成不变的。所以,对多数学生来讲,到校长办公室是一种惩罚;而对一些学生来说,这正是他们求之不得的,这恰好巩固了他们叛逆者的地位,反而成了他们不端行为的助长剂。所以没有一成不变的奖惩,这只是个经验问题。

奖赏可分为两类:积极奖赏和消极奖赏。某种行为带来的(积极)激励即积极奖赏。在学校里,这类激励包括给学生发星星或是对其进行直接表扬。消极奖赏就是把(不愉快的)刺激移除。课堂上,这类奖赏可能就是免除学生做不愉快的任务。如此,为了不做多余的家庭作业,学生就会有好的行为表现和学习效率。

因此,消极奖赏并非惩罚。消极奖赏和积极奖赏一样,是对良好行为的强化,而惩罚(如叫学生到校长办公室)则是为了弱化某种行为。和奖赏一样,惩罚也可分为两种:兑现性和移除性惩罚。兑现性惩罚就是让学生面临不愉快的后果(如抄写“我再也不在课堂上调皮了”50遍)。移除性惩罚就是移除刺激因素(如下课不准出去玩儿)。

惩罚的使用在行为主义学者中存在争议,一些人认为惩罚只具有暂时效果。不过,大多教学者都认为,惩罚的效果不如奖赏。

在学习一种新的行为时,如果每次做对都得到一定的奖赏,学生就会学得很快。这就是所谓的持续奖赏机制。一旦养成了某种行为,最好的方式是进行间歇性奖赏。这样做的目的是让学生不要每次都想得到奖赏,此外,如果每个学生的每次行为都得奖赏,这是非常耗时耗力的(Muijs和Reynolds,2000a)。

合理使用奖惩

行为主义心理学理论和我们的教学实践都认可课堂管理中需要一定的奖惩。使用一定的奖赏能强化某些(我们希望的)行为表现,而惩罚能消除某些行为表现。奖赏原则是首先明确什么样的行为表现值得奖赏,然后决定用什么样的奖赏,最后,一定要确保奖赏能有效强化我们希望的行为表现。

课堂上,我们可以使用多种形式的奖赏来强化学生的行为表现。首先是全班表扬,这是使用最广的课堂行为管理工具,也很有效果,但是表扬不可过度使用,一定要遵循一定的原则,下面的总结大多来自布罗菲(Brophy,1981)的研究。

老师可以使用一些具体的奖励、刺激和优待政策来强化学生的良好行为表现。奖励可以是给家长的表扬信,让学生进入抽奖名单,让学生佩戴笑脸徽章,上优秀榜(如月度好学生等),甚至奖励糖果,这些可以结合起来使用。优待可以是让学生担任某些工作或是承担特殊的责任(从擦黑板到集合时喊口令)。在决定用什么样的奖赏时,最好有学生的参与,这样才能确保给出的奖赏真正被学生珍惜。

学生珍惜什么样的奖赏,这和他们的年龄和性别有关。近年来的研究证明,经济奖赏可以提高学生的成绩。伯吉斯及其团队(Burgess等,2016)经研究发现,对差生进行经济刺激可以帮助改善他们的作业表现、出勤以及课堂表现,从而提高学习成绩,不过,这种奖赏对好学生来说没什么影响。因此,这种激励可以弥补出生背景优越和背景不利学生之间的差距。

但是,我们应该注意,不要过度使用外部奖赏,这会干扰学生内在的学习动机。因此,越来越多的学者提出所谓的自然强化。这种强化是在课堂上自然而然进行的,对一些学生来说,可能是他们内在的学习动机,对另一些学生来说,就是使用一些强化因子引发他们的学习兴趣。老师一旦选定要强化的行为,就一定要考虑这个行为带来的自然后果。例如,写作文的后果就是要写很多句子,表达自己的思想,把一张纸用字填满等。老师一定要决定需要强化的行为。拿写作文来说,想要的结果可能就是提高学生表达思想的能力。这种结果必须对学生显而易见,这样才能收到良好的效果。因此,老师在设计课程的时候就必须让这些效果表现出来,让学生看到。可以通过注重过程和结果来达到这个目的。老师还有必要准备一个备用的强化因子,和自然强化因子不同,这是外在因子,主要是一些奖赏,但必须具备教育意义。老师可以在任务开始时使用这些备用强化因子,一旦学生开始完成任务,老师就该对他们的任务完成情况进行反馈,指出完成这些任务带来的自然后果,(但愿)这些后果能变成自然强化因子。因此,备用强化因子只出现在任务开始的时候,随着时间的推移,应该逐渐移除这些备用因子。老师应该经常给学生指出这些自然强化因子,但随着这些因子的逐步内化,老师就没有必要专门指出了(Horcones,1991,1992)。

奖赏是最有效的行为管理办法,但在一些情况下,也有必要使用惩罚机制。惩罚是用来形成学生规避反应的,这样学生就会避免一些会带来惩罚后果的行为表现。惩罚通常包括:叫家长、放学或是玩耍时留在教室、取消其享有的优待、赶出教室(最后开除出校)、在全班进行口头警告等等。通常情况下,教师对一些小的不端行为要先进行口头警告,然后才逐步升级到严厉的惩罚。不过,两三次警告后必须有一定的惩罚,否则有损老师的信誉,学生会认为老师对这类不端行为其实是不在意的。但研究发现,总体来说,惩罚的效果没有奖赏好。可能有以下一些原因:

(1)惩罚的效果只针对特定的不端行为和老师,不可能推广至其他老师的课堂,或是适用其他的不端行为。比如,如果一个学生在老师A的课堂上讲话受到惩罚,可能在老师A的课上他再也不会讲话，但不能保证他不在其他老师的课上讲话，也不能保证他不会在老师A的课上做出其他不端行为。

(2)惩罚并不一定总会带来我们期望的结果。因为在学生眼里，惩罚是针对特定行为的，它可以防止学生再次做出同样的行为，但不一定能保证学生就会如我们期望的那样表现。还是上面的例子，惩罚可能让学生克制不再讲话，但也不一定就让他认真学习专心听讲。只要不招致新的惩罚，他可能继续做他的白日梦或是其他小动作。

(3)惩罚往往和惩罚的人，而不是招致惩罚的行为挂钩。经常惩罚学生的老师往往到后来发现学生把自己和惩罚而不是他们应该克服的行为联系在一起。

(4)同理，惩罚本来是用来终止不良行为的，但它并没有和良好的行为挂钩，所以难有长效。学生可能根本就不知道什么是良好的行为，因此压根儿也不知道怎么做。

(5)惩罚有时会有副作用。还是上面的例子，那个学生可能以后再也不讲话了，甚至在课堂上该发言的时候他也不想讲了。

(6)最后，惩罚可能会使学生变得更加具有进攻性或是暴力倾向(Arends，1998；Borich，1996)。

研究要点7.4

有效使用表扬

在广泛研究的基础上，布罗菲(Brophy，1981)提出使用表扬的以下原则：

表7.1　使用表扬的原则

有效表扬	无效表扬
偶尔为之	随便为之
针对想强化的行为	无特别的针对性
因为是非常规的，发自肺腑的，因而被学生视为可信的	因其千篇一律性，被视为没有用心的自动反应
对达到一定标准的表现(包括努力)的奖励	无视过程和结果，见人一份的奖赏
使学生认识自己的具体成就	不能让学生认清自己
引导学生欣赏自己努力学习、勤于思考的行为	引导学生相互攀比竞争
让学生和过去的自己比较	让学生跟同伴的成就比

续表

有效表扬	无效表扬
认可(这个)学生在克服困难方面做出的努力和取得的成就	无视学生的努力和成就
把学生的成就归功于他们的努力和能力,暗示学生靠这些将来还会取得更好成绩	把学生的成就只归于他们的能力,或是外在的因素,比如运气
鼓励和发现学生的学习内因(让学生相信他们的努力源自由此而来的乐趣,或是他们想掌握相关能力的愿望)	只着眼于学生学习的外在因素(让学生觉得努力是为了外在的原因,如讨好老师、得到奖赏等)
让学生关注与学习相关的行为表现	让学生关注老师,视老师为操纵学生的权威
学习任务完成后,让学生明白这是归功于自己良好的行为表现,并为此感到自豪	打断学生的学习过程,干扰良好的学习行为表现

因此,虽然有时惩罚是必要的,但却是没有办法的办法,不要动不动就惩罚学生。另一条奖惩原则,即无论是个别老师还是全校范围,都应具备统一性。如果奖惩没有一个统一性,学生就会视其不公,有偏差,这会使他们产生怨愤之情,最终会导致更多的不端行为。

总结

这章我们总结了始于20世纪60年代的有效课堂行为管理研究方面的成果,介绍了几种防止学生不端行为的方法。

在开始上课、准备下课、课堂里出现的空白时间段(应该尽量避免)和教学内容过渡的时候,学生最容易有不端行为发生。在这四个时间段里,都应该有相关的行为规范。总体来说,新学期伊始,老师最好花点时间,建立明确的规章制度和行为规范,这样可以为以后节约大量时间。

规章制度、行为规范不宜过多,但必须严格执行。否则,久而久之,就会被学生忽视。必须给学生说明建立这些规章制度、行为规范的原因。最好能让学生参与这些规章制度、行为规范的制订,这对他们大有裨益。

课堂上老师必须保证教学的顺利进行,避免出现“半途而废”“出尔反尔”“纠缠不休”“鸡零狗碎”等现象,这些都是流畅教学的死敌,必须避免。

布置家庭作业时,必须强调作业的重要性,避免给人作业就是惩罚的印象。造成学生行为不端的原因有校外的,如学生的心理发展;也有校内的,如糟糕的教学、过于松散或过于严厉的规章制度等。

对学生的小打小闹,老师不可反应过度,尽量悄无声息地将它解决。最好随时扫视全班，让全班都在自己的视野之内，这样就可以及时发现学生的不端行为，将其消灭在萌芽状态。

如果不端行为已经严重到必须干预的程度，我们提供了两种处理模式，即艾芙斯通和艾莫(Evertson and Emmer)模式、“最少处置法”模式。

矫正学生不端行为的有效方法是奖惩机制。最常用的奖赏就是老师的表扬。但不是所有的表扬都会带来好的效果。要想表扬有效，必须确保表扬出自真心，而非表面的应付。表扬要具体、可信、针对学生做出的努力和他们表现的能力，要包含老师的期望，相信学生以后还会做得更好。奖赏可以是给家长的表扬信，发给学生星星、徽章等标志，或是给他们一些优待，如负责学校的一些事务等。奖赏虽然有一定效果，但也容易误导学生，使他们认为学习的目的是为了一些外在的东西，反而忽视了学习本身的重要性。为了避免这种误导，有专家提出了“自然强化因子”的概念，这些自然强化因子极富教育意义，在课堂上又随手可拾。

有时候惩罚是不可避免的，但一定不可过度使用。研究已经证明，在鼓励良好的行为表现方面，惩罚的效果不如奖赏。

复习题

1. 假如你准备用全班教学和学生个人练习相结合的方法上课，最好如何安排学生的座位？

2. 在教学过渡时如何避免一些干扰？

3. 假如新学期接手一个新班，你将如何制订班里的规则制度？

4. 想想你最近上过或听过的课，什么时候容易出现干扰？如何避免这些干扰？

5. 想想最近上过或听过的课，你觉得什么时候课程显得不够流畅？如何避免呢？

6. 老师如何处置学生的不端行为？用你自己的亲身经历来说明一下。

7. 过度依靠惩罚的行为管理有哪些不妥之处？

8. 根据行为主义学习理论，为什么奖惩对学习有效？

9. 以你上过或听过的一堂课为例，你或者老师是如何使用表扬的？那样做有效吗？为什么？

10. 你能想一些课堂上能使用的自然强化因子吗？

第8章 课堂气氛

本章要点

这章我们将探讨：

- 如何创造一个愉快而有利于学习的课堂气氛；
- 三种课堂气氛(即竞争型、合作型和个人型)的作用、优势和不足；
- 教师期望值；
- 如何避免对学生的消极期望；
- 注意教室里的文化差异。

引论

这里谈论的课堂气氛是个范围很广的概念，包括老师通过一定的规程建立起来的上课气氛或情绪、老师和学生互动的方式以及教室的物质环境等(Creemers和Reezigt，1999；Freiberg和Stein，1999)。

自上个世纪60年代以来，欧洲(Mortimore等，1988；Muijs和Reynolds，1999)和美国(Brophy和Good，1986；Rosenshine，1979b)的学者就开始对课堂气氛进行了广泛的研究。王先生及其团队(Wang等，1997)通过大规模的元数据分析发现，课堂气氛是影响学生学习成绩的重要因素之一。弗雷瑟(Fraser，1994)在对40项课堂气氛研究的综述中发现，学习环境和学生的成绩有关系。

除了和学生的学习成绩相关之外，积极互助的课堂气氛还被发现和学生的其他表现有关，如学生的自信心(Fraser，1994)、学生课堂活动的参与度、学生的民主意识(Cotton，1997)、班级欺凌现象的发生率等。相比之下，风气不好的班级或学校更容易发生欺凌现象，学生的归宿感也不强，和老师的关系也不好(Muijs，2017；Raskauskas等，2010)。根据范·皮特吉姆等人(Van Petegem等，2008)对比利时学校的研究，发现良好的课堂气氛对学生发展大有裨益。课堂气氛还是一个判断学生是否具有攻击性的良好指征，来自师生关系良好、同学互相支持等风气良好班级的学生往往攻击性表现不强(Shechtman，2002；Thomas等，2011)。总的来说，如我们在第一章提到过的一样，学生的情感因素，即他们是否感到舒适安全，在学习中起关键作用。而这种舒适安全感正应该是课堂气氛带给他们的（Meyer和Turner，2006）。

校风和课堂气氛

本书是关于课堂教学的，当然我们重点要讲课堂气氛，不过班级老师不是在真空里教学，学校风气肯定对课堂气氛有很大的影响，因此，要想获得良好的教学效果，两者必须相辅相成。如果任课老师非得逆学校的风气而动，改变学生的习惯，他会觉得很吃力。例如，如果学生在其他课上不爱发言，只靠某位任课老师是很难改变他的这种习惯的。

确实，学校在创造一个温暖互助的校风上可以大有作为。和在班级所做的一样，学校也可在食堂、教室走廊上张贴一些轻松活泼的学生作品，营造一个开心愉快的气氛；学校应该严格执行反欺凌政策，对学生在校外遇到的各种问题应持开放接纳的态度。来自校方的有力支持可以帮助学生发挥最大潜能。此外，轻声说话、降低噪声，营造整洁舒适的公共空间（如走廊、饭厅等）也是营造良好校风的一部分（Freiberg，1999；Kyriakides等，2014）。

如何衡量校风和课堂气氛

为了改进校风和课堂气氛，首先，我们要弄清楚学校的风气如何，哪些方面可能存在问题。有一些直接和间接的方法可以使用，其中涉及老师、学生、家长和其他相关人员。不但要从老师方面了解情况，还要从学生方面着手，他们可能对校风和课堂气氛有着不同的见解。弗雷瑟（Fraser，1999）发现，老师往往对课堂气氛的态度比学生乐观，让学生就自己班级的课堂气氛进行反馈，能使他们觉得自己备受尊重，因而更愿意为创造良好的校风和课堂气氛贡献自己的力量。

有一些用于测量评估教师、学生、学校管理甚至家长的问卷表，如弗雷瑟的学习环境问卷，他建议从师生两个方面来衡量校园风气。研究显示师生的观点是有偏差的。例如，最近的一个研究显示，在安全和归宿感方面，学生给学校的评分要比老师和家长的低些。了解学生心目中真实的校园风气和他们所希望的校园风气，也很有必要。只有这样，校方才能看到两者之间的差距，以便针对某些方面进行相应的整改。建议最好做进校和离校两个问卷（Freiberg，1999:11）。

如初中生入学时可以回答以下问题：

- 你喜欢学校的哪些方面？
- 来这所学校你最担心的是什么？
- 你会如何努力来增进你在学校成功的可能性？
- 你想对老师们说点什么？

学生毕业时再回答以下的问题：

- 你喜欢这所学校的什么？
- 你在这所学校最难忘的经历是什么？
- 你觉得学校哪些方面有待改进？

• 你想对老师们说些什么？

低年级的学生不适合用问卷，可以让他们画一幅关于班级的图画，通过这样来了解他们对课堂气氛的评价。从他们的图画中，我们可以了解他们和老师之间的距离，老师是如何管理班级的，他们认为教室里的什么东西最重要（如黑板还是阅读区等）。

其他数据，如某个老师到校长那儿告状的数量、学生的旷课量等也是衡量校风和课堂气氛的指针。然而，校风和班级风气的测量结果必须用于改进学校，这样才有价值。上述测量方式都经过精心研究，针对的都是许多具体的细节，学校可以对这些反馈加以讨论，拿出整改方案。整改实施一段时间后，还可以就校风或课堂气氛用相同的问卷再做一次调查，看看整改是否有效。

思考题 8.1

收集校风或课堂气氛方面的数据很重要，对出现的问题，如有可能，要加以整改。不过，整改不是那么容易的，甚至不是大家都能接受的。为什么？

创造一个良好的课堂气氛

相对来讲，课堂气氛应该稳定，因此，从开学第一天起，我们就应该着手营造一个积极的课堂气氛（Mainhard 等，2011）。下面我们列出几点教师可以把控的因素：

师生关系

课堂气氛最重要的因素是师生关系。这种关系可以是正式或非正式的；可以是温暖的，也可是冷漠的。温暖互助的气氛能带来良好的教学效果，尤其在鼓励学生积极发言方面。善解人意、友好助人、和善而有威信的老师能很好地促进学生学习，从而提高他们的学习成绩；而对学生不满、对自己也没有信心的老师，往往会降低学生的认知能力，从而影响他们的学习成绩（Anderson 等，2004；Wubbels 等，1991）。老师应该营造一个宽松的班级环境，在此，学生的观点被尊重、珍视和鼓励。学生答错问题时老师不应该有消极不良反应，而应该视其为学习的正常过程。对此，教师应该持积极态度，并对学生答案的正确部分加以肯定。那些关心学生情感动态，知道学生社交和学习需求的老师能更好地使学生努力学习。研究还指出，良好的班级风气能使学生学会在需要时寻求帮助。许多情况下，往往是那些最需要帮助的学生反而最不愿主动寻求帮助；而那些最能干的学生往往喜欢寻求帮助。研究还发现，如果老师能尊重学生的情感需求，为他们创造一个温暖而不是过度竞争的环境，这种差距即便不能消除，但也可以减少。

在建立良好的班级关系上，还有一个基本但经常被忽视的因素，即老师如何称呼学生的问题。这貌似是鸡毛蒜皮的小事，但叫不出学生名字的老师，可能会给学生造成不关心他们的印象。因此,老师应该尽量用名字称呼学生。但每个新学年开始,面对新的班级(尤其在中学,可能要同时面对几个新班级),这使得老师记住每个学生的名字没有看起来那么简单。不过,下面的方法可以把这件事变得简单:

(1)让学生每次发言时报上姓名,直到老师觉得熟悉了每个人为止。

(2)让学生把自己的名字写在一张卡片上,放在课桌上。这样老师就能把他们的长相和名字对上号。也可让学生写下一些他们的特长和爱好,帮助老师更好地了解学生。

(3)在讲台上放一张有学生照片的名单。

(4)试着每天记住一组学生。

(5)让学生在全班做个自我介绍,包括他们的姓名、喜好以及其他一些个人信息。

课堂气氛的关键是老师表现出来的激情。如果老师对自己所上的课缺乏激情,那么这种情绪会影响到学生。那些喜欢教学、对自己的课程充满激情的老师会感染学生,给学生增添学习动力。研究发现老师的教学激情和学生上课积极与否呈正相关。当被要求描述一个他们最喜欢的老师时,难怪很多人会选一个能激励他们热爱某一学科的老师。当然,没有哪个老师对所有的学科都富有激情,也不可能整天都激情满满。但是,老师应当避免流露出对某个学科的不满,“我知道这很枯燥,但我们还是得学,因为这是大纲要求的”,这种泄气话尽量不说。

关于师生关系,有两点对课堂气氛具有重要意义,即老师对学生的情感支持和对其表现的及时反馈。做好这两点,就能营造出温暖互助的班级氛围;再加上适当的学习压力(比如:老师是否重视学生的学习,有没有给他们足够的学习挑战),就能确保他们都能取得好成绩。研究发现,在一个富于支持的环境里,老师能及时对学生做出评价反馈,这对学生的社会能力也具有积极的作用(Wilson 等,2007)。

物质环境

老师可以把教室布置得生动有趣,令学生感到舒适愉快,这也有助于创造一个良好的班级风气。一方面,明亮活泼的色彩能活跃教室气氛,使之成为一个让人快乐的地方;另一方面可以在教室的墙上张贴一些和学习有关的材料,这样学生可以随时看到,随时学习。此外,把学生的作业张贴在墙上,这样既可以让学生产生自豪感,同时又能激励他们努力学习,这也是营造良好班级氛围的好办法。不过,不要只展示“最优”作业,否则就会只有几个学生的作业能上墙,最好把这种机会给每个学生。

学校环境的其他方面也能影响学校风气,比如整洁的教室、干净的过道和厕所等等。食堂和过道里的高分贝噪音非常影响学校环境,对学生的行为有非常消极的影响(Freiberg,1999)。我们刚才说过,教室环境应该要温馨、放松,我们在前几章又说,教室里应该有组织纪律,应该以学习为主,这似乎有些自相矛盾。如果你要走两个极端,这是很矛盾的。然而,高效能老师确实能创造一个能包括以上所有条件的教室环境,他们不会非此即彼,要么过严要么过松(Wilson 等,2007)。我们研究发现(Muijs 和 Reynolds,1999),良好的班级纪律和积极的班级风气是相辅相成的,这表明,好老师能够在两者间取得一个平衡。

三种课堂气氛

鲍里奇(Borich,1996)定义了三种不同的课堂气氛,即竞争、合作和个人型气氛。老师的权威按这三种气氛类型依次递减,而教学也依次从教师为主变为以学生为中心。在竞争型气氛的课堂上,学生之间为回答老师的问题或是达到老师提出的要求而相互竞争。这里,老师是唯一的仲裁者,学生没有一点权威。老师统领着课堂教学、组织教学材料的使用以及评估学生的答案。在全班教学中,这可能表现为学生之间相互竞争、争取得到答题的权利;在小组合作活动中,可表现为以小组为单位的比赛;在个人作业时,表现为学生个体之间的比赛,看谁先完成作业或是谁的正确答案最多,优胜者可以得到一定的奖励。竞争型的课堂气氛可以推动学生,尤其是男生学习,进而提高他们的学习成绩。这种气氛的课堂需要老师的大量指导,但它有益于学生的学习,是提高学生成绩的有效教学形式之一。不过,竞争型氛围的课堂也有其消极作用,不断的相互竞争和攀比有损那些能力不是特别好的学生的自信,会使这类学生不专心学习,甚至不喜欢上学。这种气氛也不利于培养学生的合作精神。

在合作型气氛的课堂上,学生在老师的监管下相互讨论、对话,他们可以提出自己的思想和观点,老师所做的是帮助他们明确自己的观点并清楚明了地表达出来,鼓励独立创新的思想。在这种氛围的课堂上,学生相对来说比在竞争型氛围的课堂上更有权利,他们可以自由表达自己的思想观点,可以相互讨论。老师的作用是激励、仲裁讨论,确保学生的分歧不会导致课堂失控。讨论结束后,老师要对学生的思想观点加以组织和总结。在全班发言的时候,如果个别同学出现困难,其他学生可以给些暗示或线索;而在个人作业时,学生可以和同桌合作,可以交换习题册,互相批改,交流解题思路等。这种合作型气氛最适合小组作业,小组成员可以讨论,每个人都为解决某个问题献计献策。这种课堂气氛有利于培养学生的社交和合作能力,这在职场显得越来越重要。学生们往往喜欢合作,这就意味着这种气氛可以激发学生的学习热情,表达自己的观点还可锻炼学生的思维能力。这种气氛也有不利的地方,它很有可能造成“搭便车效应”,即学生之间的交流讨论变成有能力、有自信学生的独角戏,其他学生也乐意让他们这样把控整个讨论。此外,学生之间的交流可能会强化一些他们的错误理解,如果老师控制不住,学生之间可能大喊大叫,课堂可能失控。

最后一种课堂气氛类型是个人型,即强调学生独立学习并接受检测。老师监管学生独立完成作业,鼓励他们给出最好的答案,而不是简单的“对”与“错”。学生的角色是尽最大努力完成作业,给出最好的答案;而老师的角色则是布置作业并监管学生有序完成。在全班教学背景下,可以是全班集体统一口头回答的形式(这往往不是最好的做法);在小组作业背景下,每个小组独立完成自己的任务,答案不在全班公布;个人作业时,学生完全靠自己独立完成,老师没有任何帮助。这种课堂气氛的优势在于学生可以以自己的水平独自答题,可以发展独立解决问题和独立学习的能力。不利之处在于,对那些稍差一些的学生来说,没了老师的指导、完全靠自己,这样他们的进步可能不大。这种氛围也不利于发展学生的合作精神,对多数学生来讲,过多的个人指导并没有多少效果。

此外,马丁和鲍德温(Martin和Baldwin,1993)对课堂气氛还做了另一种分类,即非干预、干预和互动型。非干预型课堂气氛注重学生的自主性,因而老师往往无为而治,让学生自己形成一定的课堂气氛。干预型气氛恰恰相反,老师会积极制造课堂气氛,把学生的学习纳入一定的模式。互动型气氛是兼顾上述两者,老师既要做一定的干预,同时又留给学生一些自由发挥的空间,让他们共同来制造一定的课堂气氛。最后这种互动型课堂气氛与学生的满意度和他们的学习成绩呈正相关(Djigic和Stojiljkovic,2011)。

思考题8.2

在教育研究领域,我们经常使用“风格”来进行分类,如上述的分类例子。你觉得这样分类有效吗?如无效,其潜在的问题是什么?

教师对学生的期望值

什么是教师的期望值?

无论是关于校风还是课堂气氛,甚至总体的教学效果,教师对学生的期望值都是相当重要的一个因素。从20世纪60年代开始,学者们就发现,老师对学生的期望值就如同一个学生自我实现的预言。老师期望值高的学生成绩往往会好,而老师期望值低的学生也不会给老师什么惊喜。有效教学研究非常注重这个因素,它一直是这类研究的重点(Mortimore等,1988;Reynolds等,1996;Rutter等,1979)。

可能有人会说,学生成绩好坏和教师期望值的高低有关系,那是因为老师能准确洞察学生的能力。研究显示是有这方面的原因,不过,还有其他一些原因存在。研究显示,老师早在了解学生的表现之前就已经有了对该生的期望值。研究还发现,老师对学生的期望值和学生的种族、性别和生活背景有关,对来自劳动家庭学生的期望值往往低于对中产阶级家庭出生的学生;对少数族裔学生的期望值低;过去对女生的期望值低,不过有证据显示,现在老师对性别的期望值反过来了(Covington和Beery,1976;Rosenthal和Jacobson,1968)。

老师对学生的期望值以多种方式(微妙)影响着学生,比如他们可以通过语言,按照彭斯(Bunrs,1979)的观点,这些语言可能充满了各种评价的口吻;在那些高期望值的学生身上多花时间;对来自低期望值的学生的回答视而不见;对低期望值的学生批评多于表扬;提问时,不给低期望值的学生足够的思考时间,或是压根儿不叫这种学生起来回答问题,抑或是只给他们简单的问题;给低期望值的学生布置要求简单的作业;不让低期望值的学生参加一些学习活动等等（Brophy和Good，1986）。上述表现会被学生及周围的同学看在眼里，慢慢地，他们就会如老师期望的那样表现。有时，教师会直接表现出对学生的消极期待。我们在研究中，亲眼看见过一位教师以非常气馁的口气对他的学生说："我知道，这个知识点对你们确实太难，但这是大纲要求的，我们不得不学。"

教师对学生的消极期待在贫困地区的学校最为普遍。这些学校弥漫着消极的气氛，这里老师的口头禅是这样的："我们这种学校的学生，你还能想他们怎样？"这种消极态度自然不会对学生的成绩有什么积极的影响，只会导致师生之间产生相互失望的恶性循环。对能力低下的学生，这尤其是个问题，因为对不同能力和背景的学生来说，教师对他们期望值高低有不同的影响，对能力低下的学生来说，教师对他们的期望尤为重要（Liu和Wang，2008）。

就某一门课来说，即便老师对学生毫无偏见，对他们的期望值也非常符合其表现出来的能力，当学生的学习成绩突然进步（或是下降），但老师对他们的期望值仍然不变时，这种期望效应仍会继续存在下去。例如，作文总是得高分的学生，即使某次作文写得不怎么样，但仍然能够得到高分。还有一个例子，我们大学有个中学法语学得不好的学生，他有次回母校参加同学会。当被问到学习如何时，他（老老实实地）告诉他曾经的法语老师自己在大学时的法语是第一名，那位老师愤怒地说他是个骗子。

研究要点8.1

罗森塔尔和雅各布森在教师期望值方面的研究

罗森塔尔和雅各布森（Rosenthal和Jacobson）在20世纪60年代开始了对教师期望值研究。他们做了一个这样的实验，即新学年开始的时候，老师收到一份名单，并被告知名单是根据相关测试的结果拟定的，名单上的人来年会在智力方面有非常巨大的发展。实际上他们和其他学生别无二致。这类学生在该学年和来年被测试了三次。结果显示，名单上学生的智力确实比控制组学生有更好的发展，尽管低龄学生的效应不是那么明显，但高年级学生智力增长确实很快。实验组学生的阅读能力有长足进展，老师对他们其他方面，如好奇心等的评价也很好。从此，这种期望效应得到学术界的广泛支持和认可（Burns，1979；Covington和Beery，1976）。

如何避免对学生产生消极期待

那么如何避免对学生产生消极期待？首先，老师应当清楚自己的（他们自己也不想的）偏见。不同族裔或是社会阶层的学生可能显得与老师认为的正常学生略有不同。老师应该对此有所认识，不能就认为这是低能的表现。但是，要改变我们的成见非一朝一夕可为，不过老师仍然可以努力做好下面的事情，尽量避免对学生产生偏见：

（1）首先要记住，每个学生都是会学习的，要把这种信息传递给学生。

（2）老师要确保每个学生都有机会发言、站起来回答问题、参与课堂讨论等。

（3）老师要注意自己叫男生、女生、不同族裔学生起来回答问题的频率。可以请一位同事帮助观察，看自己在这方面做得如何。帮忙观察的人一定要注意这个老师和学生之间语言和非语言的交流形式。

（4）老师批改作业的标准一定要客观。要做到这点，可以让其他不认识这些学生的老师再改一次。

（5）老师要注意自己是如何对学生进行奖惩的。要知道，期望效应的表现之一就是老师对低期望值的学生比较放纵，对他们不专心上课的行为会采取听之任之的态度；给这类学生的惩罚多于高期望值的学生，而给的表扬也会少于高期望值的学生。

总结

课堂气氛可以定义为教师在自己班上制造的情绪或气氛，包括教室里的物质环境和教师与学生之间的互动形式。

研究显示课堂气氛不但影响学生成绩，也会影响学生的自我认知和学习积极性。

创造积极的课堂气氛，主要是要制造一个温暖而富有支持的环境，让学生不感到害怕，这样他们就会在课堂上积极发言，努力学习。老师的教学激情也是创造积极班级气氛的重要因素。因此，即便老师某一天情绪不是那么高涨，也不能把对某门课程或是教学安排的不满情绪传递给学生。把教室布置得明亮活泼，在墙上贴一些学生的作品或是学习资料，这些都有助于激发学生的学习热情，为他们创造一个全面的学习环境。

当教师根据一些因素，如阶层、性别和种族等，给学生贴上一些标签（通常是能力方面的），这时就产生了期望效应。教师对学生的这种期望很容易变成学生自我实现的预言，所以应该尽量避免，以免影响学生的学习成绩。当然这不是简单的事，老师应该注意自己的一些言行，可以让同事帮忙观察，看自己是否有这些表现，如关注男生比关注女生多一些之类的。

复习题

1. 想想你最近上的一堂课,有没有对某些学生表现出消极期待?你是怎么知道的?
2. 如何鼓励能力低下的学生多问问题?
3. 我们谈到的三种课堂气氛,你喜欢用哪一种?为什么?
4. 你认为学校该怎么避免让老师对学生产生消极期待?
5. 你觉得课堂气氛必须是正式的同时又可显得温暖吗?怎样才能做到这点?

第9章 有效使用家庭作业

本章要点

这章我们主要讨论:

- 家庭作业的主要形式及各自的目的;
- 家庭作业作为一个学习工具的效能研究;
- 教师如何有效布置家庭作业;
- 规范全校家庭作业的重要性;
- 什么是翻转课堂;
- 家长在家庭作业中扮演的角色以及学校如何给予他们帮助。

引论

家庭作业是使用最广也是最受争议的教学手段。学生不喜欢,老师和家长也不待见。但它仍旧是学习生活的中心。在本章,我们首先要回顾一下这方面的相关研究成果,看看家庭作业到底是不是一个有效的教学工具,然后再看看如何使家庭作业起到应有的教育作用。

家庭作业可以定义为“由老师布置的需要学生课后完成的学习任务”(Cooper,1989:67)。它可以是针对个别学生的,也可以是面向全班的。拉孔特(LaConte,1981)把家庭作业归为三大类型。

(1)练习类作业,用于强化新学的知识和技能。例如,学生新学了树叶的分类,家庭作业就可让他们在自己身边找一找这些学过的叶子。

(2)预习类作业,为将要学习的知识点做相应的准备。例如,要学生先阅读课文或是收集资料。

(3)延伸类作业,对所学知识加以延伸,鼓励学生对已学知识做更深入的研究。

对家庭作业的类型加以归类固然有必要,但更为重要的是,我们要对家庭作业的目的有一个认识。家庭作业的目的有:

- 提高学生学习成绩;

- 强化巩固所学内容；
- 完成在课堂没能完成的任务；
- 发展学生独立学习的能力和自我约束能力；
- 发展学生的自律；
- 发展学生管理时间的能力；
- 让家长参与孩子的学习；
- 做好预习；
- 发展学生的研究能力；
- 复习和演练在学校所学的知识；
- 是在校学习的延伸。

家庭作业的形式应以教师的教学目的而定。不过，无论什么目的，都应以帮助学生学习为中心。这就把我们带到这样一个问题，即家庭作业到底是不是一个有利于学生学习的工具。

家庭作业有用吗？

有不少研究试图回答上述问题，但结果却是模糊不清甚至互相矛盾的，因为我们难以把家庭作业和其他影响学生学习成绩的因素完全分离开来。

库伯（Cooper，1989，1994）综合了120个研究项目后，发表了一个重要的研究综述，他把这些研究分为三种类型：

（1）有家庭作业和没有家庭作业的比较研究；

（2）比较家庭作业和在校作业的实验研究；

（3）通过对教师和学生的问卷调查，用数据分析家庭作业量与学生学习成绩关系的非实验性研究。

通过17个关于有家庭作业和没有家庭作业的比较研究，他发现家庭作业对学生非常有益：他所考查的研究中，有70%的研究显示，做家庭作业的学生比不做家庭作业的学生进步大。此外，每周作业量大的孩子比每周作业量小的孩子学习好，这两组孩子的表现和完全没有家庭作业的孩子表现也有很大不同。然而，如果把家庭作业考查的时间延长几周，这种影响就没有那么大了。同样，家庭作业和校内作业比起来，更有益于学生的学习，但是这两者之间差距还是没有和完全不做家庭作业大。1987至2003年之间，库伯等（Cooper等，2006）又对这一问题进行了后续研究。通过对学生各科成绩的测试，他们再次证明，以前的研究发现是正确的，家庭作业确实对学生的学习有正面影响。家庭作业对中学生的影响大于对小学生的影响。同样，在德国进行的对国际学生评估项目研究的数据分析，也得出了家庭作业和学生成绩呈正相关的结论（Trautwein，2007）。

库伯指出，家庭作业有以下积极效应：短期来看，家庭作业可以让学生牢记所学的知识内容，加深他们的理解，提高他们审慎思维能力和处理信息的能力，还有可能扩充他们的知识面；长期来看，家庭作业能使学生养成良好的学习习惯，使他们对学校和学习有一个更积极的态度，能促使他们放学后继续学习。家庭作业除了能影响学生的学习成绩以外，还能更好地培养他们的自我指导、自我约束、自学、解决问题的能力，更好地管理时间的能力和探索问题的能力。最后，家庭作业可以让学生继续完成在学校没能完成的学习任务。

家庭作业的负面影响有：使学生产生厌学感，因而导致他们没有学习动力、没有学习兴趣、作弊、抄袭，没有时间进行其他娱乐活动。哈勒姆（Hallam，2004）在其研究综述中发现，家庭作业会引起学生和家长之间的矛盾，导致他们的关系紧张；学生觉得自己的玩耍时间被剥夺，因而产生怨恨情绪，最终对学习产生不满情绪。

不是所有的研究发现的都是家庭作业的积极作用。例如，蒂姆斯和菲兹-吉本（Tymms和Fitz-Gibbon，1992）在对英格兰的中学进行的研究中发现，过多的家庭作业对学生的学习并没有什么积极作用。哈勒姆（Hallam，2004）在其研究综述中表示，家庭作业的效果其实是很复杂的。有一些研究显示了家庭作业的有效性，但另一些研究却显示，这种有效性其实是微乎其微，可以忽略不计的。这种家庭作业的效果差异性结论被使用国际化数据的研究所印证（即国际学生评估项目的中学数学研究）。

德特默斯等人（Dettmers等，2009）发现，从学校层面上看，花在家庭作业上的时间和数学成绩呈正相关（即布置家庭作业越多的学校考试成绩越好），但从学生个体层面来看就不是那么回事儿了（即花很多时间做家庭作业的学生并不比没怎么花时间做家庭作业的学生考得好）。当然，这个结论存在国家差异性，和欧洲国家相比，亚洲国家呈现的相关性更强。同样使用来自国际学生评估项目的数据，美国的一项研究发现，花时间做数学家庭作业对提高差生和来自低收入家庭学生的数学考试成绩非常有效，但条件是这些学生要有适当的资源来确保他们能顺利完成家庭作业，如一张书桌、一个安静的地方和可以联网的电脑（Kitsantas等，2011）。然而来自荷兰的研究却得出相反的结论，家庭条件优越的孩子做家庭作业的效果更好，对低收入家庭的孩子来说却没什么效果。部分原因是这类孩子没有多少家长辅导（Ronning，2010）。还有一个不同效果的结论，即家庭作业对男生有积极作用，而对女生却没有多少效果（Kalenkoski和Pabilonia，2016）。

之所以对家庭作业效果的研究有如此不同的结论，可能是因为这些研究都注重家庭作业的量而忽视了家庭作业的质。糟糕的家庭作业，即只是用来填时间，不能促进学习的家庭作业当然不会有什么好的效果。这个观点被拉姆达斯和齐默尔曼（Ramdass和Zimmerman，2011）的一篇关于家庭作业和自律关系的文章所证实。他们发现，家庭作业不在乎量，而在乎其他有关键的因素，如是否能排斥干扰、自我效能、对待学习的责任心、是否有学习目标、能否自我反省、年龄、是否有做家庭作业的专门地方等等，这些才和学生的学习成绩有关系。

有人研究了家庭作业和学习成绩的中介变量，发现对中学生来说，顺利完成家庭作业能提高其自我效能和对学习的责任心，因而也能提高他们的学习成绩（Zimmerman和Kitsantas，

2005)。拉姆达斯和齐默尔曼(Ramdass和Zimmerman,2011)指出,家庭作业能增进学生的自我动力、抗干扰能力,他们会想方设法完成作业、管理时间、设立目标、对自己的表现进行反思,甚至能延迟享受,这些都是自律发展的表现。

总之,家庭作业确实能成为一个有利于学习的途径,尤其对高年级的学生(中学以上)。但是,仍然有许多问题有待我们进一步去认识。怎样更有效地使用家庭作业,这将是我们下面要探讨的问题。

思考题9.1

凯兹桑塔斯等(Kitsantas等,2011)研究发现,家庭作业的有效与否和学生是否有足够的资源,如一张书桌、一个安静的地方和可以联网的电脑等有关系。你认为这对学校和老师意味着什么?

有效使用家庭作业

为了让家庭作业成为有效的学习工具,我们有必要遵循一些原则。

不可把家庭作业当作惩罚手段。但现实中这却是一个十分普遍的做法,这样做会使学生憎恨家庭作业,不把家庭作业看作是一项学习活动。学生会觉得老师并没有把家庭作业视为学习的工具,他们会拖延,甚至敷衍了事。把家庭作业当作惩罚手段,这对促进孩子学习、把学习从课堂延伸出去都是有害无益的(Cooper,2006)。

老师批改家庭作业与否,也表明了他们的态度。家庭作业应该尽快批改并尽快发还给学生。老师的批改必须认真,否则学生会产生误解,认为只要做了就行,至于做得如何就无所谓了。这不利于鼓励学生认真完成家庭作业,也无助于他们的学习。让学生互相批改他们的作业,也不失为一种节约时间的方式。因为家庭作业都是有时间限制的,快速批改并发还给学生,可以为学生树立一个良好的榜样,不要给学生留下不好的印象,认为规则对老师和学生不一样。库伯(Cooper,2006)的研究发现,批改过的家庭作业比不批改的家庭作业对学生成绩影响大。奥恩斯坦(Ornstein,1994)认为,与其布置很多家庭作业但又不批改,还不如少布置点,但要认真加以批改。认真批改家庭作业也是老师了解学生学习情况的一个途径。老师可以事先设定一个完成作业的时间,然后让学生在家庭作业上写下他们实际完成的时间。如果学生花的时间太长,这表明学生对某个教学内容还没怎么理解。

家庭作业应该结合课堂教学,和学生所学的内容有关。老师们可以在上课前评讲一下家庭作业,这个步骤如果做得好,就可以确保家庭作业成为课堂教学的一部分,也成为联系新旧课的纽带。

虽然家庭作业的目的是练习学生的知识熟练度,但研究显示,有效的家庭作业的目的更应该是巩固课程知识(Black,1997)。家庭作业应该具有一定的挑战性,但应确保学生能顺利完成,不应该让学生因不会做而产生沮丧情绪。按库伯的说法,家庭作业应该是大部分学生都能顺利完成的,而不是要难倒他们。个性化的家庭作业,即根据每个学生的具体知识水平来布置的家庭作业,可以达到上述要求,也是克服班里学生水平参差不齐的有效办法。

可以把课堂知识和学生的日常生活联系起来,这样布置的家庭作业能让他们觉得学习和自己的生活密切相关.比如,可以用电视节目指南来练习时间概念;让他们测量自己的房间,估算粉刷需要多少颜料和费用;让他们通过采访亲戚来学习地方史,了解当地人的媒体使用习惯等等。让学生为新课收集相关材料,如为生物课收集各种不同的树叶等,也可以达到同样的效果。对学生来说,在网上寻找资料既对学习有利,也是一个愉快的过程,但前提是学校要为家里没有电脑或是没有网络的学生提供条件。此外,把家庭作业和学生的亲身经历以及把他们家里的东西联系起来,这也有助于学生对知识的记忆(Boers 和 Caspary,1995)。

家庭作业计划表能发展学生独立学习和组织能力。例如,把家庭作业用日历的形式呈现给学生,可以使他们清楚,什么时候该做什么作业,什么时候完成,什么时候上交等。当然,老师应当先教会学生使用家庭作业计划表,一旦学会使用,他们会觉得这非常实用。家庭作业计划表还能培养学生良好的学习习惯,建议作为独立学习的一种练习形式让学生学习。

对不能按时完成家庭作业的学生一定要有相应的惩罚,如让他们在课间休息时补上,在他们的表现记录上留下一笔,剥夺他们享受的一些权利等。如果没有这些惩戒,学生慢慢就会不把家庭作业当回事儿,久而久之,这种现象就会蔓延开来。

家庭作业不一定非得独立完成,也可是合作完成的,如可以两三个学生合作一起查找资料等。因为是合作的作业,首先得保证学生有足够的社交能力,如果没有,老师应该先教会他们(见第四章)。要想完成合作型的家庭作业,孩子们必须要有共同的目标,同时每个成员都要努力。

先前我们提到,不同年级的学生,家庭作业的作用是不同的。年龄越大的学生,专注和独立学习能力也越强。这就带给我们一个新的问题,即不同年级的学生布置多少家庭作业为宜?

对最低年级的学生,太多家庭作业有害无益,他们每天回家已经筋疲力尽,家庭作业只会给他们带来额外的压力和负担。因此,许多专家建议小学不要布置家庭作业。我们先前提到的那些研究也显示,家庭作业对小学生的作用是很小的。然而也有人建议给小学生稍微布置点家庭作业,目的是发展他们独立学习的能力,帮助他们建立起对学习的正确态度,让他们知道不仅在学校要学习,在家里也应该学习。但是,不能用家庭作业来给小孩子增添太多负担,这是肯定的。总的来说,对学前班和小学一到四年级的学生,建议每天家庭作业最多20分钟内完成,再往上的学生每天不超过30~40分钟的时间。这应该是最大极限。

孩子们进入初中以后，家庭作业会对他们有越来越大的积极作用，因此许多专家支持在这个阶段给学生布置家庭作业。随着学生年龄的增长，可以多给他们布置些家庭作业。由于这个阶段的学生即将进入高一级的教育或是直接进入劳动力市场，所以独立学习能力对他们显得尤为重要。所以，对中学阶段的学生，每天的家庭作业时间可以在90分钟左右。无论小学还是初中，一定要注意家庭作业量不可过大。没有研究表明家庭作业量越多越好（Trautwein，2007）。

除了家庭作业量的不同以外，不同年级的家庭作业目的应有所不同，因此家庭作业的形式也应该不同。学生年龄越大，家庭作业可能会越复杂，包括根据拓展研究而写的小论文。

思考题9.2

你认为家庭作业需要批改吗？为什么？

研究要点9.1

关于家庭作业的学校规范

为保证家庭作业发挥最大作用，建议从学校层面对其进行规范。这样，全校老师就有规可循，学生也会有平等的感觉。此外，全校性的家庭作业规范可以避免出现老师布置作业不均的现象。另外，作为学校生活的一方面，全校性的家庭作业规范可以创造一个平等的学校气氛，无论是哪个老师的学生，都会从相同水准的家庭作业中获益。

全校性的家庭作业规范有许多种形式。可以规定每门科目每周的家庭作业量，规定每周的哪天做哪门课的作业（如周一为数学家庭作业日）。制订家庭作业的标准形式，如作业标题、全校标准的作业计划表等，这些都可以达到省时省力的效果。家庭作业规范也应该包括对老师批改和发还家庭作业的时间规定，还应该对家长的配合有所规定。

家庭作业社团、放学后的开放图书室等可以帮助在家里完成作业有困难的同学。学校必须进行相关协调，确保图书室里有相应的辅导老师，不会太拥挤等。

家长对家庭作业的参与

家长对家庭作业的态度是模棱两可的，一方面，他们可能觉得这有利于提高孩子的学习成绩，认为可以从家庭作业看出孩子在学校的学习表现；另一方面，他们可能又觉得家庭作业占据了孩子太多时间。有些家长甚至根本就不知道如何协助孩子完成家庭作业。

然而，来自家长的协助非常重要。家长对家庭作业的态度直接和孩子做作业的动力有关系(Katz等，2011)，家长的参与，尤其来自母亲的协助，对孩子的成绩和表现有积极作用(Murray等，2006)。有研究结果显示，家长参与和孩子能否高质量完成家庭作业有关联(Patall等，2008)。

家长在协助孩子方面，最起码应该做到为他们提供一个可以安静做功课的地方。家长不一定非得让孩子关掉收音机，不让他们听音乐。相反，据一些研究表明，音乐有助于孩子集中精神(Hallam和Cowan，1999)。当然，这对不同的孩子有不同的效果，但是当孩子做作业时，如果他们觉得舒服，就可以听听音乐。

家长应当督促孩子完成作业，孩子如有需要，应给予他们一定帮助，但是(显然)不能完全代劳(Hallam，2004)。家长对家庭作业的关心能让孩子意识到家庭作业的重要性，家长可以帮助建立一些规矩，规定一个特定的时间来做家庭作业。如有可能，家长应该帮助孩子学会管理和组织时间，当然这需要来自学校的相应的指导。这对低年级孩子尤其重要，他们更加需要家长的协助来顺利完成家庭作业。中学的孩子应当能独立完成家庭作业，家长不要过多干预，否则会带来消极的影响(Patall等，2008)。一些研究表明，家长督促孩子自律，独立完成家庭作业，这对孩子的成绩和学习动力都有积极的影响；干涉过多，甚至直接给予帮助的做法反而会带来负面效果(Gonida和Cortina，2014)。家长应当订下规矩，规定孩子什么时候在哪里完成家庭作业。

学校应给予家长必要的帮助，提供关于家庭作业的信息，定时和家长沟通。如果学校有家庭作业方面的相关规定，应该及时告知家长。老师应该让家长知道，有多少家庭作业，大概需要多久完成。和家长联系时，可以用前面提到的家庭作业计划表，这样家长对老师布置的家庭作业可以一目了然，还可在上面签字确认。如果有孩子老是不能完成作业，或是完成的质量不够好，老师应找家长了解情况，看看孩子在家做作业的条件：是否有安静的地方，或是有来自外界的干扰，让孩子不能很好地完成作业。如有可能，老师应和家长一起找找解决问题的办法。不过要记住，有的家长有可能下班太晚，压根儿就不知道孩子是怎么做作业的(Hoover-Dempsey等，1995)。

在如何督促孩子做作业方面，学校有必要为家长提供一定的帮助。家长说的有可能和老师说的完全不同，这会让孩子更加混乱。研究显示，对家长进行一定的培训，让他们知道学校的要求，知道如何给孩子提供帮助，这对孩子保质保量完成家庭作业有积极效果(Patall等，2008)。这种培训应侧重如何改善家庭环境；帮助孩子养成良好的作业习惯；家长应该对孩子作业的过程进行指导，而不是全程监控。有一个叫“老师家长都参与”的项目，每周都有一个要求家长或是别的家庭成员参与的作业，如讨论、实验、访谈等，该项目在提高家长参与度和孩子的学习成绩方面都有积极的效应(Van Voorhis，2011)。

对低年级的孩子，更应该鼓励他们的家长参与一些学习活动，如朗读、玩游戏等。在新学年开始就要让家长知道，他们可以做些什么来参与孩子的学习；同时也要设计一些让家长可以参与的家庭作业，如以游戏的形式让家长或其他兄弟姐妹一同完成家庭作业，这种作业可以对孩子学到的一些知识进行强化（Bryan和Sullivan，1995）。

有些家长，特别是那些贫困家庭的家长，他们既不能为孩子提供平静祥和的场地，也不能帮助孩子顺利完成家庭作业。有些少数族裔的家长根本就不愿这么做。遇到上述情况，学校可以为这种学生提供场地，建立课后作业社团，让孩子们放学后来做家庭作业。这种做法在好多国家，如英国等，开展得非常成功。

还有一个问题，孩子们家里拥有的或能接触的资料和材料是不一样的。当家庭作业不是简单的复习，而是需要就某个问题查找资料，或是预习将要学习的某个问题时，上述情况就真成了问题。对此，学校应当提供图书室或是其他电子设备如平板电脑等，让学生放学后能使用。

哈拉姆（Hallam，2004）指出，家庭作业社团能让学生对家庭作业的态度更加积极，因为他们觉得这比在家做作业愉快得多，这种社团有益于他们。同时，在社团做作业还可以消除家长和孩子之间的紧张关系。

研究要点9.2

翻转课堂

最近非常流行一个新的教学概念，即“翻转课堂”。它起源于大学，因为在新技术背景下，有些传统的授课方式变得越来越没有教学效果，甚至多余。因此，传统的老师讲、学生听，然后再练习的教法被“翻转”过来。学生课前先看一些讲座视频，然后到课堂寻求教师的辅导，做些相关练习，就视频上的内容向老师提一些问题。

尽管中学和大学的教学方法有所不同，传统上并没有大学那种讲座形式的课堂，但一些老师，尤其在美国，还是把这个教学方法引入普通学校。学生在家先看一段老师的视频，然后到学校来做传统意义上的家庭作业。课堂上不再教授知识，而是师生一起解决问题、理解概念，或是完成一些合作性的任务。老师可以要求学生准备一些问题，或是总结视频里的学习要点。教学视频大都是老师自己录制，但也有学校开始使用网上的现成资源。

这种“翻转课堂”有其明显优势，比如，可以高效利用优秀教师的课堂教学，扩展学生总的学习时间（要想参加课堂讨论，学生必须事先看完教学视频）；“翻转课堂”还能增加师生之间的接触和互动。然而这种教学方式也有其明显的缺陷：学生是否专注、是否理解，甚至是否看过视频，每个学生的情况都不同；学生看视频的时候老师不能像在传统教学中那样去检查他们，看他们是否理解。

“翻转课堂”把教学内容和练习割裂开来，这不符合我们有效教学的要求；它甚至有悖于认知科学的认知原理。认知科学认为,应该把知识分成小块教给学生,伴以适当的练习,确保学生完全掌握后才能进入下一阶段知识的学习。要把这个认知原理融入"翻转课堂"显然是不现实的。最后,教学视频的质量参差不齐,迄今为止还没有任何证据能证明"翻转课堂"的教学是有效的。

总结

家庭作业可以达到几个目标:提高学生成绩,巩固课堂所学内容,继续完成学校留下的学习任务,培养学生独立学习的能力,让家长参与孩子的学习过程等。大多数研究都认为,家庭作业有助于提高学生成绩,但这要靠作业的质量而不是数量。

不同年级的学生,家庭作业的效果是不一样的。家庭作业对初中等高年级的学生影响最大,对小学生的作用最小。但是,在培养小学生独立学习能力,让他们知道学习不仅发生在学校,也会发生在校外,以及帮助他们形成时间组织能力等方面还是有一定作用的。

要想家庭作业起作用,需注意一些要点:一定不要把家庭作业作为惩罚手段;老师应尽快批改家庭作业并及时发还给学生,这样才能让他们意识到家庭作业的重要性。因此,家庭作业应该是教学的有机组成部分。家庭作业的目的之一是要让学生把学习任务和他们的校外生活结合起来。可以让学生结合自己的亲身经历来回答作业上的问题,让他们收集身边的材料用于学习。家庭作业计划表可以发展学生的组织能力,是让他们独立学习的一种良好形式。学生年龄越大,家庭作业的时间越该相应增加,从小学的每天不超过20分钟到中学高年级的每天90分钟不等。

家长应该为孩子提供一个安静的作业环境,应该鼓励督促孩子完成家庭作业,对低龄的孩子,如有必要,可以协助他们完成家庭作业。老师可以定时与家长沟通,让他们知道家庭作业的内容和对孩子的要求等。可以对家长进行适当的培训,让他们知道如何更好地为孩子提供帮助,这样能有效提高孩子家庭作业的质量。

有些家长不能给孩子提供作业帮助,甚至不能给他们一个安静的学习环境。家庭作业社团可以解决这些问题。孩子们放学后可以来社团,这里有辅导老师,可以给他们提供学习方面的帮助。

最近出现了一个"翻转课堂"教学法,学生先在家观看老师制作的视频,然后到课堂上来做许多传统意义上的家庭作业。课堂上不再教授知识,而是解决问题、认识概念,或是合作完成一些相关任务。目前还没有证据显示这种教学法的有效性。

复习题

1. 你认为对小学生来说,家庭作业是否是有效的学习方式?

2. 你怎么来训练家长,让他们为孩子的家庭作业提供帮助?

3. 你认为当初你的老师该怎么帮助你的家长?

4. 家庭作业的缺点有哪些?和家庭作业的优点比起来,孰重孰轻?因为这些缺点,能不能就否定使用家庭作业?

5. 老师该怎么做来确保学生认真对待家庭作业?

6. 你能找一个你做学生或老师的具体例子,来证明家庭作业的有效性吗?是什么使它起作用的?

第三部分

因材施教

第10章　非认知表现

本章要点

这章我们会学习：

- 既注重学生认知表现又注重其非认知表现的重要性；
- 什么是幸福感，学校能否提升学生的幸福感；
- 什么是自我认识和自信心，如何通过学校来提升学生的自我认识和自信心；
- 心理弹性在学习中的作用，如何培养心理弹性；
- 社会交往能力的重要性，如何提高学生的社交能力。

引论

目前为止，我们一直关注的是教师效能和学生成绩的关系。这确实是学校教育的关键所在，但并不是唯一所在。我们都希望学生到学校不仅只是学习书本知识。其他，如学生的身心健康也非常重要。我们把学生的社会交往能力和情感发展等因素归纳为非认知表现。非认知表现被定义为是和大纲课程如数学课等的成绩（这些被定义为认知表现）无关，而和更广泛的其他因素，如学生的社交能力和情感发展等密切相关的表现。长久以来，教育效能研究因缺乏对这些非认知表现的关注而备受诟病，不过雷诺兹等（Reynolds 等，2012）认为这种批评并不完全正确。近年来，认知表现和非认知表现的研究比例实为4∶1，部分原因是学校和老师并不能完全掌控学生的非认知表现，他们对非认知表现的影响远远小于其对认知表现的影响，即便他们对非认知表现有所影响，那也是微乎其微的（Chapman 等，2015）。此外，非认知表现涉及的范围非常广泛，有些因素确实还没能引起专家学者的足够关注。

在本章，我们将着重讨论学生的四个非认知表现：幸福感、自我认识、心理弹性和社会交往能力，它们对学生的成长至关重要，对它们的研究相对来说已积累了一定的研究成果。

提高学生的幸福感

幸福感就是一个人处于一种舒适或快乐的积极情感状态。在教育上，一方面它被视为“特定环境中各种因素的综合体现”，另一方面它是“学生个人对学校的需要和期待”（Engels等，2004:128）。这就是说，一些学生会适合某些学校和班级，而另一些学生却不能（这就是我们需要择校的一个原因）。然而，学校和老师可以通过一些努力来提高学生的幸福感。当我们考查学生的幸福感时，通常会考虑诸如学生是否能很好地融入班级集体、和老师的关系、是否对学习有兴趣、学习的动力、对教学内容和教学方法是否满意等因素。

然而我们首先需要思考一个问题，即学校和班级里发生的一切是否真就和学生的幸福感有关。答案是肯定的，虽然学校和老师对此的影响远远小于他们对学生学习成绩的影响，但不同学校学生的幸福感还是有着5%的差别，不同班级学生的幸福感也有类似差距。不过得记住，虽然有一定的影响，但老师在增进学生幸福感上能做的远没有在提高他们的学习成绩方面多。但是，既然研究显示不同学校不同班级学生的幸福感存在一定的差距，我们就应该极尽所能，努力使学生在学校和课堂的幸福感得到增加而不是减少。

在学校和课堂上，什么有益于学生的幸福感？欧普德纳克和范·达姆（Opdenakker和Van Damme，2000）做了大量观察，发现学校和班级的几个特征有益于学生的幸福感。出乎意料的是，整洁的学习环境与学生的幸福感和学习成绩呈正相关；有趣的是，教师之间的良好合作也和学生幸福感成正相关。可能这是因为学生喜欢学校有一个统一的环境，尤其在学生行为管理方面要有一致性（见第七章），而这些正是教师之间相互合作的结果。注重学生的人格教育和发展对学生的学习动机有积极影响，却和他们的数学成绩呈负相关。其他因素的影响呈多样化，比如文化和创造力教育对本身就有学习动力的学生的幸福感有积极影响，而对学习动力本身就不足的学生则具有消极影响。范·佩特赫姆等人（Van Petegem等，2008）所做的一项研究发现，越爱学习的学生，幸福感也越强，不过这要看是什么科目。老师越支持学生，他们就越会感到幸福。和同学的良好关系也和他们的幸福感呈正相关。这里值得一提的是，老师的支持和良好的同学关系对女学生有更积极的影响，她们的幸福感也比男学生强（Palsdottir等，2012）。所以，保证男生之间以及他们和老师之间有个良好关系是很重要的。班级管理也是许多研究所考查的重点因素，研究发现既宽容又注重纪律的老师更能让学生感到幸福（Muijs，2017）。

这里有一个问题值得我们思考，即提高学生幸福感就必须牺牲他们的学习成绩吗？如果真是这样，那就最好不要考虑他们幸福与否，因为学校和老师的效能高低是要靠学生的成绩来说话的。然而我们发现学习成绩和幸福感并没有直接关系。这就意味着，提高学生幸福感并不会对他们的学习成绩造成什么影响，而提高他们的幸福感也不会跟着就提高他们在认知方面的成绩（Van Petegem等，2008；Opdenakker和Van Damme，2000）。还值得我们注意的是，有几个和幸福感相关的因素，如整洁的环境、积极的班级气氛、老师的支持等，本身就和学生的成绩好坏息息相关，这我们在第7和第8章已经讨论过。

另一个问题是,我们是否能对学生的幸福感进行直接干预。我们的证据十分有限,不过有几个旨在提高学生社会和情感发展的研究项目显示,和对照组相比,经过干预的学生在幸福感方面确实有更加积极的表现。如一个叫“你能行”的项目,直接教给学生如何自信、坚持、富有条理、如何跟他人相处、如何适应环境等,取得了可喜的效果。但是,这个项目是在低龄儿童和小学一年级学生中进行的,对稍大一点的学生效果可能不会如此。此外还有一个问题,即幸福感这个概念本身就是模糊不清的,不同的人对幸福的理解不一样,因而衡量的因素(如人际关系、学习动机、对学校的满意程度等)和方法也会不尽相同,这就导致对学校的评价完全像摸彩蛋,没有什么逻辑性和一致性可言,从而造成一个问题,即是否有必要在教育中关注学生的幸福感?我们倒不如多关注另一些概念明确的、已具有丰富研究成果的非认知表现,如自我认识等,这样可能更明智些。

思考题 10.1

学校和老师对学生幸福感的影响不如他们对学生学习成绩的影响大,你认为这里的原因是什么?学生的幸福感不值得我们去提高,这个观点意味着什么?

自我认识和自信心

自我认识和自信心这两个概念不仅在学校教育的语境里经常被提到,在社会语境里,关于年轻人行为方面的问题也会经常涉及。缺乏自信心(或是负面的自我认识)无论对学生的学习成绩还是以后的人生都极为有害。因此,我们把培养学生自信心和自我认识能力当成学校和老师的主要教育目标,这毫不意外。

什么是自我认识和自信心?

谢费尔森和博勒尔斯(Shavelson 和 Bolus,1982)以及谢费尔森等其他人(Shavelson 等,1976)把自我认识定义为一个人对自己的看法,这些看法是在一定环境中的经历以及他通过一定行为在与他人交往中产生的。他们的这个定义得到了大家的支持和认可。根据这个理论,自我认识是多方面而且多层次的(Marsh 等,1983;Muijs,1997)。所谓多方面是指每个人对自己的不同方面都存在自我认识。例如,在学校里,我可以认为我的英语很好,但数学却不尽人意。实际上,在许多方面我们都需要有一定的自我认识。不过谢费尔森假设在儿童和青少年身上存在七个重要的方面需要他们有自我认识:对学校各个科目能力的整体自我认识、对英语能力的自我认识、对数学能力的自我认识、和同学(其他孩子)关系的自我认识、和父母关系的自我认识、对自己相貌的自我认识以及对运动能力的自我认识。这些因素合在一起,形成两个层次结构,即前三项一起形成对自己学习的自我认识(如总的说来我是一个好学生);后四项一起形成一个对非学习方面的自我认识。而这两方面加在一起就形成一个对自己的总体认识,如图10.1所示。

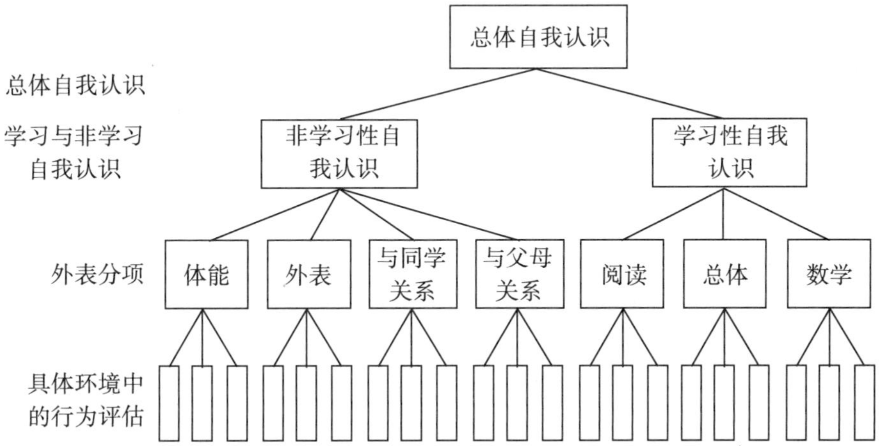

图10.1 谢费尔森的多方面多层次自我认识模式(Byrne和Shavelson,1986:476)

谢费尔森的总体自我认识概念和自信心相似,指一个人对自己的看法,即个人对其自身价值的一个判断(Coopersmith,1967)。谢费尔森的自我认识模型把自我认识分为不同板块,不同的人侧重的板块可能不一样。对于一个职业足球运动员来说,其对自己运动能力的自我认识对其总体自信心来说可能是至关重要的,而对其学习方面的自我认识可能就无关紧要了。有证据显示,在形成总体自信心时,人们往往会重视自己自我感觉良好的那些方面。我们常常会看到那些学习成绩不怎么好的学生通过补偿的方式来降低学习成绩对他们总体自信心的影响(如通过对某项运动的精通,或是认为学习太好就不酷了等)。但这并非意味着哪些板块重要哪些板块不重要就完全由他们说了算。社会通过家长、同学或媒体传播着一定的价值观,如在相貌上要吸引人,对学龄孩子来说学习成绩要好等等,因此在上述的那些重要板块上,一个人的自我认识不可避免地会影响到他的总体自信心。

有许多研究显示,自我认识,尤其是学生在学习方面的自我认识和他们的学习成绩存在一定的关系。这已是长久以来的定论(Burns,1979;Hansford和Hattie,1982;Purkey,1970),并在许多国家得到证实(De Fraine等,2006;Hong等,2002;Johnsson-Smaragdi和Jonsson,1995;Keltikangas-Jarvinen,1992;Maqsud和Rouhani,1991;Marsh等,1985;Muijs,1998a;Orr和Dinur,1995;Pekrun,1990;Skaalvik和Hagtvet,1990)。

但有一点还不是很清楚,即自信心和学习成绩是否存在一定关系。有些研究的结论是并不存在这种关系,更多的证据显示,即便它们之间有关系,那也是消极关系多于积极关系(Baumeister等,2003)。但是,却有强力的证据证明在学习方面的自我认识和学习成绩之间存在关系(Marsh和O'Mara,2008)。因此我们这里有一个关键的结论,即在和学习相关的方面的自我认识才是重要的,而不是一个总体上的自我感觉。有研究显示,当考查具体学习科目时,如数学成绩和学生在数学方面的自我认识,这种关系会变得更为密切。比如,在对佛雷蒙地区学生的读写研究中发现,对荷兰语方面的自我认识和成绩之间的相关系数达0.6。

先有鸡还是先有蛋？原因和结果的研究

发现自我认识和学习成绩的关系并不能解决谁影响了谁的问题。是学生一开始就对自己有负面认识，然后才有学习不好的结果呢，还是学生的成绩不好造成了他对自己学习方面的负面认识？有专家试图用路径分析和结构方程的模式来揭示这种所谓的“因果链”。

开始时，这方面的研究结果矛盾重重，但在使用较为复杂的数据分析研究方法后，研究结果趋于一致。霍格等人（Hoge，1995）发现，学习成绩对学生关于其整体学习的自我认识的影响强于反向的影响，虽然这些影响差别并不是很大。斯卡维克和黑格特维特（Skaalvik 和 Hagtvet，1990）发现小学3、4年级的学生的学习成绩决定了他们对自己学习的整体自我认识，而到6年级时，这两者的关系则变为相互影响。罗森伯格（Rosenberg，1995）等用10个男生的2000个成绩数据研究也得出同样的结论。马什和奥玛拉（Marsh和O'Mara，2008）使用在美国连续7年采集的数据进行的研究也发现类似的相互影响效应。缪伊斯（Muijs，1998a）在研究了佛兰德斯1000名4、5年级学生后发现，学生成绩和自我认识相互影响，且学习成绩对自我认识的影响大于自我认识对学习成绩的影响。瓜伊（Guay，2003）等人在加拿大的研究以及马什等人（Marsh等，2002）在中国香港地区的研究也得出了类似的结论。总之，自我认识和学习成绩相互影响，不过成绩对自我认识的影响更大些。所以，糟糕的成绩会降低学生的自我认识，自我认识又反过来使他们的成绩更加糟糕。

学生的参照系很重要

学生自我认识和学习之间的关系之所以复杂，是因为它们之间存在一个所谓的“参照系”，即学生在形成自我认识的过程中，他们不会把自己的成绩和什么绝对的标准相比较，而是和学校里每天交往的同学比较。这就意味着，在总体成绩本来就差的学校，那些差生和总体成绩较好学校的差生比起来，他们的自我认识会更高，即便从绝对的角度看，后者的学习好于前者。在自我认识研究中可以找到许多这样的例子。例如，马什和克雷文（Marsh和Craven，2002）在他们的研究中就发现，特殊学校里的残障孩子（他们周围都是有残障的孩子）的自我认识高于就读于普通学校的残障孩子（普通学校的残障孩子和其他正常孩子一起学习）。

在学校和班级提高学生的自信心

能提高学生自信心的教师行为

自我认识不但影响学生的学习成绩，还会影响学生的自信心，提高他们的自信心也能提高他们的学习成绩。自信心缺乏还和抑郁等其他心理问题有关系。因此，提高学生自信心也是心理健康的要求。许多学生由于成长的环境特殊，来学校时就已经没有自信。不过有证据显示，学校环境对学生的自信心也有影响。例如，有研究发现，在鼓励相互竞争的班级环境里，学习越好越受人青睐，学生在学习方面的自我认识（反过来又和学习成绩密切相关）

和他们自信心的关系要比更注重保护学生自我和自信心的班级强得多(Trautwein等,2006)。

在学校里,可以通过以下几个方面来提高学生的自信心。首先,老师应该建立一个既有纪律又互助友爱的班级环境。无论学校还是家里,这种环境最利于提高学生的自我认识(Coopersmith,1967)。这就是说,为了提高学生的自信心,学校应该为他们提供这种互助互爱的环境,在这里有规矩有底线,但又不令人窒息沉闷。

其次,老师不能放弃任何学生,应该对所有学生抱以期望,关于这个问题我们已在第6章讨论过。如果某门课程的老师表现出对学生有低期望值,就会使学生对这门功课产生消极的自我认识,进而应验老师的预期。因此老师应该十分注意,不要无意中对学生发出消极的信息,这些信息可能是语言或非语言的,表露着老师对学生的不在意、不信任甚至不尊重。例如,只让少数几个学生负责班里的事务,表明班里其他学生是不值得信赖的;“你们是初中了,就应该会做初中生该做的事儿了”,诸如此类的话言外之意就是你们太笨了。有研究发现,成人或老师表扬学生时,往往把表扬和批评掺和起来,这就稀释了表扬的积极效应。因此,多数情况下,我们应该用更有效的方式来表示批评与表扬(Podesta,2001)。

还有一个值得注意的事项,就是如何矫正学生的不良行为。一定要注意不能伤害学生的自尊。批评要对事不对人。老师应该给学生强调的是为什么这种行为是不对的。大家可能已经看出,这些建议和“行为管理”章节中的内容是一致的。让学生承担一些责任能使他们有一些权力感,这能在一定程度上提高他们的自信心。应该给学生机会,让他们为班级积极贡献自己。小一点的学生可让他们承担一些小任务,如清洁教室、为老师擦黑板;而大点的学生可让他们参与制订班级的规章制度等。老师应当支持关心学生,创造一个良好的班级风气,在这里所有学生的贡献和付出都能得到认可和尊重。表扬很有用,但不可滥用,否则它的含金量就会降低。表扬应该是实实在在的,如果学生做错了老师还表扬,学生就会把表扬不当回事儿,以后的表扬也会被他们轻视。

老师应当多看学生的成功而不是失败。学生作业时应该多看他们做得好的地方,给他们强调学习就是要经过一定的锻炼和错误,犯错是学习的一个过程,没什么可害臊的。要让他们知道自己的优点,同时也要指出他们的缺点。应该鼓励学生努力做到最好,不要老是让学生相互竞争攀比。

几点具体做法

老师还可以通过许多具体的活动来提升学生的自信心。有一个叫作“神奇圆圈”的活动,具体做法如下:一个孩子得到一枚徽章,说一些诸如“我很棒”之类的话,然后离开教室。其他学生开始找出他的优点,等该学生回到教室时,大家把刚才找出的优点一一告诉他,所有人都以“我认为、我相信”开始他们的点评,这样会让被点评的学生易于接受,也不会使大家的点评自相矛盾。最后,再让被点评的学生说说自己最引以为傲的事情(Mosley,1999)。不过,这类活动的效果还没得到过任何证实。另有一个活动叫“积极的自我谈话”,让学生在心里对自己说些积极鼓励的话(如:我今天的数学会做得很好等)被认为可以提升他们的自信心。这是有一定心理学理论依据的，即我们在心里不断重复的话可以影响我们的心情和信念。当然，尽管这个做法被一些心理学家强烈支持，但其效果仍然没有得到任何证实。

最后，我们上面提到过，许多研究证实，学习成绩对自我认识的效能大于自我认识对学习成绩的效能。因此，提高学生自信心的最佳方法应该是提升他们的学习成绩，但是，全面提高学生的成绩还不够，因为研究显示，自我认识是在相互比较中形成的。因此，即便对成绩好的学生来说，如果他们觉得自己的成绩和学校其他好学生的成绩还有差距，他们仍然会对自己的学习产生消极的自我认识。应对这种现象的办法就是不公布学生的考试成绩。不过，把成绩告知学生也有一定的好处（见第17章），但是从缪伊斯（Muijs，1997）的一个小型研究发现，两所不公布学生成绩的学校，其学生的自我认识和其他两所公布了学生成绩的学校一样，而两类学校学生的自我认识都存在明显的差异。其实学生非常善于从平时班级里的活动中来判断自己的学习能力。我们一定要明白，长期过于保护学生，对他们隐瞒真相，或是对其抱以不切实际的期望，对他们其实是有害的，他们早晚得面对现实真相（Begley 和 Rogers，1998）。因此，有人建议使用统一的成绩通知单，但不是简单地通知他们的成绩，而是要让学生知道自己的弱项和缺点（Black 和 Wiliam，1998）。

其实要提高学生的自我认识，最有效的方法应该是让他们都有机会体验成功的滋味（Covington 和 Beery，1976；Nunn 和 Parish，1992）。在教每一个知识点的时候，一定要确保每个学生都已掌握了才能进入下一步教学；把教学内容分成小块教给学生；让他们练习直至熟练掌握为止等等。这些和有效教学的其他方面也有密切的联系，我们在第2章已经进行过讨论。让学生有机会参与大量的课外活动（不只是体育活动）也是让他们体验成功的一条路径（Covington 和 Beery，1976；Nunn 和 Parish，1992）。

提高学生的心理弹性

心理弹性这个概念最近得到越来越多的关注。所谓心理弹性就是指从逆境中恢复自己的能力。心理弹性在学习上是个可贵的品质，它能使学生在境遇不顺时能坚持下去；而且在他们以后的人生中也是不可缺少的。人的生命中都会遇到需要克服的问题和困难，有心理弹性的学生能更好地从失败中学习，能勇敢面对挫折，顺应变化。

每个学生（成人也一样）的心理弹性是不同的，因此他们克服困难的能力也不尽相同。

造成这些差别的原因有很多，其中一些因素不是老师能控制的，如家庭背景、基因等。但是，也有证据显示，心理弹性和认知有关，因此老师可以对此进行一定干预，就像老师可以教给学生元认知技巧一样（见第5章）。学生的信念尤其影响他们对困难的态度。同样的低分，有的学生会把它当作更加努力的动力，会促使他们去寻求一定的帮助；而对另一些学生来说，低分就是意味着自己没有水平和能力，努力也是白搭，还不如就此放弃。因此，研究能发现心理弹性和学习成绩有关一点也不意外（Challen 等，2011）。心理弹性和学习成绩的关系如同我们上面提到过的自我认识和学习成绩的关系一样，是一个相互影响的关系，有所不同的是，心理弹性和学习成绩之间的相互效应是一样的。心理弹性不是一成不变的，它可随着时间的推移有所发展和改变，比如，面对生活中的重大事件，如父母离异等。心理弹性的这种可变性正好说明，学校和老师能对此施加影响。建立学生的心理弹性要做到以下几点：

(1)让他们知道自己的潜能：确保学生感觉自己一定能取得好成绩。

(2)让他们有归属感：确保学生感觉自己是某个集体的一员。

(3)从失败中学习：确保学生知道如何从失败和困难中学习。

(4)让他们了解自己的能力：让学生觉得自己能对周围的人和事产生一定的影响(Sagor，1996；Willis，2016)。

在课堂上可以通过一定的方法来做到以上几点。下面我们一一进行讨论。

学生的心理弹性和学习成绩之间有着非常重要的关系(Challen等，2011)，所以要想提高他们的“成就感”，首先应当想办法提高他们的学习成绩。如果能做到这点，学生就会觉得自己能克服学习中的重重困难，从而也对自己的能力有了一定的把握。在这点上，提高心理弹性和提高学生对自己学习的认知相仿(Gutman等，2010)。不过，学习成绩不是影响心理弹性的唯一因素。学生感受到自己在其他方面的能力，如体育，他们的心理弹性一样会变大。因此，学校应当在如体育、艺术等各方面为学生提供条件，使他们对自己的能力充满信心(Sacker和Schoon，2007)。

让学生对学校这个集体有归属感，让他们关心这个集体，这也能提高他们的心理弹性(Gutman等，2010)。学生需要被重视，对此，老师应当在班上充分重视和发挥学生的优点，这样才能使他们产生强烈的归属感。创造一个积极的班级环境非常重要，大多数情况下，提高心理弹性的做法和提高自我认识的做法大体相同(见上)。我们在第3章讨论过。学生答错问题的时候不能让他们感觉像在受审一样，否则会让他们为规避这种难堪而放弃，因而永远不会知道自己错在哪里，怎么来提高自己等等。

应该使学生明白，失败是成功之母，是另一种学习机会，因此犯错时不要沮丧，这个时候老师很关键。老师讲解和学生讨论一样重要。让学生为自己设立目标，让他们每周进行反省，看看自己为实现这些目标都做了什么，离目标还有多大距离，如何来改进自己等等，这样更能使他们以发展的眼光来看待自己的学习，有助于他们的元认知发展。给学生讲些励志故事，看看别人如何应对失败和困难，让他们思考一下，困难和失败对自己意味着什么，要让他们知道，挫折只是暂时的，失败不是最后结果。

帮助学生明白自己一定能改变、一定有能力，让他们承担一些我们在关于自我认识章节里谈过的责任，这些对他们的心理弹性建设都大有裨益。不过，最重要的还是应该让学习活动有足够的挑战性，让他们经历实实在在的困难和努力，在老师和同学的帮助下克服这些困难，让他们经受逆境的考验，这才能真正体会失败只是成功路上的一步。

学生的自我认识和老师对他们的期望值密切相关，对此我们在第8章已有讨论。心理弹性和老师的期望值亦是如此。老师应该相信学生的心理回弹能力,相信他们一定能做得更好,一定要对学生进行这方面的强化。老师要不断反思每个学生的优点,不要抓住他们的缺点不放,应该看到他们的潜力。

大家可能已经注意到,我们上面的论述使用的是“学校”而不是“班级”或是“老师”的概念。这是因为,研究显示,发展学生心理弹性要靠全校范围的努力,而不是靠某个老师在某个班级单独进行(Gutman等,2010)。这并不是说老师在班上的努力不值得,而是说老师应当团结起来,和学校领导一起,在全校进行有效的实践。

值得一提的是,心理弹性并不是灵丹妙药。即使是心理弹性非常强大的人也不可能应对所有的逆境和挫折。研究发现,没有哪个孩子能受得起父母或是其他监护人的虐待;心理弹性也不能补偿社会不公带来的伤害(Clarke和Clarke,2003)。来自贫困家庭具有强大心理弹性的学生的表现并不如来自良好家庭但心理弹性较弱的孩子(Schoon和Bynner,2003)。

显而易见,提高学生幸福感、自我认识和心理弹性的方法其实都很相似,这是因为,这些因素都属于学生的主观态度。而改善学生的这些主观态度,尤其是对自我的态度,需要的方法和过程都是一样的。下面要涉及的另一类非认知表现,即社会交往能力则完全不同,社会交往能力更多是指行为方面的表现,而不是态度。特此在这里说明一下。

思考题 10.2

你可能知道“坚忍不拔”一词,你觉得它和心理弹性有什么不同?

发展学生的社会交往能力

同伴关系极为重要,它能使孩子之间互相为伴、相互支持,能让他们进行一些不能独自完成的娱乐活动,这对孩子社会交往能力的发展至关重要。在与同伴相处中,孩子能学会参与集体活动、结交新朋友、处理纠纷、与他人合作。但是对一些孩子来说,由于没有社交能力,他们进入不了一定的同伴圈子,而反过来这又进一步影响他们的社交能力,长久以往,他们就会进入一个恶性循环的怪圈。

最近几十年来,人们做了许多关于同伴关系和社交能力的研究,他们使用了所谓的社交计量法,即让孩子们选出他们喜欢和不喜欢的同伴,根据每个孩子得到的喜欢和不喜欢数量,将他们分为受人欢迎和不受人欢迎两大类,再把这两类孩子的各种特征,比如他们的学习成绩等分别进行比较。研究发现,根据在学校的受欢迎程度,可把孩子大致分为四种类型(Kupersmidt和Coie,1990):

(1)受欢迎的孩子与各类同伴的关系都相当好,他们在学校和其他社交场合都非常有名,也非常受欢迎。

(2)有争议的孩子只在和自己有良好关系的同伴里受欢迎,而在其他孩子中则不受待见。

(3)被孤立的孩子表面上并非不受欢迎,但他们经常被同伴忽视,他们不属于任何圈子。

(4)受排斥的孩子最不受待见,他们往往受到同伴的欺凌或骚扰。

社交能力为何重要

社会交往能力不仅重要,而且还和学生的其他不良问题有牵连。例如,缺乏社交能力与青少年抑郁和焦虑有关(Merrell,2001;Tryon 等,2001),还和学习成绩差有关(Elliott 等,2001;Malecki 和 Elliott,2002);在小学,没有攻击性的亲社会品质和学生的识字成绩有关系(Miles 和 Stipek,2006)。那些没有社交能力的孩子也是老师最担心的,他们在与其他同学交往时往往没有恰当的行为举止。在一个对中小学教师的研究中发现,他们最伤脑筋的问题是学生缺乏自控力(Lane 等,2006)。

被同伴排斥的孩子往往显得不合群、没有自信,他们的学习成绩往往很差,也易辍学甚至走上犯罪的道路(Parker 和 Asher,1987)。被同伴孤立的经历往往和一些社会心理问题有关,如缺乏自信、能力知觉低下等(Moran 和 Eckenrode,1991;Newcomb 和 Bagwell,1996)。不受大家欢迎的孩子往往成绩也差、容易产生心理问题甚至不良行为(DeRosier 等,1994)。

那么问题来了,孩子间的友谊是怎么来的?为什么有的孩子要被其他孩子孤立?一项关于影响青少年人际关系因素的研究发现,和父母关系良好、家庭矛盾少、父母婚姻关系稳定等因素对孩子的人际关系好坏有影响。如果缺乏上述因素,至少应有相应的成人或同伴来给予孩子这方面的影响和帮助(Hair 等,2001)。孩子人际关系的好坏主要表现在其社交能力上。根据赫尔等人(Hair 等,2001)的研究,发展孩子的社交能力能使他们拥有温和友好的性格、良好的非语言智力,能使他们在将来成为负责任的父母,能和自己的兄弟姊妹保持正常联系等。研究还发现,贫困和孩子缺乏社交能力有一定关系(Bates 等,2003)。

孩子喜欢和有趣的人、让他们感觉良好的人和值得信赖的人交朋友。趋同性也很重要,有相同兴趣爱好或相同背景的人更容易成为朋友。随着孩子年龄的增长,交朋友的标准也会发生变化。小点的孩子更看重朋友是否有趣,而青少年更看重朋友是否值得信赖、是否忠心。威廉姆斯和亚瑟(Williams 和 Asher,1993)列出了人们在童年和青少年时期选择朋友的一些特点(表 10.2),不过,近年来的研究又指出了同情心、社交适应力以及自我感知力的重要性(Schutte 等,2001)。当然,偶尔有一两个"易被排斥"的性格特征并不一定就会被别人排斥,而是要具备了所有的那些特征才会出现问题。研究显示,在一些孩子身上,这些特征确实会产生综合效应(Muijs,2000)。

表10.2 儿童和青少年的择友特征(Williams和Asher,1993)

观察的内容	接受	排斥
这孩子有趣吗?	幽默、神通广大、喜欢参与、合作	喜欢攻击/小气、喜欢破坏、霸道、孤僻/怕这怕那、认知能力低下
这孩子可信吗?	可靠、诚实、忠心	喜欢攻击/小气、不诚实、不能保守秘密
我们能像我喜欢的那样相互影响吗?	合作的、负责任的	霸道、喜欢抗拒、固执
这个孩子对我的目标有帮助还是有损害?	合作的、喜欢提供帮助的	喜欢捣乱、肆意妄为
这孩子能使我有自信吗?	支持的/善良的、负责任的、喜欢我的	喜欢侮辱人/贬低人、不负责任的、不喜欢我
这孩子和我差不多吗?	相同的价值和兴趣、遵守同伴之间的规矩、相同的性别、种族和年龄	不同的价值和兴趣、不懂同伴之间的规矩、居高自傲的、有缺陷的

如何在学校发展孩子的社交能力

对孩子来说,没有社交能力确实是个问题。不过,有证据显示,我们可以通过学校的一些干预来培育、提高他们的社交能力(Anderson-Butcher等,2003;Lane等,2003;Taylor等,2002)。干预的方法不少,但不是所有的都有效。通过对一些社交能力培养措施的元分析,我们可以总结出,具备以下特征的措施才是有效的:必须为社交能力的提升提供足够的时间、目的非常明确、安排的活动能协调有序进行、涉及所有参与的人(Durlak和Weissberg,2007)。

在帮助那些不受欢迎的孩子时,不能只着眼他们那些不受人欢迎的行为举止(如喜欢打架等),而是要培育他们的整体社交能力,很有可能他们只是缺乏相应的社交技巧,在一些场合不知道如何应对而已。怎么才能发现他们的问题所在呢(有些问题不是一眼就能看出的)?大多数专家建议使用观察法,在孩子与同伴和成人交往时,注意观察他们的行为举止,发现他们拥有什么技巧、缺乏什么技巧。观察者应该注明观察的事件(被观察的孩子是要进行一个对话,还是想加入一个朋友圈,还是想和别人一起玩个游戏?),记录下发生的情况,以便在需要时进行适当干预。可以把观察记录的内容按照表10.2的划分列为六大类(这个孩子有趣吗?是否神通广大?是否喜欢助人为乐?是否喜欢参加各种活动?是否喜欢合作?是否有幽默感?等等),这样这个孩子的优缺点就一目了然了,老师也就可有针对性地进行适当的干预(Williams和Asher,1993)。此外,通过观察孩子们在集体活动中的行为表现,我们也可对他们总体的社交能力有个大致了解(Dodge等,1986)。

除了观察法,通过学生的自我检查也可对其社交能力进行测量。让学生填写CS4表(儿童社交能力自我报告量表,Danielson和Phelps,2003)比观察法更为简单易行,但可靠性要大打折扣(Merrell,2001)。教师评估表也在被使用,而且评估结果和学生的自我评估大体一致。但是,不同量表测试的结果仍然会有略微的差别(Hall和Bramlett,2002;Ogden,2003)。

可以通过专门的社交培训来提高学生的社交技能。这种培训的基本原理就是承认儿童社交出问题的原因在于他们不知在什么样的场合做什么样的事情,而这些问题都是可以通过一定的培训来克服的,社交培训就是直接教给学生一些重要的社交技能。威廉姆斯和亚瑟(Williams和Asher,1993)提出一个三步培训法:第一步,由教练(即能担此责任的成人,如孩子的老师)告诉孩子如何更好地和其他小伙伴相处,这时教练应着重给孩子讲解具体怎么做,而不是告诉他不应该怎么做;第二步,通过活动来练习如何跟小伙伴相处;第三步,教练和孩子就以上活动中涉及的一些问题进行讨论。麦金泰尔(McIntyre,2003)建议,社交培训应该涵盖下列内容:

(1)与他人交往时的得体举止:

- 如何得体地接近他人;
- 行动之前先获得别人的许可;
- 如何跟别人交朋友、如何保持朋友关系;
- 如何跟别人分享玩具/其他东西。

(2)课堂上的得体举止:

- 良好的学习习惯/学习技巧;
- 如何听讲;
- 如何完成老师布置的任务;
- 如何遵照老师的指示;
- 如何得到老师的关注;
- 接受自己行为造成的后果。

(3)如何处理自己的沮丧/愤怒情绪:

- 行动之前先从1数到10;
- 通过一些快乐的事情来转移自己的注意力;
- 学会用内心独白让自己冷静下来,学会通过思考来找出最佳解决方案。

(4)如何得体地解决和别人的纠纷:

- 使用语言而不是肢体接触;
- 寻求老师或其他解决矛盾纠纷的团体的帮助。

他建议直接交给学生以上技巧,最好以小组的形式,这样可以有机会让他们演练。

另一个发展社交技能的方法叫“社交技能解剖法”,这种方法就真实场景下孩子所犯的社交错误进行分析，最适合孩子在失言或失礼后使用。该方法分为五个步骤：

（1）让孩子再现所发生的事情，需要他详细描述。

（2）让孩子认识自己的错误。许多情况下孩子并没有意识到自己的行为失误，但只有让他们认识到错误才能进入下一步。

（3）和孩子讨论他在社交场合所犯的错误，耐心告诉他正确的做法。最好给他多种解决方案，而不只是一个"正确"方案，这样可让孩子知道正确的做法不止一种。

（4）接下来就是具体的场景演示。这段场景演示应该和孩子失礼的场景相类似，而提供的解决方案应该具有一定的普遍性，能让孩子用于其他场合。

（5）最后，给孩子布置家庭作业，鼓励他们把学到的社交技巧用于其他场合，然后让他们报告练习的具体情况。

对不受同学欢迎的孩子，老师最好让他们懂得一些能让自己受欢迎的做法，如多笑笑、主动和别人打招呼、多多赞美别人、主动跟别人发起对话等等。让不受欢迎的孩子感受到老师对他的重视也很重要。

在教授社交技巧时，不能单纯强调这些技巧的重要性，或是空洞地加以描述，而应当就如何使用这些技巧、什么时候使用、怎么使用等进行具体演示，实践才是关键所在（Brophy，1996）。在具体使用这些技巧前先进行一些角色扮演也很管用。在学校，老师或其他人员应做出一定的表率，这对孩子们理解什么是恰当的社交行为也很重要。

威廉姆斯和亚瑟（1993）认为，社交技巧教育应教给学生以下四点：

（1）合作（如游戏时排队、分享资料、提供建议等）；

（2）参与（如积极参与游戏、在游戏过程中专注等）；

（3）交流（如和他人谈话、提问、说说自己、倾听的技巧，如何做眼神交流，如何称呼别人等）；

（4）效验（如关注别人、赞赏别人、微笑、给别人提供帮助和建议等）。

个别孩子可能在某些方面需要一些额外指导。例如，有些孩子可能由于没有基本的技能而不能参与一些运动或游戏，而学会了这些技能就可以让他们融入小伙伴。

除了教给他们具体的社交技能，老师还可以做一些其他事情来帮助那些不受欢迎的孩子。首先，发现这些孩子的兴趣爱好和特殊才能，帮助他们做一些宣传，鼓励他们把自己的爱好带到班级来，让他们做一些表演，把他们看成某方面的"专家"，这些都有助于提高他们在同学中的声望。让这些孩子担任一定的班级职务也可使他们得到同学的认可，不过在大点的学生中，一定要注意别让其他学生觉得他们是老师的"宠爱"（Lavoie，1997）。而对学前孩子，老师可以做出明确的姿态接纳这些不受欢迎的孩子，这样其他小朋友就会加以模仿（Lavoie，1997）。

小组合作需要学生具备一定的社交技能，因此也可成为发展社交技能的方法。让不受欢迎的孩子和有威望的孩子一组可以帮助他被其他孩子接纳，但首先老师一定要确保他被同组的小伙伴接纳。小组学习或运动时把没有社交能力的孩子和社交技能良好的孩子放在一组，可以让他们更好地观察学习在这方面做得好的同学，而把所有没有社交能力的孩子放到一组则没有多大的意义（Ang和Hughes，2002；Kemple，1992；Lavoie，1997）。一些研究还发现，专门针对社交技能来组织的小组活动不但有益于培育孩子的社交能力，还可以使以后的小组活动进行得更加顺畅。有越来越多的证据显示，在培育学生社交技能方面，直接教学法和小组活动相结合能有效提高学生的社交能力（Dohrn等，2001；Muijs，2017）。

一些不受欢迎的孩子之所以行为冒失，是因为他们不知道如何解决跟别人的纠纷。这些孩子应该好好学学如何解决纠纷（如排队、与人分享等）。可以直接教给他们解决的办法；或是通过一定的活动，如角色扮演、讨论等把解决的办法给他们。不过在他们学会以后，一旦有纠纷发生，开始的时候仍然需要老师给他们一定的现场指导（Kemple，1992）。

为了避免不受欢迎的孩子总是在游戏的时候最后一个"被捡"，老师可以换一种方式，如"随机"把他们安插下去。

还有研究发现，不受欢迎和被排斥的孩子往往没有其他小伙伴会解读别人的情绪，因而导致他们对别人的情绪做出不合适的反应。对此，应该教会他们如何找到他人的情绪线索，如"看到简了吗？你觉得她在想什么？你觉得你这样做她会高兴得起来吗？"

当孩子不能表达自己的情绪和意愿时，可以帮助他们向其他孩子解释，比如"约翰想加入你们"。不过要注意，不能强迫其他孩子跟不受欢迎的孩子玩儿，这样反而会引起其他孩子的不满，会让不受欢迎的孩子更加不受欢迎。新学年开始的时候，让孩子们相互了解，让他们知道各自的兴趣爱好和不同之处，这样做也可帮到那些不受欢迎的孩子。

小学生可以通过一些活动来学习如何交友，如何接纳不同的孩子。例如，儿童文学就可以提供丰富的例子来帮助孩子们学习如何相处。一些作品的主题就是关于如何交友，可用作学生讨论、角色扮演和学习交友的材料。还有一些作品是关于如何跟"不同寻常"的人交友或是探讨如何处理各种纠纷的主题，我们都可以加以利用。

最好早点开发孩子的社交能力。哈特普和莫尔（Hartup和Moore，1990）发现，如果孩子到6岁还没有发展出一定的社交能力，以后就会出很多问题。

思考题10.3

以上我们探讨了学校和老师该如何来发展学生的社交技能。然而许多社交技能应该是在家庭中发展的。你认为家长该怎么来发展孩子的社交技能？

总结

非认知表现和课程科目成绩如数学成绩(所谓的认知成绩)等没有关系,而和其他更广泛的因素,如社会和情感因素的发展有关,是学校教育看不见却非常重要的成果。尽管没有对学生的认知成绩影响大,学校和老师还是能对学生的非认知表现有所作为的。

幸福感是一种积极的情感,它能让人感觉舒适和高兴。学校和老师可以营造积极的学校和课堂气氛,培育学生的课堂纪律性,确保学校、学生和所学的课程相得益彰,这些都能提高学生的幸福感。

自我认识是一个人对自己的看法,在一定的环境中通过和其他人的相处以及这些人对这个人行为举止的看法而形成。学生的自我认识可以分为不同领域的,包括他们对自己每门功课的认识以及他们对自己学习的总体认识。自信心的概念更为广泛,指学生对自己价值的总体认识。

老师可以通过几方面来提高学生的自信心。对学生抱以较高的期望能改善他们对自我的认识和学习表现。在矫正学生不良行为的时候,注意要对事不对人。要提升学生的自信心,必须委以他们一定的班级责任。对低龄学生,可让他们做一些如打扫教室之类的简单事情;而对大点的学生,则可让他们参与班级的决策。老师要看到学生的成绩和优点,同时也要让他们知道自己的不足和缺点,要重视学生对班级所做的贡献。

不过,要让所有学生都有成就感,这才是最重要的。教学过程中,要确保学生对学习内容的熟练掌握,要把知识一步一步交给他们,要让所有学生都掌握了所学的内容才能进入下一步教学。

近年来,心理弹性的概念越来越引起人们的关注。心理弹性是指从逆境或挫折中恢复的能力。无论对目前的学习还是以后的生活,心理弹性都是一个重要的品质,它使学生在遇到学习困难的时候能坚持,能在将来的人生中勇敢面对问题和困难。

建立心理弹性需要从四个方面入手:发现自己的潜能、建立归属感、从失败中学习以及发挥自己的能力。在教学中,我们可以从多方面来发展学生的以上四个方面,包括提高学生学习成绩、营造积极的班级气氛、让学生懂得失败乃成功之母、帮助他们设立奋斗目标、给他们讲励志故事以及给他们一定的学习挑战。

社交能力是学生发展的重要因素。通过对学生和自己同伴相处的情况,可把他们分为四种不同类型:受欢迎的、有争议的、孤立的和被排斥的。

被孤立和排斥会对孩子产生诸多不良影响,如学习成绩差、辍学、心理问题等。有的学生之所以被同学孤立或排斥,是因为他们缺乏一定的社交技能。教给孩子适当的社交技能,在小组合作的时候把没有社交技能的孩子和善于社交的孩子分在一组,让他们进行一些旨在提高社交技能的活动等等,这些都有益于发展学生的社交技能。

复习题

1.学生的幸福感涉及学校的几个方面,你认为有哪些方面?

2. 谢费尔森的自我认识模式涉及七个方面的内容。你还能想出其他什么重要的方面吗?

3.你是否同意学习好就能提升学生的自信心?为什么?

4.老师如何帮助学生形成一个积极的自我认识?

5.根据自己的经验,你最近遇到挫折是什么时候?你是如何克服的?

6.你认为老师应如何在教学中为学生做好心理弹性方面的榜样?

7.如果遇到班上有不受欢迎的学生,你该怎么做?

8.思考一下由社交测量研究法定义的四种类型的孩子,你觉得这种划分准确吗?还有其他类型的孩子吗?

9.你认为社交技能培育能让不受欢迎的孩子变得受欢迎吗?为什么?

第11章　特殊教育

本章要点

这章我们要探讨：

- 需要特殊教育(SEN)的学生类型；
- 关于把特殊教育纳入普通教育的效果研究综述；
- 针对学习有障碍学生的教学方法；
- 怎样对待有特殊需求的学生；
- 特殊学生家长的角色。

引论

特殊教育是一个宽泛的概念，针对的是在教育方面有特殊需求或是存在问题的广大学生。英国教育部的定义为：如果孩子有学习障碍，有需要提供特殊教育服务的残疾，那么他就有特殊教育的需求。学习障碍是指孩子相比其他大多数同龄人在学习上具有很大困难，或是有残疾使他不能享用普通学校或是其他高中学段后的教育机构提供的教育设施和服务(Department for Education，2015:285)。需要特殊教育的孩子不仅指那些具有明显学习障碍的，如身体残疾、聋哑或是失明者，还包括那些学习障碍不是特别明显的孩子，如学习迟缓、感情特别脆弱的孩子。据估计，有20%的孩子在其学习生涯的某个特定阶段都对特殊教育有所需求(DfEE，2000a)。

我们后面还会谈及另一类需要特殊教育的孩子，即天才孩子，但这章主要是谈他们的对立面，即学习有障碍的孩子。

特殊需求的类型

英国政府的儿童、学校和家庭部(DCSF，2009)将特殊教育分为以下几种类型：

1.认知和学习类

特殊学习障碍(SPLD)

特殊学习障碍即学习困难,对这样的学生来说,阅读、书写和数字的掌握是特别困难的,因而他们在这些方面的表现低于其他方面。还有的学生在短期记忆、组织协调能力方面有困难。常见的学习障碍有阅读障碍、计算障碍和动作失调三种。阅读障碍的学生在阅读、拼写方面有困难,尽管他们在其他功课上表现正常。这种学生在阅读理解、书写和标点方面表现极差。他们可能在专注性、组织性和词语序列等方面也有困难。他们总是读错单词、颠倒拼写或读音。有计算障碍的学生情况类似,只是他们的问题出在数字而不是阅读上。这类学生连最简单的数字概念都不能理解,缺乏基本的数字直觉,不能学习数字和运算。动作失调的孩子有运动障碍,他们学不会起码的精细动作,更不会使之保持和应用。他们的平衡协调能力差,动作迟缓,缺乏身体姿势方面的意识。

中度学习障碍(MLD)

中度学习障碍的学生各方面成绩都低于同龄标准。和同龄人比起来,他们在掌握基本读写和计算技能、理解概念方面都很差。他们可能有相应的语言发展迟缓、注意力不能集中和社交能力低下等症状。他们在学校的各方面表现都低于同龄人。

重度学习障碍(SLD)

具有重度学习障碍的学生有各方面的特殊教育需求,此外他们还有其他方面的困难,如身体残疾或是感官不全。这类学生无论学习还是生活都非常需要别人的辅助。他们可能需要额外的感官刺激,需要把课程分解细化。有的学生靠手势、眼神或是其他方式进行交流,有些可以靠简单的语言。

深度和复合学习障碍(PMLD)

这类学生比重度学习障碍的学生还要困难,不可能在普通学校获得相应的教育。

2.行为、情感和社交类

在行为、情感和社交方面有障碍的学生会表现出一些妨碍他们学习的症状,尽管学校有行之有效的行为准则和有关人际交往的课程,但他们的症状仍然会持续不变。他们可能性情孤僻、调皮捣蛋;或是过度活跃、无法集中注意力;他们还会缺乏社交技能,有时行为挑衅。这种学生有许多问题,包括情感异常(如抑郁)、饮食失调、行为异常[如对立违抗性障碍(ODD);多动症如注意力不集中或注意力不足(ADD/ADHD);妥瑞氏综合征就属此列]。

3. 交流类

语言交流方面的特殊需要(SLCN)

在语言交流方面有特殊需要的学生往往不能理解别人通过口头语言传递的信息,别人也不懂他们的语言信息。其语言的掌握和口头表达能力大大落后于同龄人。他们的口头表达能力很差,无法让人理解。

有语言缺陷的学生在理解和使用词汇方面有困难。往往他们词语和语法的使用都不恰当,词汇量有限,很难记住词语,不能很好地表达自己的思想。他们有可能听到或看到了词语,但不能理解其含义。他们很难让别人明白他们的想法。

自闭症(ASD)

有自闭症的学生:

- 不能理解也不会使用语言和非语言交流;
- 不能理解起码的社交行为,这使他们不能和自己的同龄人或成年人交流;
- 在思想和行为上没有灵活性,表现为特别拘谨、特别痴迷某事或是不断重复某种行为。

4. 感觉器官/肢体类

视觉受损(VI)

视觉受损包括从斜视到失明等各种视力问题。如果学生需要视力方面的辅助或矫正才能适应其学习环境,或是对学习资料有特殊要求,那么他们就被视为视力受损。

听力受损(HI)

听力受损的学生包括从轻微失聪到完全听不见等有各种听力问题的学生。如果一个学生需要听力辅助、需要对学习环境进行特别适应,或是特别的教学形式才能学习,那么他就被视为听力受损。

多感觉器官受损(MSI)

多感觉器官受损的学生同时有视觉和听力等方面的障碍。他们有时被称为聋哑,不过有些人可能还有一点点视觉或听觉。许多还伴有其他障碍,由于他们的生理缺陷太多,可能难以确定他们的智力水平。

肢体残障(PD)

许多生理方面的残疾都属于此类。有些学生虽然有点残疾,但仍然可以在没有外界帮助的情况下正常学习。而有一些人的残疾对学习影响非常大。有些疾病会导致身体活动能力的丧失,如脑瘫、脊柱分裂、肌肉萎缩等。肢体残疾的学生往往伴有感觉器官受损、神经问题或是学习障碍。

如何安置残障学生

残障学生安置的几种类型

一旦孩子被诊断为学习障碍或是其他残疾(不同国家的诊断过程有所不同),社会就要为其提供特殊的教育服务。有几种选择可供参考:直接将孩子送往为他们专门设立的特殊学校;把他们安置到普通学校,但安排在专门的班级;把他们安插到普通学校的普通班级,但为其提供专门的特殊课程;把他们完全安插到普通班级和其他正常孩子一起(这种情况需要对教室进行一定的改造以方便残障学生)。近年来,出于对孩子的人权以及他们的社会化考虑,大趋势是把这些孩子安插到普通学校的普通班级。其中的原因是认为这样做他们就不会被贴上标签,不会和其他孩子隔离,可以提高他们的自信心。

另一方面,正常孩子可以适应和残障孩子相处,这样当他们成年以后,就不会对残障人士产生偏见。这样做的另一个目的是希望残障孩子能成长为积极的受人尊敬的社会一员。

将残障学生安插在正常班级对其学习成绩的影响

将残障学生安插在正常班级学习的做法,其支持者和反对者的争论焦点在于这样做对残障孩子的学习到底是有利还是有害。支持把孩子送到特殊学校的人士认为,专门学校的小班形式以及专门人员的辅助和照看更有利于残障孩子的学习进步(Gartner和Lipsky,1987)。另外,我们上面讲过的参照系效应意味着特殊学校比普通主流学校更能使残障孩子对自己的学习有个良好的自我认识(Marsh和Craven,2002)。有老师认为普通主流学校招收残障学生会降低正常学生的学习成绩(Dyson和Millward,2000)。然而另一方面,倡导把残障学生放入普通主流学校的人士则认为,特殊学校的学习任务不足,残障学生在普通学校可以和学习好的学生相处,从而获益。此外,特殊学校的教学在认知方面的要求低下,几乎不会涉及高水准认知技能,教学进度缓慢,用于传输和学习知识的时间很少,因此其教学质量不能和普通主流学校相比。有人建议把残障学生放入主流学校,但每天为他们开设1~2小时的特殊课程,这似乎是个不错的权宜之计。然而反对者认为,这每天的1~2小时特殊课程恰恰让他们错过了一些主流课程,使他们更加难以跟上主流教学进度,如果特殊课程的老师和主流课程的老师缺乏沟通的话,情况更是如此(Zigmond和Baker,1997)。

斯莱文和马登(Slavin和Madden,1986)综合分析了20世纪80年代中期以来的研究,发现有些研究结果认为,特殊学校的学生学得和在主流学校插班学习的残障学生一样好,有些研究结果则认为不然(斯莱文和马登认为后者的研究设计更佳),没有研究认为残障孩子在特殊学校会比在主流学校插班学得更好。但也有证据显示,在主流学校插班的残障孩子如果没有得到相应的辅导和帮助的话,他们的学习会更差(Madden和Slavin,1983;Slavin和Madden,1986)。在主流学校全日制插班的残障孩子和半日制插班的孩子没有明显差别。王和贝克(Wang和Baker,1986)对1975年至1984年间进行的11项研究的元数据进行分析发现,在主流学校插班学习的残障孩子的成绩略好于特殊学校的同类学生:65%的残障学生的成绩测评效果为正,在主流学校学习的残障学生比那些被隔离在特殊学校的学生进步更大。在情境变量得以控制的情况下,上述研究结果和不同年级的水平一致。全日制插班的残障学生和部分插班的残障学生相比,差异不大。贝克等人对三组元数据分析进行综合考查后发现了一些把残障学生安插在主流学校的积极效应。高德纳和利普斯基(Gartner和Lipsky,1987)在分析了大量的研究后发现,在普通主流学校就学的残障学生的平均学习成绩超过80%的在校学生,而被隔离学习的残障学生的平均成绩只高于50%的在校学生。瑞伊斯和彼兹马(Ruijs和Peetsma,2009)最近对一些研究做了一个综合分析,发现大多数研究认为把残障学生,尤其是那些轻微到中度残障的学生安置到普通学校就学的效果是积极的。很少有研究发现这样做的消极后果。在这项综述发表以后所进行的研究也支持这个结论,即残障学生在普通学校的发展好于在专门的特殊学校(Sermier Dessemontet等,2012)。在普通学校就学的残障学生的成绩和班级残障学生的人数没有关系(Ruijs等,2010)。

然而,就读普通学校对残障学生的社会交往能力的发展影响则没有那么积极。瑞伊斯和彼兹马(Ruijs和Peetsma,2009)的综合分析也没有发现关于残障学生就读普通学校还是专门的特殊学校对其社会能力发展有影响的任何证据。但是有研究指出,普通学校里的残障学生没有什么朋友,和同学的交往也很少,因此他们往往不喜欢学校(Koster等,2010;McCoy和Banks,2012)。也有证据显示残障孩子在从小学到中学过渡时会遭遇更多困难。对各种研究综合分析后发现,有特殊学习障碍的学生觉得自己没有得到足够的社会帮助,到中学后,和其他正常孩子相比,他们更容易被同学欺负(不过这项综述针对的研究数量有限,许多研究的方法也很成问题)(Hughes等,2013)。

思考题11.1

残障学生在从小学到中学过渡时的问题会更多,更加不合群,你认为这些能成为不让他们到普通学校就学的理由吗?为什么?

曼塞特和塞梅尔(Manset和Semmel,1997)对美国的5个残障学生就读普通学校项目的效果进行了综合分析,其中有三个项目("所有人都会成功"、"灵活学习环境模式"、詹金斯及其团队1994年的无名项目)里的残障学生的学习成绩远远好于那些被隔离出来单独教育的残障学生(这类学生大部分时间都在普通班级,但每天会有1~2个小时单独学习的时间)。以上项目都有一个共同点,即非常注重对学生个体基本技能的指导和训练。利普斯基和高德纳(Lipsky和Gartner,1997)的研究倒是发现了一些差异。他们发现,有轻微学习障碍的学生和同学间的成绩差距反而会被隔离的学习方式加大。有一项研究对有轻微学习障碍的学生就读普通班级和被隔离出来进行教育两种方式进行了比较,发现这两组学生在数学和阅读方面的进步并没有什么差异(Cole等,2004;Rea等 2001)。雷亚等人(Rea等,2001)比较了隔离教育模式和混合教育模式下的两组残障学生,发现在混合教育模式里的残障学生在语言、数学和科学方面取得的成绩更好。他们还发现,混合教育模式下的残障学生更少表现出消极的行为,出勤率也很高。在比利时的法语地区进行的研究也有类似发现,就读普通学校接受混合教育的残障学生的表现优于那些被隔离起来教育的残障学生(Tremblay,2013)。

总的看来,上述研究都指出了残障学生就读普通学校的积极效应,哪怕是部分时间就读也好于完全隔离教育的模式。但是,很多研究使用的方法还值得商榷,采集的样本数量也非常有限,因而得出的结论也非必然。不过总的说来,有足够的证据显示,把残障学生安置到主流学校学习的效果优于把他们放到专门的特殊学校。不过上述的部分隔离教育也应该属于混合教育模式。但是,无论采取哪种模式,都应该视学生残疾的具体状况而定(Lindsay,2003)。

相应的问题是,安置残障学生到普通学校就读会对那些正常学生的学习成绩有什么影响,这也是许多家长所关心的。瑞伊斯和彼得马(Ruijs和Peetsma,2009)的分析认为,混合教育模式对正常孩子没有什么影响。另一项针对印第安纳州毕业考试成绩的研究发现,混合教育模式对正常学生没有影响(Bibler和Gilman,2003)。然而另一项研究却发现,总的来说混合教育模式没什么大的影响,不过那些差生的成绩却随着残障学生的到来反而有所提高,但是优秀学生却感到郁闷(Huber等,2001)。这就表明,一大群差生的出现会使老师把注意力都集中在他们身上,反而忽视了那些优生。对英格兰全国数据进行的一项研究发现,安置残障学生越多的学校在学生成绩方面的表现越是差强人意。不过这也有可能是因为安置残障学生越多的学校往往处在社会经济优势都不是很大的地区。安置残障学生越成功的学校,越会有更多的残障学生家长把他们的孩子送来就读,这样就导致了地区间的不平衡(MacBeath等,2006)。

就学校的整体效应来说,安置残障学生就读还是有一些好处的。在英格兰地区做的一个定性研究中,老师们表示安置残障学生就读有下列益处:

- 有利于残障学生的社会化,他们更易被同学和其他成年人接纳;
- 有利于正常学生的社会化,可以使他们更加理解并接纳残障人士;
- 使业界更加关注学生需求和学习困难的多样性;
- 可以提高教师和学习助理处理各种学生需求的能力。

然而,也有老师认为,他们缺乏应对残障学生的专业知识和技能,对残障学生的过多关注会导致对正常学生的忽视(MacBeath等,2006)。

混合教育模式何时起效?

为了让混合教育模式起到应有的作用,学校必须要做些准备,达到一些要求。老师必须对残障学生有信心,必须让班里的其他学生接纳残障学生。这些应该纳入教师的职业教育中。有些教师对残障学生一开始就不抱什么希望,有些教师甚至不愿教这些学生,直接把他们交给助理(Weiner,2003)。例如,在对26个研究的综合分析中发现,大多数教师对在普通学校安置残障学生就读要么中立,要么反对。不过,另一项研究却发现,混合学校老师对残障学生所持的态度却远远比一般普通学校老师对残障学生的态度积极(McLeskey等,2001)。

学校要为安置残障学生做好各方面包括物质上的准备,学校所有教职员工都应该学会理解残障学生的需求。教师发展计划里应该包含如何支持残障学生的内容,普通教师应该和特殊教师建立起良好的关系。许多研究发现,在教师职业发展层面上并没有为招收残障学生做准备,这对残障学生是个非常不利的情况(de Boer等,2011;King和Edmunds,2001;McLeskey和Waldron,2002)。必须在教师培训中纳入大量的特殊教育内容,只有这样才能使教师有足够的准备来面对如今的教育现实。

思考题11.2

你认为学校该如何做好物质上的准备来接纳残障学生?

设立特殊教育协调人是确保残障学生获得足够关心的关键,不过荷兰的一项研究发现,协调人的设立也会使普通教师不再关心特殊教育方面的事务,因而阻碍他们在这一领域技能的发展(Imants等,2001)。一些研究还发现,普通学校的教师们还不怎么适应去解决残障学生的问题,和他们的交流也少于和普通学生的交流(Cawthon,2001)。为了在普通学校安置残障学生,有些学校设立了班级助理来帮助他们。这些助理来自社区,只接受过少量的教育技能训练。近年来有研究(Blatchford等,2009;Muijs和Reynolds,2003a)指出,这种做法在提高学生成绩上没有任何效应,但是上述研究并没有特别关注班级助理对残障学生的帮助,而这恰恰是这个角色在班级的主要作用(Webster等,2011)。

但有一点是十分明确的,即如果班级助理要有效地为残障学生服务,他们需要足够的相关培训。

有学习障碍孩子的教育

阅读障碍

据美国国家儿童健康与人类发展研究所的大量研究,发现音素意识方面的问题是阅读障碍的前兆。此外,阅读障碍还表现为词汇缺乏、对课文内容缺乏足够的背景知识;不能掌握语义语法的相似性,而该能力可协助我们预测词和句子的含义;没有理解作者意图(如幽默)的能力等。因此,矫正阅读障碍的重要方法就是教会学生认识词语和声音的关系,使他们学会解读阅读代码(即语音)。许多研究已经证实了这个方法的有效性。这种解读代码的能力一定要熟练自如,这样才能在解读文本时自动出现,而不是要把时间浪费在解码的过程上。理解力还受学生背景知识和词汇量的影响,因此,对语音系统的直接指导和丰富的文献环境都有助于阅读有障碍的孩子(Lyon,1999)。

阅读障碍的孩子还有另一个问题，即他们在阅读时没有恰当的自我监控能力。他们不知道自己对文章是否理解，也不知道要重复没有理解的句子或段落。对这种孩子，可以教给他们自我监控的技巧，如给他们提问题，让他们总结所阅读的内容。但是，这种孩子不会把所学的技能举一反三，用于其他阅读场景（Gersten，1999）。

学习障碍

有学习障碍的学生需要大量的指导，尤其是对一些重要的学习内容，如重要的技能和概念，需要用很久的时间给他们讲解，还需要用模板进行反复练习他们才能掌握（McLeskey 和 Waldron，2011）。

对一项持续了30年以有学习障碍但智力水平中等的学生为对象的研究数据分析发现，对这类学生最有效果的教学方法是直接教学法（见1~3章）加学习方法和记忆术。主要包括：

- 循序渐进（分解任务，对每步任务加以提示）；
- 操练—重复—练习；
- 化整为零（先把任务分割成一个个小任务，再把它们整合起来）；
- 老师指导下的问答训练；
- 使用一定的技术支持；
- 使用模板；
- 小组指导。

我们发现最重要的是控制任务的难度，在老师指导下一步步从易到难。这种直接教学法加记忆术的方式对阅读最为有效，而对数学和社交技能的效果则相对较小（Swanson，1999）。

通过对20项相关研究的元数据分析发现，小组（3~10人）教学比大班教学更有利于有学习障碍的学生。同学组成的学习小组也有一定效果，但小规模小组（3~5人）的学习效果优于大组。小组学习最好和全班学习相结合（Erlbaum 等，1999）。一个小型研究发现，一种综合了如指导阅读、语音训练、合作学习和语言支持等因素的教学模式对提高阅读障碍学生的成绩颇为有效。当然，在普通班级进行上述实践是一个挑战，需要普通老师和特殊老师的合作教学以及课堂助理的协助等等（McLeskey 和 Waldron，2011；Tremblay，2013）。

很多有学习障碍的学生有负面的自我认识。我们在第10章曾经说过，解决负面自我认识的途径只有两个：提高自身能力，即提高学生的学习成绩，好成绩反过来提高学生的自我认识；提高自我认识，即通过心理治疗改变学生对自己的负面认识。对上述两种方法的元数据分析发现，两种方法结合使用对有学习障碍的学生最为有效。

多种方法结合使用对提高问题学生的自我认识极为有效（Erlbaum 和 Vaughn，1999）。这是混合教学模式的关键，因为有学习障碍的学生把自己的成绩和正常学生的相比较，往往会经历自我认识降低的过程（Erlbaum 和 Vaughn，1999）。

注意力失调症

有证据显示,注意力失调症在学生中越来越普遍,这种学生上课时容易扰乱课堂秩序,影响其他孩子学习,因而是个棘手的问题。教师可用许多方法来集中学生的注意力,尤其是注意力失调的孩子。如使用一些手段在上课前抓住学生的注意力,给他们强调一下今天课程内容和日常生活的关系等;把教学内容分步骤呈现,解释每个步骤之间的联系。要鼓励学生善于从错误中吸取教训,积极参加课堂活动。帮助学生设立容易达到的小目标,这也是一个行之有效的办法。教学方式多样化、加快课堂活动的频率有助于吸引学生的注意,使他们不至于很快就觉得枯燥乏味(Fulk,2000)。

注意力失调的学生往往缺乏条理。他们可能记不住日期和作业,忘记带相应的学习材料到学校,有可能把作业记错,不能合理利用时间,口头作文和笔头作业缺乏起码的结构,不会有条理地表达自己,也不会给自己做计划。因此需要给这类学生提供清晰明了的日常规划,给他们强调每天需要带到学校来的学习用具和资料。老师给的说明应该简单易懂,最好再让他们复述一遍。作业布置也应当清楚明了,最好写在黑板固定的地方,必须让学生抄下作业要求。老师要尽量避免印刷资料和作业的混乱。

给出解题模板或是写作技巧方面的模板对这类学生很有帮助,大型作业很可能使他们迷惑。要教给他们一些储存和整理资料的方式方法,让他们知道什么叫整洁。可以教给他们一些记忆的方法,用一些辅助来帮助记忆,如在书包上贴上提醒的纸条。此外,学生在条理方面有进步时要及时表扬,甚至奖励,这样才能促使他们在这方面做得更好(Shore,1998)。

最近有人倡导对注意力失调的学生使用相应的信息通信技术(ICT)并且发现其效果显著。例如辅助阅读软件能更好地帮助学生集中注意力,减少外界干扰,使阅读更加放松和持久(Hecker等,2002)。但是,这些研究项目持续的时间不够长,不知道这种新鲜劲儿带来的效果会不会随着时间而消弭殆尽。

有注意缺陷多动障碍(ADHD)症状的孩子不能有效应对任何改变,因此稳定对他们来说至关重要。最好把这种学生安排在教室第一排,这样他们就看不到其他学生因书写或起来回答问题而进行的各种运动。但是,有些多动症孩子尽管坐在最前面,仍然要动来动去影响其他同学,这种孩子最好不要安排他们坐在前面(Stevens,1997)。应该把正常孩子安排在有ADHD症状的孩子周围,这样他们就会为ADHD孩子做出积极榜样。不要把ADHD孩子放到容易使注意力分散的地方,如暖气片、窗户和门口附近。

美国教育部(2003: 15)针对ADHD孩子给老师的提示如下:

- 把有一定难度的教学放到早上;
- 一次布置一项作业,不要把许多作业放到一起布置;
- 变化课堂活动类型和频率,尽量吸引学生注意力;
- 尽量让环境适合孩子的特殊需要,例如,让孩子远离干扰源(如门口、窗口、电脑等);

- 小组活动时让这类孩子和学习努力的孩子坐在一起等。

其他行为障碍

当发现孩子有行为障碍，首先应当弄清楚问题的原因。老师要清楚自己对孩子的行为有什么要求，如何让他们按照要求行事。老师要把重点放到教给孩子恰当的行为上，不要对他们的失当行为纠缠不休。应该给孩子提供机会，让他们多多练习恰当的行为，比如如何恰当地跟同学和老师互动等。

行为失调的孩子容易出现两种问题：技能不足和表现缺陷。可以通过两种方式来确认到底是哪种情况：第一，让孩子在不同场景下进行角色扮演；第二，询问在特定情况下，如老师批评时，他们该怎么做。如果孩子能给出正确回答，或在角色扮演中行为正常，但在现实中却又不是这样，那么他的问题就是表现缺陷。如果孩子不能回答上述问题，则是技能不足的表现，如果碰到这种情况，需要对他们进行社交技能方面的直接辅导（Lo等，2002）。如果孩子的问题在于表现缺陷，那么就该为他们提供足够的场景练习。

让学生有自己的选择（例如，想做哪些活动），来自同学的辅导和帮助，为他们提供丰富有趣的活动等也能减少行为方面的问题（Jolivette等，2001；Kern等，2002；Nelson等，2002）。

失聪或听力不足

失聪或是听力不足的学生可以通过多种方式进行学习。其中之一就是听—说法。这是一种让失聪儿童在一定环境下掌握说话能力的方法，在这个环境中，必须坚持让失聪儿童张嘴说话。在这个方法使用的过程中，家庭环境是关键，还需要让孩子使用听力辅助设备，如助听器和人工耳蜗，根据儿童的听力受损程度而定。锻炼孩子听力的同时，要教给他们说话的技能，包括单个发音（单个音节）和音韵（单词和句子）部分。这个方法如果成功，听力残缺的孩子就可以跟更多的人进行交流（Nielsen和Luetke-Stahlman，2002）。有研究发现（Geers和Moog，1989），一些接受过上述训练的16~17岁的失聪孩子，其阅读年龄已达13~14岁，这是美国失聪孩子平均阅读年龄的两倍。不过有的孩子失聪严重，即使有人工耳蜗也无济于事（Stone，1997）。

听觉—语言法的原理和上述听—说法类似。这种方法要求尽可能早做诊断，这样才能尽快找到治疗方法，或是早些佩戴助听器，与此同时，要教给孩子听和说的技能。总之，越早诊断出听力问题，就能越早对孩子的听力进行必要的干预（Goldberg，1994，1997）。因此，这个方法与其说是针对孩子，还不如说是针对家长。这个方法使用的手势语言（cued speech）基本上是声音和手势的结合，用于表达说话或阅读的内容，专门用于发展失聪孩子的识字能力。老师和家长可用它来教给孩子语音和语言表达。这套手势语简单易学，还可表达一些手语不能表达的词汇（Caldwell，1997）。根据万德（Wandel）的研究（被Caldwell引用，1997），一旦掌握了这套手势语言，失聪孩子的阅读水平可以达到和正常孩子一样。

另一项选择就是手语（sign language）（Gustasson，1997）。和语言一样，每个国家的手语都有所不同，比如，美国手语就不同于英国手语。大多数手语是在聋哑人中自行发展的，但有些手语加入了特定的语法因素,使其和口头语越发接近。手语可使聋哑孩子更易掌握他们的母语,因而家长和老师常常使用手语来对聋哑孩子实施教育。但是一些聋哑儿童的家长认为这样会忽视他们的文化。专家们认为,有必要尽早对聋哑儿童实施手语教育,这样才能提高他们的交流能力(Miles,2001)。

总结

学习障碍是最为普遍的特殊教育需求。学习障碍是因为信息和大脑的某些部分不能建立连接,因而出现学习困难的状况。学习障碍有轻重之分,也有不同的表现,因此难以形成全球通用的解决方案。

和学习方面的问题一样,有些孩子还会出现行为、情感、社会化、交流或感官和肢体方面的问题,出现这些问题的孩子需要特殊教育,需要我们提供特别的课堂环境来满足这类孩子的学习需求。

出于社会和思想层面的原因,现在的特殊教育趋势基本上不再把残障学生放到特殊教育学校或班级,而是把他们混合到普通学校的普通班级——这个过程称为“融入”。有人质疑这样做是否真的有利于残障孩子的学习进步。大多数研究的结果都显示,这种把残障学生融入普通学校,至少部分融入普通学校的做法的效果是积极的,尽管这类研究数量有限,而且使用的研究方法也并非完美无瑕。

有阅读障碍的孩子主要缺乏音素意识,因而他们需要语音方面的特别训练。此外,这类孩子阅读时不能进行自我监控,因此也需要加强对他们进行这方面的训练。

对注意力不能集中的孩子,可以使用一些能吸引他们注意力的方法,如一些视觉上的辅助,把教学内容化整为零,使用多样的教学方式等措施来帮助他们学习。这类孩子往往没有条理,因此一定要提高他们的条理性。对聋哑或听力不足的学生,我们提供了几种方法,即用手势语或是手语来对他们实施教育。

复习题

1.你认为什么方法最适合有学习障碍的学生?

2. 你对把残障学生融入普通学校的做法怎么看?这样对残障学生有什么影响?

3. 试着回忆一堂你上过、教过或听过的课,有没有学生出现过行为障碍?当时是怎么应对的?应对方法合理吗?

4. 班级助理必须经过哪些培训才能有效地帮助残障学生?

5. 怎样安排教室才能最大程度避免对行为障碍的学生的干扰?

第12章　天才学生的教育

本章要点

这章我们将讨论：

- 如何鉴别天才孩子，他们和聪明孩子的区别；
- 如何帮助天才孩子发挥潜能；
- 几种天才孩子教育的方法及其优劣；
- 天才孩子的家长该如何做；
- 有学习障碍的天才孩子的特征。

引论

上一章我们讲到，学校系统毫无疑问是面向大多数学生的，所以，需要给有特殊需求的孩子提供额外的帮助。还有一类需要特殊帮助的孩子，他们和普通孩子不同，他们是天才或高能孩子。这章我们要讨论的就是如何教育这类孩子。

什么是天才？

首先我们有必要界定一下什么是天才，尤其要弄清他们和聪明孩子的区别。天才是指那些在韦氏儿童智力测试（WISCIII）、瑞文标准推理测验或是认知能力测试中得分远远高于平均值的孩子。一般来讲，能得前2%分数（通常得分为125以上）的孩子通常被认定为天才。如果在学校，还需要包括其他几个因素才能确定一个孩子是否能进入"天才"计划。这些因素包括：孩子的学习成绩、老师的专业观点，有时还包括家长和学生自己的态度。

聪明和天才的区别

表12.1 天才和聪明的几点区别

聪明孩子	天才孩子
知道答案	提出问题
感兴趣	特别好奇

续表

聪明孩子	天才孩子
专注	身心投入
学习努力	喜欢玩耍但仍然能得高分
回答问题	质疑答案
喜欢同龄人	喜欢成人或比自己大的孩子
擅长记忆	擅长猜测
学习轻松	很容易觉得学习无聊,因为已经全懂了
认真听讲	喜欢表露出强烈的感情和观念
对自我满意	对自己苛刻,总是要求完美

最好能早些甄别出天才儿童,目前最好的办法可能就是智力测试。不过对幼儿做智力测试可能不现实,但可以通过下面一些迹象来对其进行判断:

(1)使用的词汇高出其年龄阶段;

(2)能用各种材料拼凑出各种有趣而非凡的形状;

(3)很早就能理解一些抽象概念,如时间和死亡;

(4)学东西很快;

(5)表现出超常的身体技能;

(6)通过对现象的理解能表现出超常的推理能力;

(7)能用语言自动描述所经历的事情;

(8)对话中表现出幽默感。

对儿童进行智力测试时,一定要记住,每个儿童的发展速度是不同的,因此仅靠一次测试得分并不能确定一个儿童是不是天才。在某个年龄段显示出来的非凡才能可能只是发展超前的表现,等其他孩子赶上的时候,曾经的非凡也就消失殆尽了。此外,不要忘记,智力测试结果并不能完全准确地反映儿童的能力,而可能只是外部环境造成的结果,比如,有些家长的文化水平高,能为孩子提供足够的文化刺激。孩子的受教育程度也会影响智力测试结果。研究显示,天才是潜能和诸多因素如个性、家庭环境、学校和机遇等相互作用的结果(Reis和Renzulli,2010)。因此天才的确认要靠时间和经验,需要不断反复。天才可以是全面的,包括学校的各种学习科目;也可以是某个方面或领域的,如有些孩子在数学、创作或是科学方面是天才,他们对这些科目尤其感兴趣,但在其他方面却很普通。除了在智力方面的天才外,还有其他方面的天才,如艺术天才或是足球天才。这种孩子在学习方面的成绩不一定特别出色,但他们确实在某些方面具有特殊才能,在英国我们称之为才干而不是天才。这里我们主要讨论的是学习上的天才。

思考题 12.1

如果认为天才是环境造成的，这对鉴别天才孩子有什么影响？这样会带来什么样的不公？

学校里的天才学生

可能读者已经看出，把天才儿童放到普通班级可能会有诸多问题。其中关键的问题是天才孩子需要不断的挑战。如果学习不具有挑战性，他们就会觉得很无聊，因而普通大纲不能满足他们的学习需求，这样的学习对他们来说意义不大，其潜能也得不到发展(Rogers, 2007)。没有一点挑战的学习会让他们失去学习兴趣，甚至导致他们旷课或是其他调皮行为，最后反而会变成差生。研究发现，天才孩子在学校所学的一切都是在浪费时间，因为大纲上的大部分要求他们早就达到了(Kantrowitz 和 Wingert, 1992; Ness 和 Latessa, 1979; Parke, 1992)。下面我们要探讨的是几种教育天才儿童的特殊教育方法：

按能力分组

第一种方法是对天才儿童进行能力分组。许多研究考查了该方法对天才儿童学习的影响。结果发现，总的说来能力分组对他们的成绩没什么大的影响，但是，对能力稍低点的孩子有一点负面效应，而对能力强的孩子有一些正面效应。因此毫无疑问，很多人提议用这种方法来教育天才儿童。显然，在一个大家能力都不俗的环境下，老师能以较快的速度教一些有难度的内容，这样就克服了把天才孩子放到普通班级造成的一些问题。也确实有研究显示，这种按能力分组学习的灵活办法对天才孩子的学习有好处(Reis 和 Renzulli, 2010; Tieso, 2003)。但情况也不尽然，有学者使用了更为严谨的研究方法(即断点回归法)，发现分组单独教育的天才儿童在学习成绩方面的表现和那些没有被分出来单独教育的天才儿童并没有实质性的差别。有研究对班上的天才小组和全校天才班这两种分组形式进行了比较，发现后者对天才学生的数学成绩有影响，但对其阅读成绩并没有什么影响。上述研究的结论之所以如此不同，实际上是因为把天才学生分出来教育的做法只有在丰富和提高了其课程内容的情况下才有效果，而实际情况并非如此(Reis 和 Renzulli, 2010)。

对天才学生进行个别教育，这对他们社会和情感发展有一定的积极效应。不过，因为我们第 10 章讲过的参照系效应，能力分组可能会对天才学生的自我认识方面产生一些不良效果。因为学生在学习上都是和直接的同学比较，在一个都是天才的班级，学生们的自我认识肯定不如在普通班级高(Preckel 等, 2006)。

关于这方面有各种证据。有一个研究，把天才班的学生和普通班的学生分别进行比较，比较的内容包括认知水平、性别、社会经济地位和对学校的态度等，发现和普通班级的学生相比，天才班的学生有更积极的社会自我认同感，对学习表现出更大兴趣，师生关系也更好(Vogl 和 Preckel, 2014)。不出意料，根据自我认识理论(见第 10 章)，在学习的自我认识方面,天才班的学生表现出较低的自我认识水平,因为他们是在和班上其他的天才孩子作比较,而不是和普通班的普通孩子比较(Preckel等,2010)。

有专家建议按性别对天才儿童进行分组,尤其当孩子在传统上被认为有性别优势的学科方面有特别天赋的时候,如数学被认为是女孩的禁地,而语文则被认为是男孩子的禁地。他们认为这样做有利于天才孩子的自信心和成绩的提升(Gavin和Reis,2003)。目前还没有足够的证据证明这种做法的有效性,不过有证据显示,如果一个班里都是天才男生,天才女生的自我认识一定不会高(Preckel等,2006)。

另一种按能力分组的方式是集群分组,即一个年级的所有天才孩子被安排到一个班,其他孩子仍然在混合普通班级。这样更加有利于老师为天才孩子提供更多的学习机会,满足他们的学习要求(比如更加丰富的课程安排——见后)。这样做还有一个好处,即天才学生更有机会和其他跟自己一样的天才学生交往互动。而老师也不用再担心怎样面对班里的唯一一个早熟孩子(Winebrenner和Devlin,1996)。这样做的问题有来自其他被安排在这种天才"集群"班级的孩子家长的压力,此外,在一个普通年级安排一个天才班级,会使班级管理更加复杂。

合作学习

对天才儿童有利的另一种学习方式就是合作学习,关于合作学习,我们在第4章已经探讨过。它对天才儿童尤其有利,其优势在于,天才儿童可以在班上担任"辅导员"的角色,帮助辅导其他同学,这样可使他们在班级承担一定责任,让他们教其他同学,免得他们因对学习内容已经掌握而觉得学习乏味。据研究,通过教其他同学也可提高他们自己的认知水平(Johnson和Johnson,1989)。不过这种方法也不是没有问题。天才学生有可能完全掌控学习小组,而不是和其他学生合作。他们可能独自就把学习任务都搞定了,使其他学生根本没有练习的机会,从而不能从合作学习中获益。天才学生不会理解为什么其他学生没有他们理解得快,因而可能对其他学生的学习速度表示出不耐烦(Robinson和Noble,1991;Rogers,1991)。有时他们会觉得有被利用的感觉,认为自己把难题都做了,其他人只是坐享其成(Huss,2006)。因此,如果要让学生合作学习,最好不要让一个小组内成员的水平相差太远。也有研究认为,天才孩子并不喜欢与人合作,他们更喜欢独立学习。关于这方面的研究并没有一个明确的结论,只有部分研究显示天才孩子喜欢独立做事,而另有研究显示他们在这方面和普通儿童别无二致。如果他们感受到其他孩子对他们所做的贡献表示赞赏,他们会对小组合作表现出极大的热情(French等,2011)。

哈斯(Huss,2006)列出一系列让天才儿童得益于合作学习的条件:

- 小组成员必须相互依赖,每个成员都应该做出自己的贡献才能完成小组的学习任务。小组任务必须要以此为目标,例如,可以把不同信息分配给不同成员,或是给每个成员分配不同的具体任务(见第4章)。
- 任务必须要让小组成员相互帮助,或是相互提供必要的信息,必须让他们进行面对面的交流。

● 任务必须能体现每个人对整体结果的贡献(见第4章)。

● 小组成员必须对自己的表现进行讨论和评估,发现什么有利于任务的完成,什么不利于完成任务。

课程调整

天才学生学习速度比普通学生快,并无须复习学过的内容,这些问题可以通过对他们的学习课程进行压缩而得到解决。所谓压缩就是把他们已经掌握的内容从课程中去除,代之以一些更难的内容。瑞斯等(Reis等 1998)在研究小学的天才儿童时发现,他们几乎可以删去课程中一半的内容。通过使用基本的测试手段,他们发现学习删减课程的学生的成绩和那些对照组学生的成绩并无二致。使用这种手段的关键是要用高难度高质量的内容替换被删减的部分,但不是所有的学校都能这样做(Reis和Renzulli,2010)。

另一种形式的课程调整就是添加一些需要更高级思维、调查、探索和发现的活动内容。丰富后的课程应该包括对一些概念和现象更详尽、更复杂和更深入的研究学习,更能促使学生对已有知识进行再认识或是产生新的认识。针对天才学生的课程知识量应该更大,如有可能,最好能跨学科,能探索某个领域的最新发展等(Van Tassel-Baska,1994)。应该有开放式活动,有多种解决方案的复杂问题(McAllister和Plourde,2008)。

有研究证明,使用改良课程的天才学生的成绩表现远远高出没有使用改良课程的天才学生(Kulik,1992)。现在天才学生可以通过网上的一些项目得到更多的学习机会,这些网上项目包括一般研究活动、技巧加强活动、创造性活动、反省和评估等(Sun-Wang和Bong-Hyun,2009)。这种对课程内容的压缩和增加也可以在普通班级进行,具体操作办法就是,把天才儿童抽离出来,在一天的某个时间段让他们参加额外的学习活动。据说这个办法很有效果,能让天才学生有更多机会进行其他学习或探索活动(Rogers,2007)。

给天才学生配备导师,即让天才学生和校外某领域的专家或具有丰富经验的从业人员保持联系,这种做法很有前景。它适合那些非常具有独立学习能力,对某个项目或某一领域特别有兴趣的天才学生。导师本身除了要具备自己专业领域的丰富知识以外,还必须要有相当的热情,并具有良好的沟通能力,愿意并且能够和年轻人一起工作。导师可以是家长、校友或是附近社区的专业人士,如当地艺术协会的成员等。如果能达到上述要求,那么与导师的交流对天才学生来说将是不可多得的宝贵经验(Rogers,2007)。

研究要点12.1

暑期学校

丰富天才学生学习的另一种形式就是暑期学校或天才学生中心,在这里他们能得到额外的辅导,有机会参加各类丰富的活动。最为著名的就是美国霍普金斯大学的天才少年中心。建立该中心的目的是培训师资和建立暑期项目。开展的有关天才的研究,其目的在于发掘来自不同社会背景的天才学生。不过,该中心是否达到了这些目的,目前还存在一些争论(Lindsay等,2002)。

这类中心经常和大学合作,雇佣大学师资来激励和挑战那些天才学生。有人怀疑大学老师是否适合给青少年授课,从对英格兰全国天才少年暑期学校的评估来看,其结果是令人满意的。参加这个项目的学生都非常喜欢这样的学习形式,觉得有非常大的收获。他们都觉得这里的学习挑战比学校大得多。不过有一个问题也随之而来,他们回到学校后肯定又会觉得无聊(甚至觉得更无聊)。在这里,他们可以不用带着"天才"的标签和其他天才孩子交往,在他们看来这是最大的好处(Lindsay等,2002)。

加速学习

加速学习是天才孩子的另一种选择,是指让天才孩子以比其他同学更快的速度完成课程学习的做法。

加速学习有多种形式,如提前入学、提前上中学或大学、跳级,一天的某段时间或是某些课程让他们到高年级上课,让天才学生到含有多个年级学生的混合班上课,让小学的天才学生提前到中学上课等,这样他们就可以学到一些更高级复杂的课程(Gallagher,1985;Southern和Jones,1991)。有两种加速形式最为典型,即以科目为基础和以年级为基础的加速形式。以科目为基础的加速形式,即先修课程,就是让天才学生先行学习特定的课程;以年级为基础的加速形式就是让天才学生跳到比同龄人高的年级学习(Plucker和Callahan,2014)。

有人列出了加速学习的优点和好处(Davis和Rimm,1988;Southern和Jones,1991),它们包括:

- 提高学习效率;
- 提高学习效果;
- 使课程满足天才学生的需要;
- 让天才学生面对新(比他们成熟)的同学;
- 增加他们的探索机会;
- 避免让他们无聊;
- 避免他们与普通同学疏远。

研究要点12.2

有学习问题的天才

有一个充满矛盾的现象,即天才学生同时又有学习障碍,这类学生被称为“学障资优生”,他们在某方面表现特别出众,但同时在其他方面却有一定障碍。鲍姆(Baum,1990)把这种学生分为三类:(1)有轻微学习障碍的天才;(2)没有被发现的、被中等学习成绩掩盖的天才加残障学生;(3)有学习障碍的天才学生。有轻微学习障碍的天才学生学习好,智力高,是公认的天才。但是随着年龄的增长,他们的表现越来越名不符实,通常的原因是他们的拼写能力跟不上其语言发展。这种学生经常被认为学习不够努力,但实际情况是老师可能没有察觉到他们的学习障碍,也可能是他们的才能掩饰了其学习障碍。这并不是说所有成绩不好的天才学生都有轻微的学习障碍,多数原因其实是学习动力不足。没有被发现的天才学生,他们的残障和天才相互掩盖着。这种学生经常表现为学习吃力,他们的才华和残障互相补偿,最好的例子就是阅读障碍。这类天才学生通常要在长大以后,在别的情况下才能显示出其才华。有学习障碍的天才学生经常在学习上失败,被认为有学习障碍。然而,在有学习障碍的学生中,他们又显示出一定的才华。通常情况下大家都把注意力放到他们的问题上了,而没有看到他们的才华。但是在校外,这种学生对事物表现出强烈的兴趣,具有解决复杂问题的能力,非常具有创造性。正因为如此,这类学生在学校非常在意自己的问题,对学校的态度会变得越来越悲观和失望。

“学障资优生”的自我认识比普通学生和正常的天才学生都要低。如果对他们抱有天才学生的期望,他们会觉得有压力,觉得自己的学习障碍会妨碍自己的表现。有时他们还不能被同学所接纳(Barber和Mueller,2011)。

帮助“学障资优生”的几个原则:

- 关注其天赋的发展,同时对其学习障碍进行适当医治。一定要多多关注他们的才华,不要太在意其残障,这样才能增加他们的自信心,才更有可能得到好的发展结果。
- 鼓励使用代偿的方法。治疗可能会减轻他们的问题,但不可能完全根治。所以,对有拼写障碍的学生,应当鼓励他们多使用电脑的智能检查;对有写作障碍的学生应鼓励他们使用别的表达工具。
- 对有学习障碍的天才学生,要帮助他们认识自己的才华,同时也要认识自己的弱点。这样才能帮助他们在学习上以及将来的职业生涯中做出正确的选择。
- 有专家建议,对天才学生的强项加以区分并给予一定的挑战,同时用直接教学法发展他们的弱项(Winebrenner,2003)。

然而也有人指出加速学习的弊端,其中最重要的就是,天才儿童可能在学习方面比普通儿童有超前的发展,但在社会化方面却不一定。因此,把他们放到比自己大的同学中会让他们难以适应,这对他们的社会化非常不利。年龄大的同学也不喜欢比自己小但学习比自己超前的孩子,这让小同学难以在同伴中立足。有时候,孩子显露出的才华只是其发展暂时超前的表现,并不能确定他们就真是天才。加速学习对学校会造成管理方面的困难,特别是课程安排方面。

有证据显示,加速学习有利于天才学生。相关元数据分析证明,不管是哪种形式的加速学习,都会对天才学生的学习有利(Kulik,2004;Steenbergen-Hu和Moon,2011)。科兰杰罗等人(Colangelo等,2004)对大量研究进行的综合分析发现,加速学习可以促进天才学生取得更好的成绩。超前学习的学生往往表现出更大的野心,更愿意在以后攻读硕士以上学位。近年来还有许多相关的研究也得出了相似的积极结论(Reis和Renzulli,2010)。

有些研究还发现了加速学习的长远效果。澳大利亚对智力分数在160以上的天才儿童进行了长达20年的跟踪研究,发现曾经在学校跳过两级的天才儿童,和他们的对照组,即那些只跳过一级或是没有跳级的天才更能在职业上取得成功(表现为他们的工作都比较高级),并且对生活也更加满意(Gross,2006)。

并没有多少证据显示加速学习不利于天才儿童社会—情感方面的发展,不过不同的加速形式多少会造成一些不同的影响,这是理所当然的。如先修课程对天才儿童没有不利影响,而跳级却不一定,这要视天才儿童个体而定。有一项研究综述发现利弊都有,总的看来,跳级对天才学生没有什么影响,但是,仍然有少数学生会产生适应困难。这和挑选天才学生的方法有关系。那些只看重智力而忽略了情感是否成熟的方法挑选出来的天才往往会遭遇跳级的消极后果(Neihart,2007)。最近在荷兰进行了一项研究,把加速学习和没有加速学习的天才学生的自我认识和社会交往进行比较,发现没有多大差异(Hoogeveen等,2011)。但是,德国进行的一项研究,比较了提前一年进入初中和正常进入初中的学生,发现提前进入的学生在学习方面的自我认识更低,对学习更加焦虑。这个发现和自我认识的参照效应是一致的(即小池大鱼效应)(Becker等,2014)。

有学者提出在做出是否加速学习的决定前应该考虑以下因素:

• 要使用多种方法,包括能力测试和学习测试,对孩子的智力水平进行全方位的检测,在弄清孩子的智力能力以后再做决定。

• 要对孩子的社会—情感方面进行心理评估。孩子要是没有适应性方面的问题,并且有强烈的学习动机,那么这个孩子可以加速学习。

• 孩子和家长双方的态度都要考虑,要双方都愿意。

• 老师要有热情接收加速学习的孩子,并且愿意帮助孩子适应新的学习环境。

• 跳级最好自然进行,如在新学年开始。

• 必须给跳级的孩子一个实验期(如一到两个月)。实验期结束后,如果孩子不想跳级,可以回到原来的年级。

● 老师不应该对孩子的跳级表现出太多的期望，如果这样孩子就算没有成功跳级，也不会觉得自己就失败了。

● 跳级的孩子会错过一些学习内容，应该安排为他们补上这些内容。不过，老师一般都会复习所学的内容，而天才孩子又学得很快，所以这不是个大问题。

罗杰斯（Rogers，2007）建议最好按学科根据孩子的强项逐步加速。

思考题 12.2

先修课程和跳级是对天才学生的两个最佳解决方案，你认为它们各自的优势和劣势是什么？

研究要点 12.3

家长和天才儿童

做天才儿童的家长并非易事，这些孩子的兴趣和普通孩子不同，他们可能很小就开始不停地问各种问题。他们会挑战家长的权威，必须要给他们解释一些决定的原因，一句“我说的”还不能满足天才孩子。

早些给孩子进行阅读，为他们在文化方面提供更多的外部刺激，这对他们在智力和情感方面的发展大有裨益。应当鼓励孩子发展自己的兴趣，即使看似在他们的年龄是不可能的事情。让他们了解父母的兴趣也对他们有帮助。

天才在婴幼儿时期的睡眠时间比普通婴儿少，醒来的时候需要更多方面地刺激。这对父母来说相当辛苦，可能需要其他家庭成员的帮助（Silverman，1992）。家长应该尽量把天才儿童放到条件好的学校。

值得注意的是，家长都容易高估自己的孩子，所以，在让老师把自己的孩子当天才看待前，最好全面评估一下孩子各方面的指标。

总结

天才学生通常是指那些在标准智力测试上得分高于平均值的孩子，他们的得分大大高于自己的同学，被认为具有一定才华。天才可以是全方位的，也可是某个领域的，除了学习上的天才，还有其他如艺术、运动方面的天才。

天才学生在普通班级学习会觉得压力不够，他们会觉得学习无聊，对上学失去兴趣，这样反而让他们的学习表现不好。基于上述原因，我们提出了几种方案以满足天才学生的学习需求。

能力分组可以帮助提高好学生的成绩，但会不利于成绩差的学生。能力分组的另一种形式是集群分组，即把天才学生统一分到一个班，这个班仍然还有其他普通学生，因此这个班会是一个混合班。这样做的好处是天才孩子可以和其他天才孩子交往，老师也可以更好地满足他们的需要。

合作学习可以让天才孩子在小组中承担监控的角色，这样可以给他们更多动力，让他们更好地发挥自己的才能。这样做的弊端是天才学生可能会把持小组，造成其他人“搭便车”的可能。

还有一种形式就是调整课程。压缩课程就是去掉一些内容，而丰富课程就是添加一些有难度的内容。

加速学习就是让天才学生的课程进展快于普通学生。这个方法行之有效，不过要有一定条件，即必须保证学生不仅在学习上有足够准备，而且在社会—情感方面也要做好充分的准备，这样才能适应学习上的加速，此外，学生的家长和老师也要有足够的动力使天才学生的加速学习得以圆满完成。

复习题

1. 如何消除加速学习的不利影响？

2. 你认识一些被学校看成是天才的学生吗？你认为他们真是天才吗？或者仅仅是“聪明”而已，你是如何判断的？

3. 你愿意用什么办法来帮助你的天才学生？

4. 如何调整教材来适应你的天才学生？

5. 为什么天才学生的学习需求得不到满足就会成为问题学生？

6. 你觉得为天才学生提供特别的学习条件是否就是对其他普通学生的不公？

第13章 幼儿教育

本章要点

这章我们将讨论：

- 早教的重要性；
- 关于早教的不同观点及其研究结论；
- 如何在幼儿园让孩子做好上学的准备；
- 游戏的重要性,幼儿可以从游戏中学到什么；
- 家长如何参与孩子的早期教育。

引论

婴幼儿时期可能是我们一生最重要的发展时期。童年的经历从多方面影响一个人的发展。我们在第1章说过,大部分学习理论都认为,重要的认知能力发展都始于婴幼儿时期。早在入学之前,孩子就开始通过与父母和周围环境的互动进行学习。

由于社会背景的不同,孩子们的差距在这个时期就开始形成。哈特和里斯利(Hart和Risley,1995)曾做过一个出色的跟踪研究,他们发现,到48个月大的时候,专业人士的孩子从父母那里听到的词汇是低保父母讲给孩子的5倍,是工人家庭孩子的2倍。专业人士的孩子从父母那里得到的鼓励比批评多出56万次,工人家庭孩子得到的鼓励比批评多出10万次,低保家庭的孩子得到的批评反而比鼓励多出12.5万次。这意味着,不同社会背景家庭的孩子在自尊和能力方面的差距已经开始出现。如果没有外部干预,这些差距会随着时间越拉越大,直到孩子进入小学。

无疑,在孩子上小学之前就应当进行适当的教育,尤其对下层社会的孩子更要进行一定外部干预。因此,许多国家鼓励学前教育,在法国、比利时、北欧诸国等,学前教育已经普及。不过学前教育的形式应该是什么样的,这还是个问题。本章要讨论的正是这方面的问题。

关于婴幼儿教育，研究都说了什么

学前教育的影响

学前教育对孩子小学以后的学习成绩确实有积极的影响，这点已被研究所证实，有过学前教育的孩子在小学的表现比没有学前教育的孩子好。甚至有研究提出，学前教育最好始于3岁之前（许多国家的学前教育是从3岁开始的）。

研究发现，学前教育兼具长期效益和短期效益，比如，受过学前教育的孩子将来的学习成绩更好，极少有留级现象的发生，毕业率更高，同时，成年后犯罪率更低（Kagan 和 Hallmark，2001；Stipek 和 Ogawa，2000）。新西兰的研究发现，有至少三年学前教育经历的孩子，10岁时在能力测试中的得分高于同龄的其他同学（Wylie 和 Thompson，2003）。英格兰进行的大型EPPE（有效提供学前教育，见下）研究发现，和没有参加过学前教育的孩子相比，有过学前教育的孩子在认知能力方面的发展更好，学前教育越早进行，孩子的认知和社会—情感发展越好（Sylva 等，2004）。在美国，雷米等人（Ramey 等，2000）发现，来自高危家庭的非洲裔孩子如果接受过高质量的早期教育，其在21岁时还在继续接受教育的几率是没有接受过早教孩子的2倍。

越来越多的证据显示，孩子早期生长的环境是其以后成长的关键。各种研究综合表明，去过高质量早教中心的孩子在以后的学习成绩、师生关系、行为表现以及社交技能等方面都优于那些只去过低水准早教中心的孩子。高质量早教中心的标准是有效的领导、丰富的语言环境、表现敏锐的老师、以孩子为中心的家校联系、高学历的教师/护理、低师生配比和低教职工离职率等（Stipek 和 Ogawa，2000）。豪斯等（Howes 等，2008）研究发现，早教和孩子今后能否获得学术能力有关系，有过早教经历的孩子，当他们遇到有经验的高水准老师时，当他们和老师的关系亲近时，他们在学习方面的表现会更好。北爱尔兰的一个大型研究发现，良好的早教和孩子小学的语文和数学成绩有很大关系。有过良好早教经历的孩子小学毕业时语文获得5分（最好成绩）的概率是没有早教经历孩子的2.4倍，数学得5分的概率是3.4倍。

近来，人们在考查早教质量的长期效果时，开始用“儿童早期环境量表”（ECERS）之类的手段来考查早教机构的质量水准。他们从以下几方面来考查早教机构：

- 空间和设施（如房间的布置、可使用的资源及资源展示等）；
- 幼儿的日常护理（如健康、安全和睡眠等）；
- 语言和推理（如支持儿童交流、语言和识字方面的发展、审慎思维能力的培育等）；
- 活动（有良好的环境和资源来进行一些特殊的活动）；
- 交流互动（能监督、支持孩子之间的交流互动）；
- 课程结构（为孩子安排了合适的课程、活动等）；
- 为家长和职工提供良好的条件（如和家长的合作、教职工培训与发展等）。

ECERS-E是ECERS-R的加强版，它从四个方面对早教机构进行考查：

- 识字方面（为孩子书写、拼读的自然发展提供条件）；
- 数学方面（数字、推理）；
- 科学和环境方面（支持孩子对环境和物理世界进行创造性和批评性思维）；
- 多样性（满足孩子的个性化学习需求、尊重不同的文化、注重性别多样性）。

许多长效追踪研究项目都使用上述量表，其中最重要的一个研究就是EPPE项目。这是在英格兰进行的，针对3~7岁儿童开展的学前教育影响儿童发展的追踪研究。他们把英格兰按地理分为五个区域，每个区域都有城市和农村，然后在该五个区域中随机抽选出141所学前教育机构，对这些机构的结构和教学质量进行评估，同时对随机选出的儿童的发展进行评估（Hall等，2013）。该研究明确揭示了学前教育的重要性，表明学前教育机构的好坏不仅关系到儿童的认知发展水平，还和他们的社会/行为发展有关系。

此外，教师质量也关系到幼儿教育和社会发展的好坏。高素质的教师有利于儿童发展（Sylva等，2004）。高质量的学前教育甚至能减少社会背景不同带来的认知发展方面的差异，因此对贫困家庭的孩子尤其重要（Hall等，2013）。

德国也进行了一项早教质量对3~7岁儿童的数字能力的影响研究，发现学前教育，尤其是数学方面的教育对儿童的数字能力有持久影响，甚至到小学一年级结束时还可见其影响（Anders等，2013）。至于其他方面，学前教育对儿童阅读的影响小于数学，而家庭学习环境对阅读的影响更大些（Ebert等，2013）。

思考题13.1

霍尔等人（Hall等，2013）提出，早期教育对贫困家庭的孩子尤为重要，你认为这是为什么？

早教的正规和非正规形式

许多幼儿在从家庭到幼儿园进行过渡时都会面临一些困难。在对3 500名美国幼儿教师的调查中发现，几乎一半的孩子会有过渡方面的问题，他们不会听从老师的指示，在学习、独立做事、集体做事和交流方面都会有问题。而这些正是他们在学前教育阶段需要掌握的、要为小学学习做好准备的相关技能，因此，也正是学前教育的目的所在（Wylie，1998）。但是，是通过正规教学途径让幼儿掌握基本技能，还是通过非正规形式让幼儿通过和环境、成人以及其他幼儿的交流互动来学习，这是幼教专家争论的焦点。

在英国，最近几十年的幼教趋势显然是从玩耍和集体活动变为更为直接的基本技能教学，这是政府政策导向所至（Kwon，2002；Siraj-Blatchford，1999）。

重视基本技能学习有益于孩子将来的标准化考试成绩,因此,对那些很容易在这方面有所缺失的贫困家庭的孩子尤其重要。有许多有利证据显示,在幼儿园大班针对有阅读障碍的孩子,给他们开设每节课为30分钟的正规语音课程,这种做法很有效果。证据还显示,老师严格指导下的活动和老师作用相对较小的活动相比更容易使学生专心学习,不开小差(Rimm-Kaufman等,2005)。在数字能力方面,也有证据显示,在幼儿教育阶段就掌握数字能力的孩子,小学时的数学成绩比那些没有这方面经历的孩子好,这表明,幼儿阶段需要正规的数字方面的教育(Aubrey等,2006)。德国进行的一项追踪研究发现,幼儿阶段良好的数学教育,包括数数、识数、分类、配对和比较等方面的活动都和儿童的数学能力发展有关系。

不过也有人质疑,从长远来看,这是否就是对孩子最好的教育方式?已经有研究显示,这种教育可能会给幼儿造成太大的压力,使他们对学习失去兴趣。为了让孩子们做好学前准备,幼儿教育最好还是着重社会交往能力,培育孩子的学习兴趣,让他们为将来的学习做好相应的准备。有追踪研究显示,这种从以孩子为中心的教育模式(即发展适宜性实践)下出来的孩子将来的表现会更好(Miller和Bizzell,1983;Schweinhart和Weikart,1997)。研究发现,积极学习方式比单纯教学方式的效果好,且这些良好效果的影响力能持续到23岁。积极学习方式培育出来的孩子创造性思维得分较高(Hirsch-Pasek等,1990),且语言能力发展也更好(Marcon,1992)。总之,各种证据显示,幼儿教育最有效、最理想的方式应该是正规教学和各种学前准备相结合。德·汉等(De Haan等,2013)最近的研究发现,以教师为主导的、充满乐趣的学习活动会对幼儿的数学和阅读发展产生积极的效果。EPPE研究发现,有效的幼儿早期教育包括:教师直接指导,有利于学习的环境和"持续的共同思考"即幼儿在成人辅导下一起解决问题(Sylva等,2013)。

当然,无论是哪种早教方法,都应该避免浪费时间,把用于有益活动的时间最大化。这在很多早教机构都是个问题。荷兰的一项研究发现,早教机构在准备做活动时用于过渡、整理以及孩子等待的时间各有不同,这表明,早教机构的课堂管理是个突出问题(de Haan等,2013)。

在某些国家和地方,"学术"在幼儿教育中还没有普及,如在佛兰德斯地区(古地名,现今包含比利时、法国、荷兰等地),幼儿教育仍然只注重玩耍,数字和识字得等到小学才开始。在匈牙利,正式的数字和识字教育也是从小学才开始,幼儿园只注重学前准备,如学会听讲和专注等。不过匈牙利和佛兰德斯地区的小学是从6岁开始的。北欧诸国的幼儿教育也注重玩耍,鼓励幼儿在玩耍中学习和探索。

早期教育中的主动学习

研究显示,让幼儿与周边环境和其他人积极互动,而非被动充当各种信息的接受容器,这个时候的学习效果最好(Wood和Bennett,1999)。这就意味着早期教育应该高度互动,应该让幼儿探索他们周边的环境,应该让他们通过多种途径表现自己的学习,既可通过语言、书写,也可通过绘画、堆砌建造等(Katz,1999)。

早期教育既要使儿童对周边环境进行探索和发现,也要通过一些设计的活动来对他们进行一定的教育。教师应当注重让教学和儿童的日常生活相结合，应当为儿童提供多样化、易获取的各种学习资源。儿童喜欢模仿成人，因此，像削土豆、洗盘子、做饭之类的活动都可以开展。西拉杰-布拉奇福德（Siraj-Blatchford，1999）认为，有效的早期教育应当有三大要素：

（1）创造一个有利于孩子学习的环境：包括学习资料的组织，为孩子提供相关、有趣和新颖的经验，为他们提供积极探索的机会，给他们问问题的机会以及创造学生和学生、老师和学生之间能开展对话的条件，以发展孩子的语言能力。

（2）直接教学：包括演示、描述、回答问题，引导学生的注意力，建设性的批评和指导，适当的复习。

（3）构架：包括引起学生对新事物的注意，帮助他们进行一系列的活动，把任务拆分成几块孩子们能驾驭的小任务等等。

做好学前准备

许多研究认为，学前教育的主要目的还是为将来的学习做好准备。美国进行的一项跟踪研究（McClel等，2006）显示，学前教育是否准备充分关系到孩子整个小学的学习，也跟孩子以后的学习成绩有关系。学前教育应当掌握的技能有：

• 社交能力，如尊重他人、与他人合作，能用恰当的方式表达自己的感受，遵守规则，能坐下来专注某一项事情，能独立完成某些任务。

• 交际沟通能力，如能用恰当的方式寻求帮助，用语言表达思想和感情，回答封闭和开放式问题，参与课堂讨论，能引用别人的观点和经验。

• 和学习有关的行为能力，如课堂上不干扰别人学习，能控制自己的行为，能找到完成相关任务的资料，跟从老师的指示，通过一定的情景总结出一些技能，专心听讲，做出选择，能主动做作业，会尝试不同的解决问题的方法。

德国最近进行的一项研究（von Suchodoletz等，2009）发现，是否能在幼儿园获得上述能力与孩子小学的表现和成绩密切相关。

如何让孩子做好受教育的准备？关于这个问题，专家们有各种各样的建议，总结起来主要有以下几点：

（1）玩耍是早期教育的主要特征。玩耍很重要，能发展儿童的语言感受和表达能力，也能发展其综合规划、协商能力，以及解决问题和发现目标的能力（Bergen，2001）。教师应当为儿童提供一个在一起玩耍的环境，在这里他们能使用各种为发展他们学习能力而设计的玩具设施。教师也可和儿童一起玩耍，帮助他们在玩耍中学习。教师应确保所有的孩子都能参与到各种活动中，要为他们引入一些新概念、新场景，在玩耍中观察孩子，发现他们的问题，及时帮助他们克服。比如，在玩积木的时候，孩子们一般都会把积木堆起来，然后发现这样做的结果会坍塌。这时老师可以给他们讲解教室的墙壁是如何堆砌的，帮助他们把积木堆得更好更牢固（Edelman Borden，1997）。

(2)小短剧是另一种孩子们都乐于参与并富有教育意义的形式,它能发展孩子的语言表达能力。小短剧里面的对话和孩子们的日常对话有所区别,这也能帮助发展他们的思维能力(Hendy和Toon,2001)。

(3)小组和班级讨论也是被极力推荐的学前教育手段。具体可以这样做:先由老师引出一个观点或话题,然后让孩子们给出所有可能想出的答案、观点或是相关的词语。所有孩子都应当发言并聆听别的孩子发言。这种活动能帮助孩子发展倾听以及产生自己的思想观念、表达自己的思想、尊重别人思想的能力。老师可将主要观点写在黑板上。在这种讨论中老师的作用可大可小,关键看讨论的题目和目标。通常情况下,全班进行的讨论效果较好,因为这个年龄的孩子还不能进行没有老师指导的分组讨论。

(4)对物品进行分类。把教室里的东西按一定的标准,如颜色、形状或大小进行分类,这类活动能发展孩子的归纳和数学能力。老师应当让孩子解释他们分类的标准,让所有孩子都能理解所使用的分类标准。

(5)小组合作。分小组完成作业已被成功引入学前教育,并被发现能让小孩子甚至那些处境不好的孩子变得积极主动(Helm和Katz,2001)。为确保效果,必须让所有的孩子发挥作用,为完成小组作业出一份力。教师必须密切监控孩子之间的互动,为孩子们树立合作的榜样,及时纠正不利于合作的行为。这类活动能发展孩子合作学习、表达自己以及解决问题的能力。不过在幼儿阶段还不适合进行大型的小组活动。

(6)课程开始时,由老师引出一个话题(又叫“圆圈时间”)。这个话题可以是孩子们即将要做的或是正在做的一件事,如新学年开始时大家互相认识的游戏,或是对孩子们带到学校来的某样东西的讨论,或是唱歌,或是让孩子们分享最近的一次校外经历等等。这种活动能帮助孩子学习如何整理自己的思想,以一定的结构用语言表达自己的经历(如有开始、发展、结果的故事形式)。

有研究发现,如果孩子在6岁前还没有掌握一些必需的社交能力,以后他们将很难再发展出这方面的能力了(Katz,1997)。幼儿很容易产生行为方面的消极循环反应,即他们行为所产生的结果会反过来强化这种行为。因此,教师有必要采取一定的措施来消解这种消极循环反应,特别是要对所有孩子持乐观态度,对他们都要抱以期望,对害羞或是有社交功能缺陷的孩子尤其如此,要通过如角色扮演、小组活动这类手段来专门发展他们这方面的能力。

早教评估

和中小学教育一样,幼儿教育活动也应当和幼儿的能力相适应。这就是说,幼儿教师应当清楚每个孩子的能力。标准化考试不适合幼儿,他们在标准化考试上的表现每天都会不同,因而结果也是非常不可靠的。所以应使用其他手段来测试幼儿的发展状态。其中一个是对幼儿的行为进行系统性观察。例如在(高瞻课程,译者注)项目中,教师就使用一种儿童观察表,对幼儿每天的行为进步进行记录。另一种方式是幼儿生长档案的使用。档案中包含幼儿每年不同时期的成长记录,包括幼儿的绘画、教师笔记以及幼儿作业的照片等等。成长档案可以表现幼儿的成长轨迹,老师可以和孩子一起回顾这些资料,还可提出这样的问题:“如果是现在,你会怎么做?”这样可以帮助幼儿形成反思的习惯。成长档案应该放到孩子容易拿到的地方,这样才会产生效果。

思考题 13.2

观察法是对幼儿发展进行评估的一种方法。不过这种方法有它的缺陷,你认为这些缺陷是什么?怎么来克服这些缺陷?

幼儿从玩耍中学什么?

我们上面提到,许多国家的幼儿教育主要是玩耍的形式,但这并不就是说他们一点都不学习,下面的内容引自埃德尔曼·伯顿(Edelman Borden,1997),它说明了玩耍中也能学习:

许多玩耍活动需要和其他孩子进行语言交流,所以能帮助孩子发展社交、语言和合作能力,当然,这需要老师一定的指导。

户外活动,如跑动、挖掘、攀爬等能发展孩子的运动技能,包括手脚协调(如右手和左脚的协调使用),这些对其以后的书写和阅读是非常重要的。户外活动还可以让孩子学会适应周围的环境。

室内活动通常是老师精心设计的,它们通常有一定的结构和教育目的,因此孩子们可以从中学到很多东西。

堆积木可以锻炼孩子的小型动作,帮助他们学习一些数学概念,如高、宽、深、体积、面积和度量,也可以让他们懂得一些科学概念,如重力、稳定性、重量等。形状辨识、体积大小等也会出现在积木游戏中。

角色扮演,如装扮、烹饪、开小店等可以帮助孩子了解成人世界,发展他们的词汇量,还可使他们学会专注、用心和自我控制。例如要开一个“小店”,孩子们必须竖起“柜台”,邀请小朋友来购物,必须使用“收银机”,给物品打包,这些都可以发展孩子关于顺序的概念。

想象游戏能帮助孩子学习表达自己的情绪,发展他们的抽象思维,对发展孩子的创造力很重要。

字谜游戏需要幼儿进行一定的抽象思维才能为字块找到合适的地方,而把字块放到合适的地方又需要他们进行一定的身体运动。

使用操控性玩具,如乐高,可以发展幼儿的精细动作,有时也需要他们进行一定的抽象思维。这种玩耍可以发展幼儿的创造力,是对想象性游戏的一种创新。

和成人不同,幼儿眼里的整理是富有乐趣的活动。整理是一种很有教育意义的活动,当他们把积木、玩具放回原处的时候,他们其实是在学习对物品进行分类、配对和整理。

玩沙和玩水既能发展幼儿的数学能力,如分数概念,又能发展他们的精细化动作。

玩耍对发展幼儿的社会能力十分重要,有研究发现,让孩子更多地自主玩耍能减少他们的攻击行为(Broadhead,2009)。

研究要点13.1

家长的加入

许多成功的幼儿早期教育形式都离不开父母的参与,尤其在贫困地区。我们在上面曾经说过,家庭环境对儿童的成长具有强烈的影响。研究表明,能主动改善家庭学习环境、定期和学校老师直接联系、积极参与孩子教育的家长,其孩子在和老师同学的交往和学习中往往表现得更加积极主动(McWayne等,2004;Melhuish等,2013)。这就是说,学校和幼儿园的工作固然重要,但家长的主动参与对孩子的发展和教育更加重要(Hujala,2002;Talay-Ongan,2001)。

像美国的"启蒙计划"和英国的"安稳起步"等幼儿发展项目都采取了全面整体发展的模式,将家长、教师和健康专业人士都纳入计划中来。幼儿教育的成功来之不易,因此很多项目一开始都会为家长提供有关项目的各种信息,通常情况下年轻家长都会积极配合,无论是让他们去健康中心还是医院,他们都会乐而为之。一定要注意,给家长提供的信息不要有太多的专业术语,家长的参与最好灵活多变,让他们用自己适合的方式而不是强迫他们,这样的效果往往最好。

协助家长教育孩子,通过诸如鼓励家长帮助儿童阅读,鼓励他们通过语言帮助孩子回顾一天的经历,鼓励孩子说出自己的观点,对孩子的事情表现出极大的兴趣等等,这些对孩子的认知和社会能力发展都有好处(Talay-Ongan,2001)。

使家长及早参与孩子的教育还有一大好处,即家长会逐步适应这种参与,对孩子的教育形成一个良好的态度,为他们在将来继续更多地参与孩子的教育做好准备。

两种影响广泛的早教模式:高/宽教育和雷焦艾米利亚模式

高/宽教育模式

高/宽早教模式起源于美国,遵循主动学习原则,强调对真实世界的直接经验。该模式列出幼儿通过主动学习应当具备的58种关键经验,它们被分为10个类型:创造性表现、语言文字、积极的社会关系、运动、音乐、分类、顺序、数字、空间和时间。学校每天按照“计划—行动—回顾”的顺序来组织活动。孩子们先计划准备在一节课里做什么,然后实施该活动,最后对该活动进行再回顾。教师必须参与活动,和孩子互动,辅助孩子的学习和互动。学校的环境按照几种“兴趣”区域来设计划分,每个区域有一个主题,如积木区、艺术活动区等。所有教学用具和资料必须适合儿童独立使用。

高/宽模式不会直接把知识教给孩子,而是为他们提供环境和经验来帮助他们发展更广泛的能力,而这些能力是进入小学开始学习正规知识的基础。该模式通过为儿童提供一定的材料,从而使他们有相关的学习经验(标明的58种经验),如提供相关材料,让儿童学会数数等(High/Scope,2000)。

雷焦艾米利亚模式

另一种影响广泛的早教模式是意大利的雷焦艾米利亚(Reggio Emilia)地区采用的模式。该区的幼儿园都采用一种有一定主题的生成课程,这些课程的产生来自于老师和幼儿的互动,即老师记录下幼儿对某些话题的讨论,或是他们对老师问题的回答,对这些记录加以整理再形成课程。这就意味着,每年的课程会因孩子们的兴趣变化而有所不同。通常情况下,孩子们会连续几天甚至几周围绕一个主题进行一些活动,这些活动不一定是每天都做,但一定的间隔后一定会再做(Abbott和Nutbrown,2001;Siraj-Blatchford,1999)。该教育模式的重点是记录,这是帮助孩子学习的重要手段。它鼓励孩子通过绘画、书面形式或是亲自展示的形式表达自己的情感和经历。通过这些展示,家长有机会了解孩子在学校的学习情况,也使孩子有机会重新回顾自己的经历,让他们可以从不同的角度来看待自己和同学。这些展示还可以增强孩子的信心,提高他们的自信。这些记录也可使老师改进自己的工作(Edwards等,1993)。

这种早教模式必须具备丰富的资源,学校要雇得起专业老师,如住校艺术家、教育专家等。通常需要两个老师为一组合作教学。

总结

学前教育对孩子的发展非常重要,尤其对处于社会不利地位的孩子。所以,许多国家鼓励对孩子实行早期教育,有的国家早期教育实现率已达100%。

关于早期教育,有争议的一点在于早教内容,即早期教育是否该教给儿童一些基本技能，还是应当以玩耍为基础，以非正式的形式让孩子做好将来受教育的准备，至于数字、识字等还是等到以后再说。各种研究倾向于在知识、学前准备和玩耍之间取得某种平衡。有一些教学方法可以让孩子做好学前准备，如有目的的玩耍、班级或分组讨论、配对或小组作业、“圆圈时间”等。

早期教育的另一个问题是评估。标准化测试不适合早教评估，因此应该用其他方法代替，如观察孩子的行为、为孩子建立作业档案等。

近年来影响广泛的早教模式有美国的高/宽模式和意大利的雷焦艾米利亚模式。高/宽模式基于主动学习原则，强调对真实世界的直接经验。雷焦艾米利亚模式则基于师生互动产生的以一定主题生成的课程为主，该模式的基本特征是记录孩子的作业和表现。

复习题

1. 你认为孩子多大开始接受正规教育为益？为什么？
2. 怎样评估学前教育孩子的学习情况？
3. 你觉得在学前教育阶段是否应该更加重视玩耍？为什么？
4. 你觉得雷焦艾米利亚的学前教育模式能否在你的国家进行？
5你觉得怎么样的知识学习在学前教育阶段是合适而且必要的？
6. 学前教育应该让孩子具备哪些技能？
7. 能否想出一些教学方法，让孩子掌握上述学前准备的技能？

第14章　差异化教学

本章要点

这章我们要探讨的是：

- 什么是差异化教学；
- 各种对学生进行分类的手段的优劣；
- 如何降低安置的消极影响；
- 几种差异化教学手段；
- 如何在学校实施差异化教学。

引论

教学最富有争议的是如何处理班级中水平千差万别的学生。差异化教学通常的定义是按照学生的差异因材施教，使班级里所有的学生都能得到最好的学习机会（Bartlett，2016：5）。所谓差异化，本来是指我们要明白，我们所面对的学生是千差万别的，我们应当确保每个学生都能得以正常学习。这就带来一个问题，即什么使学生产生了差异，当然，原因是多种多样的。性格、家庭背景、性别、种族等都会使学生产生差异，但就学习来看，最大的差异是学生的学习能力和学习基础。和一些教育专家的观点相反，学习风格不会带来太大的学习差异，在我们的第1章已有所提及。从教学上看，学习能力和基础是区分学生学习好坏的主要因素，这就是我们这章要探讨的问题。我们将研究教育工作者如何对待学生的能力差异，在学生水平参差不齐的班级里如何进行差异化教学。

优选、分流和安置

优选

应对学生能力差异的传统方法就是对其进行筛选。一些国家的整个教育系统就是一个优选系统。这就意味着，到了特定的时候，学生必须参加国家考试来决定他们下一步进入什么样的学校学习。曾经在北爱尔兰和英格兰进行的，用于挑选进入文法学校学生的“11+考试”就是一个例子。有些学校不参加全国统一考试，而是自己出题或是通过面试来对学生进行测试筛选。

优选背后的原则是，每个学生应该接受最适合他们的教育，这不论对学生还是对社会都有好处。高水平的学生可以从精英学校获益，这里的课程和教学更富有挑战性。支持优选的人士认为，教育优选更公平，它能让劳动阶层和处于社会不利地位家庭的孩子有机会进入好学校，而不是那些表现平平的学生。那些来自劳动阶层而又上过精英学校，最后在职业上取得良好业绩的所谓成功人士的故事往往会被用来证明这种机制的公平性。

而反对者则提出各种理由，质疑优选，认为其不是解决学生差异性的最好办法。他们的第一个理由是，优选会浪费人才。在这个制度下，只有少数学生能进入“学术学校”，只有这种学校的学生才有可能进入更高一级的学校深造。此外，优选下的所谓教育公平也是有问题的。底层社会家庭的学生在全国统考中的表现其实很差，他们极少有机会进入所谓的精英学校。考试并不单纯代表能力，它还代表其他因素，如父母的支持。毫无疑问，在优选制度下，有能力雇家教、做各种应试准备的家庭条件良好的学生更有优势。不过有人建议用“裸考”来杜绝这些额外的家教辅导，但不知道是否真有这种考试存在。优选也有出错的时候，没有哪种优选结果会是100%正确（有人估计，每次优选的结果里都会有10%的误选，再加上10%的错误落选）。最后，对学生进行挑选是基于这样一种认识，即学生的“能力”是固定不变的，然而这种认识已经被大量研究证实是错误的（Gould，1996）。智力测试中，影响学生智力的主要因素是其接受的教育程度。

优选对学生成绩造成的效果一言难尽，但在教育公平方面的结果却是显而易见的。科埃等人（Coe等，2008）研究了英格兰文法学校（精英学校），发现这种学校的学生确实比普通综合学校（一般学校）的学生好，他们甚至把这种效应称作“文法学校效应”，但是他们认为应该谨慎解释这种现象。比起普通综合学校，文法学校的学生极少有享用政府免费午餐的，说明这里的学生不但学习好，其家庭背景也都不错。最近有研究显示，文法学校学区的小学毕业生中数学和英语得高分的学生（英语、数学全5分），只有40%贫困家庭的孩子继续就读文法学校，而那些富裕家庭的孩子却高达66%（Cribb等，2013）。其他研究的结果也大体如此：上得了文法学校的学生当然都是好的，而上不起的当然就是上不起。只有极少比例的穷人家孩子能上文法学校，这只会加剧社会不公（Sibieta，2016）。

有些欧洲国家，如德国和荷兰，其教育体系也是优选性质，即根据学生的能力决定他们是进入学术性学校还是职业学校。这样的结果和英国一样，对上精英学校的学生来说，这种优选的影响当然是积极的，越是优秀的学生，将来的人生成就越大。相反，对那些只能上次一级学校的学生来说，他们各方面的表现则会越来越差。从什么样的学校毕业通常和学生的社会家庭甚至种族背景紧密相关，通常是，贫困家庭、少数族裔的子弟很少能进入精英学校。优选进行得越早，学生接受的课程差异越大，那么学生的各方面表现和其社会背景的关系则越强（Schofield，2010；Woessmann和Hanushek，2005）。越来越多的证据显示，优选性质的教育系统只会增加社会不公。

按照马斯等人(Maaz等,2008)的说法,在中学时挑选不同的学生进入不同的学校、学习不同课程,这种做法只会加强社会经济背景和学生个人发展的联系。首先,一个学生能否上精英学校和他的社会背景很有关系,家长越具有教育优势,孩子越有进入精英学校的可能。其次,在中学进行能力分类更容易导致学生今后的发展差异。

思考题14.1

优选性质的教育体系越来越不公平,在这种制度下,更多的家境良好的学生被选入精英学校(如英国的文法学校)。然而,这种教育体制的支持者认为,综合教育体制下,其实学生也会根据自己的社会背景产生分化。你认为这种说法正确吗?如果这种说法成立,那么综合教育体制下学生又是如何产生分化的呢?

分流

解决学生差异性的第二种办法就是分流,这是在学校层面上,根据学生能力把他们放到不同班级的做法。这样做的好处是一个班级学生的水平相当,有利于确定课程难度水平,尽量让所有学生都可以经历成功。

但是,分流也会带来一些问题。首先,分流是基于这样的假设,即单看学生的现有智力水平就可判断他们各门功课的成绩。这个假设是和我们的研究结果背道而驰的。研究显示,各科成绩确实存在很大相关性,但是,这种相关性还没有高到只靠一个标准就可衡量的地步(Muijs,1998b)。和优选一样,分流的做法背后其实也是认为,学生的能力基本是固定不变的,这对各方面都在快速发育的青少年来说,显然是个值得商榷的看法。此外,和优选一样,分流的做法也是基于这样的认识,即能力是学生发展好坏的决定因素。尽管这种看法在西方的文化中根深蒂固,但在其他非西方文化里却并非如此,如一些东南亚文化则更强调后天努力。这种认为只要足够努力,每个人都会成功的信念正是上述国家教育成功的原因(Reynolds和Farrell,1996)。

有研究发现,被分流到次等班级的学生,他们的课程"简单"得没有一点新意,只限于简单操练,学生根本不用思考和理解(Hansell和Karweit,1983)。不幸的是,许多老师发现,当让那些所谓"低水平"学生面对高级课程时,他们往往会有令人惊喜的表现。因此从理论上讲,按学生的水平施教只能加大高低水平学生之间的差距,不能为每个学生提供丰富的、完整的课程,这反而造成了新的教育问题。

研究还发现,在同一所学校内,分流造成的影响和优选类似。例如,根据美国一项"早教跟踪研究"提供的大量数据,发现如果把学生、教师和家长等各因素都加以考虑的话,分流只有利于优生,对差生却是有害的(Fu和Mehta,2016)。还有证据显示,分流可能影响学生在社会—情感方面的适应能力。比如,瑞士的一个研究发现,中学第一年,被分流到次等班级的学生,在适应中学环境方面,比那些分流到高等班级的学生表现出的问题更多,他们往往有更多的反社会行为、经受更多压力(Muller和Hofmann,2016)。

和优选一样,无论其能力怎样,来自社会经济地位较差家庭的孩子和少数族裔孩子更易被分流到次等班级,这显然又会带来公平问题(Ireson等,2002;Secada,1992)。总之,分流看来不是一个解决学生差异性的有效途径。

安置

解决学生差异性的第三种办法是安置。和分流不同的是,安置是根据学生每科成绩将他们安置到不同的科目学习班。这样做解决了分流带来的诸多问题。在安置学生的时候,我们认为学生在不同科目学习上的表现是有所不同的,因此,根据其各科不同的能力,会出现一个学生有可能数学课在高级班上,而语文课可能在次一等的班上的现象。

但是,这种做法还是会有一些问题。如果一个学生的某个科目学习被安置到次等班,这很有可能会伤害到他对这个科目的自我认识。不过,如果这个学生的其他科目学习是在高级班,那他对学习的整体自我认识是不会受到伤害的。和分流一样,如果老师知道某个科目班都是由差生构成的,很难让他们看好这个科目班的学生。对学生也是如此。例如,在一个定性研究中专家发现,无论被安置到高级班还是低级班的拉丁裔学生都认为,高级班的学生比低级班的学生学习应该更加自觉,对他们的学习要求也应当更高。师生的这种期望效应很容易造成低级班学生的恶性循环。

此外,安置不利于差生向优生学习。但是,这些并不一定就说明学生不喜欢被安置到不同水平的科目班学习。优生特别喜欢在同学水平相差不大的环境下学习。有研究显示,其实这是大部分学生都喜欢的学习环境。

研究要点14.1

中学里的分流现象

对学生校内分流的研究首先出现在20世纪60年代的英格兰。当时的研究从人类学的角度,分析优选机制在两所学校产生的效应——一所学校招收的学生在11岁时通过了一定的IQ测试,而另一所学校的学生则没有通过这个IQ测试。根据论文的作者莱西(Lacey,1970)和哈格莱斯(Hargreaves,1967)的说法,两所学校的效果相似,即学生都产生了"分化"。

莱西(Lacey,1970)对男子文法学校(只招收在11+考试中成绩最好的学生)同伴关系的分析显示,到初二结束时,该学校的差生学生中产生了反学校的亚文化,无论是优生还是差生,都只和自己一个档次的同学交友,优生和差生之间产生了敌视态度。差生更喜欢校外的青少年亚文化,并比优生更想早点毕业离校。分化过程到第三年更加显著。那些既没有融入优生也没有融入差生队伍的学生变得更加孤立。在这种(精英)学校,没有过分的反学校行为,因为太过分的话会被学校开除。但在现代中学(招收11+考试成绩不那么理想的学生)情况就不一样了。在这类学校,差生群体的反学校行为更为激烈,并能发展成一群问题少年。这类学校学生的分流形式和文法学校一样,最好的学生注重学习、衣着整洁、不爱打架、上课不捣乱、不抄别人的作业。这类学生喜欢参加学校组织的各种活动,喜欢到公共图书馆。而处于末端的差生则觉得上学是浪费时间,喜欢打架、在课堂上捣乱。他们更喜欢去那些社会上的各类俱乐部,如台球室、搏击俱乐部等。这两类学生的出勤、迟到以及对学校的感情完全不同。这和莱西研究的文法学校一样,在交友方面,这类学校的优生和差生群体之间也存在明显的敌意。

另一方面,把学生的各科课程按水平安置到一起,可以方便教学,这样老师可以更好地控制课程难易程度。学生得以恰当安置,低水平学生不会因为听不懂而被落下,因而也不会对自己失去信心。而高水平的学生和其他高手同处一班,他们的课程会更有挑战性,因而他们也绝不会对课程感到乏味。一些边远地区的学校,往往采取混合班制,班上学生的水平更是参差不齐,因此,对学生进行恰当安置对他们来说尤其重要。

然而,安置并非十全十美。比如,麦金塞尔和艾尔森(MacIntyre和Ireson,2002)的一项研究发现,从标准考试成绩来看,高、中、低水平学生的成绩有大量相互交叉的现象。从安置对学生的成绩影响来看,各科表现不尽相同,结果并不明确。比如,大部分对数学成绩的研究显示,安置表现出的积极效应微乎其微(Askew和William,1995;Ireson等,2002;Leonard,2001)。然而对数据的进一步分析却发现,高水平学生在安置的班上表现更好,而低水平的学生却在混合班上表现更好,对中等学生来说则影响不大。就语文而言,对学生按水平进行安置则意义不大。最近有研究表明,安置对高水平学生的影响其实比看起来要复杂得多,他们之所以在同质化班级的表现比在混合班级好,是由于混合班级的风气不好。如果混合班级没有调皮捣蛋现象,整个班级运转良好,高水平学生也能在这种环境下有突出表现。而如果混合班的风气不好,尤其是大部分学生行为都不好,这种情况下,高水平学生的表现也会很差。在上述研究中,所谓高水平学生是按学习行为和人际关系两个标准认定的(Webb等,2001)。安置的关键问题和优选、分流一样,还是公平与否的问题。比如,英国进行的一项研究发现,出自社会经济地位低下家庭的孩子,无论表现如何,都更容易被安置到次一点的科目学习班级。换言之,即同样的表现,家庭条件不好的孩子比家庭条件良好的孩子更容易被安置到次等科目学习班级(Muijs和Dunne,2008)。这就说明,无论如何,安置都是一个难题,因而有人反对,也有人支持,因此,安置与否,我们应该具体问题具体分析。

如果要对学生实施安置,可以用一些措施来消除其带来的不利后果。首先,安置应该是灵活的,如果学生的学习表现发生了变化,有了进步,如有必要,应该对其重新安置。这也是告诫老师,学生的能力并非一成不变,这样做也可以防止一锤定音的安置,以免限制学生的自我发展。

另一个方法能避免教师期望效应,同时又能让班上不同水平的学生相互帮助,降低某个科目班级的成绩差异,这个方法就是使用“编码法”。该方法的使用是这样的:科目安置的学生按该科目的成绩(如标准化考试成绩)从高到低排序,然后按表14.1所示分班。

表14.1 设置使用编码方法

学生1(黄组)	学生6(黄组)	学生11(黄组)	学生16(红组)
学生2(黄组)	学生7(黄组)	学生12(红组)	学生17(蓝组)
学生3(黄组)	学生8(蓝组)	学生13(蓝组)	学生18(红组)
学生4(蓝组)	学生9(蓝组)	学生14(红组)	学生19(红组)
学生5(蓝组)	学生10(红组)	学生15(蓝组)	学生20(红组)
蓝组,红组,黄组			

这样做降低了每个科目安置班里学生的水平差异,每个班至少有一个学生的成绩比另一个班的最低成绩高。这样老师就不会认为这个班都是差生了。

课堂里的因材施教

除了全校范围对学生按水平进行科目安置,老师也可在班内根据学生的差异进行因材施教。下面是一些具体做法:

个性化学习

可以让学生根据自己的进度学习事先发下来的教学计划或练习题,完成以后继续下面的学习/练习。老师的作用就是在班级巡视,查看学生的学习情况,回答他们的问题。在英国一些地区进行过这种实验,可惜结果不如人意。我们在第2章中说过,大量研究显示,如果让学生有太多时间自学,他们的成绩表现会很糟糕(Brophy和Good,1986;Mortimore等,1988;Rosenshine,1979b)。主要原因是,这种个性化学习方式缺乏师生互动,甚至没有学生之间的互动(研究显示,这种让学生进行大量自学的教学方式,其师生互动比老师为主导的全班教学少很多),学生没有机会表达和阐述自己的观点和思想。此外,无论老师还是学生,都不可能在这种方法下建立学习构架。因此,这种教学方式通常是没有什么效果的。但是,在学生练习的时候尝试这种个性化教学方式,让不同的学生以不同的速度前进,也未尝不可(见后)。

班级分组

把班里的学生分成不同小组，给他们布置不同的作业，这也是解决学生差异的方法之一。

这个方法可消除个性化学习带来的弊端，因为老师要分别辅导各小组，所以会产生更多的师生互动和学生互动。然而，每个小组从事不同任务，这会增加课堂管理难度，因而会浪费不少教学时间。此外，老师和学生个体的互动仍然没有全班教学多，难怪莫特摩尔等人(Mortimore等，1988)发现，这种教学方式会降低学生学习成绩。但是做练习的时候分组还是有一定作用的。

教学资源分级

另一种应对学生差异的办法是不同的学生选择不同的教学资源。例如，关于都铎式(都铎王朝：1485~1603年，处于英国从封建主义向资本主义过渡时期，是英国君主专制历史上的黄金时期。译者注)建筑风格这一主题，对能力强的学生，教学资料在语言和概念方面可以稍微复杂点，而对差点的学生，给他们的资料在语言词汇方面可以简单一些。当然，这样会给老师带来不少麻烦，不过在信息通信技术和教师助理的帮助下应该不成问题。但是，如学生知道自己的学习资料比别人的简单，可能会使他们更看不起自己。此外，这样做不能确保所有学生真正理解学习内容。

学习速度分级

如果要顾及全班的教学进度，教师往往以中等水平学生为主。这就意味着，这个速度对好学生太慢(这也是为什么提倡分组安置的缘由)。为了确保给好学生足够多的学习挑战，不要让他们老是重复已经掌握的东西，可以给他们布置一些拓展性的作业。这和我们在第12章讨论过的对付天才学生的方法一样。然而另一方面，这个速度对差生来说又太快，因而有人建议可以给他们多些时间来完成作业。

作业答案分级

有专家建议根据作业答案来分级。这就意味着，所有作业不止一种答案，而是可以有多种答案。这个方法会有很多问题，如果承认不同水平的学生可以有不同答案，这样可能会使学生对一些概念产生错误理解和认识，从而加剧学生成绩的差异性。所有的学生都应当掌握关键的知识内容和基本概念。如果是让不同的学生通过不同路径达到相同的学习效果，这还说得过去。

教师辅导和问题分级

这是指教师为不同水平的学生提供不同的辅导和问题。这种分级是任何有效教学所必需的。这种情况要以老师为主，他们决定什么样的学生需要进一步讲解，需要给什么样的学生提什么样的问题，什么样的学生需要来自课堂助理的额外辅导等等。我们早在第3章就说过，这是优秀教师的基本素质。

学习测评分级

另有一个分级方法就是通过测评分级。这里的测评不是终结性测评，而是形成性测评，即所谓“以学习为目的的测评（AFL）”，是为了解学生的水平和需要，为使教学更有针对性而进行的。我们将在第17章详细讨论。

课程分级

还有一种分级形式就是提供多样化的课程。这是全校性的策略，学生有更大的课程选择自由，甚至有“个性化课程”。这样做的主要优势是学生可以选择自己最感兴趣最适合自己的课程。当然这样做也有一些不足之处，一些不被老师、家长或他们自己看好的学生会被引导选择一些简单的课程，这样的结果可能会加强教育不平等；而个性化课程对学校是一个挑战，它不仅要求教师个个都得是多面手，而且在时间安排上也会很复杂。信息技术会有所帮助，可以在线上开展一些主题性的个性化学习。

订制式教学

应对学生个体差异的最新方法是制订个性化的学习方案。有几个国家在特殊教育或是有学习障碍的学生身上使用了这种方法。这个方法要求老师针对学生制订出专门的学习方案，设定学生能够达到的目标并通过专门的教学方法帮助学生实现这些目标。这个方法又叫做订制式教学，即根据学生需求为其量身订制一套教学方案。按照詹金斯和基弗（Jenkins和Keefe，2002）的标准，订制式教学应具备以下要素：

- 教师应具备辅导和顾问双重作用——教师要辅导学生，师生至少每周见一次面，应制订每周或是更长的学习目标并随时监控目标的实施。学生和老师应该共同商量一个教学时间表。
- 教学应和学生的学习特点相适应——应该分析学生的学习特点并根据这些特点制订相应的学习方案。
- 平等的校园文化——鼓励师生的团队精神，学生通常一起学习，共同解决问题，而教师则负责计划、设计教学方案。
- 活跃的学习气氛——詹金斯和基弗（Jenkins和Keefe ，2002）专门以一所中学为例，该学校每门课都有一系列的学习指导，学生可以选择不同的学习活动来达到课程目标。开放的学习中心是该校的一大特色，在这里学生可以进行独立阅读或是围绕课程进行学习。
- 教学计划和速度的灵活性——需要时可以进行小组教学。每个学生的周计划由教师和学生商定。
- 准确真实的评估方式——定时进行评估（见17章），检测是在学生有所准备的情况下进行的。

阿斯伯里和普罗闵（Asbury和Plomin，2013）提出过类似的方法，但他们的方法是以学生的基因为基础。这显然是对传统学校的一大革命。根据詹金斯和基弗（2002）的说法，这种订制式教学可以让学生更努力，也会使学生学到更多知识。在一个人工的类实验研究中，经过订制式数学教学的学生在后来的考试中表现得确实比其他学生好。但是，这种订制式教学的效果虽然有趣，但目前还没有足够的证据来证明它的有效性，此外有几点我们必须加以注意：首先，这种方法需要大量的时间和精力，如果要在学生中普及，势必得增加目前的教师数量。其次，过于强调订制式教学会使那些没有太多课程选择的学生处于劣势，也可能会加剧期望效应的负面作用。最后，这种方法对那些缺乏学习动力的学生有什么作用，目前还是个未知数。

为了弄清学生喜欢哪种分类方式，有研究对他们进行过调查。其中在美国进行的一个研究发现，九种选择（进度、合作学习、主题选择、课程内容、评估、开放式活动、专门知识、师生关系和分享学习等）中，进度、主题选择和合作学习在学生中最受欢迎（Kanevski，2011）。

思考题 14.2

这章我们主要从学生能力的角度来对学生进行分类，还可从哪些角度来对学生进行分类？

总结

这章我们主要讨论如何处理学生的差异性。传统上，处理学生差异性问题就是对他们进行分类。

优选就是按学生的能力将其安排到不同学校学习。优选通常按学生在考试中的表现进行分类。这种方式会增强不同社会背景出生的学生之间的不平等。

分流是在校内根据学生的“能力”把他们安排到不同班级学习的方法。这种做法虽然给了更多学生机会，但和优选机制一样，也存在许多弊端。

最后一种分类方式是根据学生每科学习情况把他们安置到不同班级学习。这种方法虽然也有分流的弊端，但让学生在不同班级学习不同科目，这样更灵活。

有多种方式在同一个班级进行差异化教学。个性化学习让学生掌握自己的学习进度，教师只是提供一些必要的帮助，这个方法的效果并不好。另外还有一种方法就是对学生进行分组，给不同小组布置不同的作业。此外，还可以根据学生能力为他们提供不同的学习资源，高水平的学生可以进行一些拓展性学习，也可加快他们的学习进度。有专家建议从作业答案来进行分类，即布置给学生的作业不止一个正确答案。这就意味着，不同的学生有不同的教学内容，这显然成问题。教师对不同的学生进行不同程度的辅导，提出不同的学习问题，这是所有有效教学的关键。还有一个方式就是通过对学生的学习进行评估来对他们进行分类。从学校的角度来说，可以为学生提供更多的课程选择，通过课程选择来对学生进行分类。此外，还可以针对学生个体进行订制教学，不过这需要学校进行大量变革才能实施。

复习题

1. 你认为分流和优选的主要优势和弊端是什么？
2. 如何消除安置带来的消极作用？
3. 你们学校是如何对学生进行分类的？你觉得有效果吗？
4. 你觉得订制式教学可行吗？
5. 为什么个性化学习通常没有效果？
6. 你会对你的学生进行安置吗？如果会，你会在什么情况下进行？为什么？

第四部分

科目教学与评估

第15章 语文

本章要点

这章读者将看到：

- 儿童是如何学习阅读的；
- 阅读教学中的语音和全语教学法及其主要特征；
- 迄今为止规模最大的阅读教学研究及其成果；
- 两种使用广泛的阅读早期干预方法及其主要特征。

引论

阅读是孩子在学校掌握的主要技能，语言文字是其他学习的基础。无论儿童还是成人，如果不具备熟练的阅读能力，不仅在学校学习有困难，在生活的其他方面也很难有良好发挥(Basic Skills Agency，1997)。有人认为，随着信息技术的发展，我们将进入“后语文”社会，这显然过分夸张。大多数技术，虽然有些不是那么明显，但都是以语言文字为先决条件的。大量以语言为基础的信息技术的出现并非说明语文就不再重要了。

语文既然如此重要，那么围绕它产生的大量教学法和争论也就不足为怪了。这些教学法本书不能一一细说，因而只选择几个重要的来加以讨论。

阅读教学的主要方法

近年来，语文教育领域主要是语音教学和全语教学两个派别的争论。这个争论激烈得已经被称作“语文战争”了(尤其在美国)。在这章里，我们要讨论这两派各自的特点，然后，我们会讨论围绕这两派进行的各种研究以及得出的结论。此外，我们还要讨论另一个派别，即合作法。

研究要点 15.1

儿童如何学习阅读

首先我们要明白，阅读和口语不同，口语只要和他人有足够的互动就会自然发展起来，而阅读则不然。对大多数孩子来说，阅读需要专门学习，且应该早在入学之前、需要很长时间才能完成。越早接触语言文字对孩子这方面的发展越好。阅读能力的发展有赖于音素意识和拼写规则的掌握。音素意识就是要知道词语音节由最小的语音单位（音素）构成。掌握音素意识的困难在于，具体说话时，有些音素是听不见的，如 cat（猫）这个词是由 c/a/t 三个音素构成的，但 cat 的发音听起来像一个音。因此，孩子们需要明白，说出来的词语可以分成各种音素，字母和字母组合代表的就是这些音素，书面词语和口语在音素数量和顺序上是一致的（Adams，1990；Ehri，1987；Foorman 等，1996；Lyon，1999；Torgesen，1993）。拼写规则是指 26 个字母对应的音素，英语对应的是 44 个音素。这些规则需要熟练掌握，直到变成无意识，这样才能确保阅读的进行。

影响阅读理解的其他因素还有词汇量和背景知识等。

阅读出现的问题往往和家庭背景有关。上学后出现阅读障碍的孩子在家里接触语言的机会往往有限，他们往往出生贫穷，父母自己的阅读都成问题。因此，提高父母意识，使他们明白阅读的重要性，让他们在孩子的游戏中注重韵律，给孩子多读故事，进而过渡到一些写作活动，这些都很关键。大声跟孩子讲话可以帮助其发展词汇量、扩大知识面，对阅读能力的发展也很重要（Foorman 等，1996；Lyon，1999）。

语音教学法

语音教学法建立在认知心理学和对儿童阅读研究以及阅读障碍研究的基础之上。该方法认为，儿童学习阅读，首先应该弄懂语言的最小要素，然后再慢慢过渡到对语言的整体认识。语音教学法注重教给孩子声音—词语之间的联系，如英语里 44 个音素对应的 26 个字母。语音教学法又分为分析语音和合成语音两种具体的教学法。分析语音教学法首先让孩子学习一些包含常用音素的词语，如 pill（丸子）、park（公园）、和 pot（罐子）里的“p”。希望他们在学会这些词语的发音后，自己能发现其中的共同音素。接下来，让孩子学会辨识这些音素，如他们发 pan（平底锅）、bad（坏）、pop（冒出）时，能找出和上述词语相同的音素（即“p”），然后让孩子自己说出一些以“p”开头的词语。孩子掌握上述步骤以后，就要学会融会贯通，自己学习拼读新的单词，最终把这些技巧用于阅读，并且要学着阅读句子，不能只限于读词语。分析语音教学法教给孩子通过已有的词汇发音来学习新的词汇发音技巧，这样孩子不是孤立地学习词汇发音，而是在上下文中进行学习，它将看字读音按一定的顺序教给孩子，而不是等在课文中出现才涉及。

合成拼音教学法是交给孩子如何把字母转换成音素，再用这些音素合成词语。这要涉及词族的使用。我们知道，每个词都是由元音和辅音构成的，如果给它再加一个辅音就会构成一个新词。例如it这个词，如果分别加上“b、h、s”就可以变成bit、hit、sit等等。合成拼音教学法的基本原则就是，孩子一旦掌握了音素拼读原理及其和字母的关系后，就会使用这些知识去认识新的词语，这样就慢慢掌握了阅读。该方法通常从一个大家都认识的词入手，对其进行音素和读音方面的探索。利用词族，给它加上新的辅音使其产生新的词语和发音（没有意义的词语也可以，因为这些发音可能是其他更为复杂词语的一部分，孩子们将来可能会遇到）。词族可以是新词的开始、中间和末尾。此外，要让孩子们认识到音律原理，比如，有些词的结尾发音是一样的，要让他们知道结尾看起来一样的词发音一定是一样的。还有许多其他方法可以帮助老师进行语音教学。

思考题 15.1

有时候人们认为英语拼读特别困难。你认为其中的原因是什么？

全语教学法

语音教学法以阅读研究和认知心理学为基础，而全语教学法则不同，它是以儿童发展理论为基础的。全语教学法的提倡者认为，儿童是通过语言的实际使用，不断试验、纠错来学习听、说、读、写的。他们还认为，阅读应当是从整体到细节，从熟悉到不熟悉进行的，而不是相反的过程（Goodman和Goodman，1982）。语言是有很多功能的一个整体，因而最好的学习方法应该是整体学习而不是把它加以分割。从这个意义上说，阅读不是学习词语的读法，而是学习其在文中的意思。因此，阅读不应该是学习解码技能的专门课程，而是进行日常交流的自然活动。任何语音教学（全语教学也包括语音教学）都应该在上下文中进行，这样才有意义，而不是为语音而语音（Goodman和Goodman，1982；Tierney和Readence，2000）。

提倡全语教学的人认为，语音教学法从根本上误解了阅读的本质，阅读不是解码，而是理解（Davis，2013）。影响阅读能力发展的主要因素是孩子的内在动力，这就是说，培育孩子的阅读热情才是关键。

全语教学法本质上是以意义为基础的方法，它认为阅读就是寻找书面语言的意义。这可以从一个现象得到证实，即当儿童熟悉一本书时，他们就会读里面的词汇，而一旦离开了一定的上下文，他们就没了这一能力。这种阅读思想认为，聪明的读者往往是“跳读、略读和猜测”而不会逐字逐句去读一段文字。孩子的阅读动机和阅读热情应该通过让其阅读有趣的、纯正的文学作品而不是一些编撰的“基础读本”来培养。他们的识字技巧应该是在真正的阅读、书写和进入印刷材料丰富的教室环境中获得,应该让孩子自己发现,而不是通过老师的教导来学习阅读,从这个意义上讲,校外的学习应该和校内的学习一样重要。应当鼓励孩子既要默读也要朗读(Church,1994;Goodman和Goodman,1982;Weaver,1990)。

但是,全语教学法关于“略读和猜测”的技巧已经被眼球运动和大脑扫描方面的研究所否定。这些研究发现,熟练的阅读者事实上读得很认真,几乎是逐字逐句、一丝不苟的,他们同时还把印刷出来的字句转换成言语(Adams,1990)。全语教学的老师应该为学生提供一个充满语言刺激的环境来激发学生的阅读兴趣,如各种印刷品、艺术品装饰的教室、阅读区、文学圈、书写中心等,书籍分享(孩子们围绕一本超级大书,一起阅读、讨论等)也很重要。教师还应当鼓励孩子自己编故事,阅读纯正的文学作品 (Tierney和Readence,2000)。此外还有整体阅读教学法,即“纯正书籍”法,该方法重视通过阅读文学作品来学习阅读,而不是让孩子读那些所谓的基础读本。这个方法备受批评的地方在于,孩子有可能在上下文中遇到某个词语,也有可能很久都不会再遇到它,而基础读本就不会有这个问题,基础读本里面的词汇都是按一定的系统和规律来呈现给孩子的。

NICHD关于语音教学法的研究

大量有关阅读的研究都是由美国国家儿童健康和人类发展研究院(National Institute of Child Health和Human Development,NICHD)主持进行的。该机构从1965年开始,在北美、欧亚等地区的41个研究基地对儿童阅读发展进行了大量系统研究。几十年来,研究人员在NICHD的资助下,对35 000名儿童和成人进行了阅读方面的研究,其中包括有阅读障碍(三分之一)和没有阅读障碍的(三分之二),产生出一些阅读干预方法,自20世纪80年代以来,已涉及8 000多名儿童。

在上述研究基础上,人们还发现了一些重要的语文教学原则和方法。首先,无论在家里还是在学校,朗读都是孩子扩充词汇、提高语言表达力和感受力的有效方法(Lyon,1999)。

NICHD的研究还发现,系统培养孩子的音素意识,让其掌握一定的语音技能很重要,这种培养应一直进行,直到孩子能无意识地处理文字信息为止。教给孩子一定的阅读技巧是必要的,丰富的文字环境、阅读纯正的文学作品和孩子熟悉的材料等都有助于孩子阅读能力的发展。但上述研究也认为,纯正文学和丰富的语言环境并不能完全取代语音解码技能的学习(Lyon,1999;Moats,1996)。研究显示,根据上下文(词语所在的文本)猜测词义的准确率只有10%~20%,因此,里昂和卡穆伊努(Lyon和Kameenui,2000))认为,孩子的阅读能力是需要学习和培养的,其中包括的内容有:

- 音素意识(即构成词语的最小声音单位);

- 词语的声音—拼写关系;
- 词语的发音;
- 尽量使用已经掌握了声音—拼写关系的词语构成的课文;
- 使用有趣而纯正的故事来发展孩子的词汇量和语音理解力。

对有阅读障碍的儿童应尽早干预,这很关键,因为随着年龄的增长,阅读干预的强度和周期会呈指数增加。研究还显示,大多数教学法都能使大部分孩子掌握声音与词的关系,但仍然有30%~40%的儿童不能掌握这项技能,对这部分孩子必须进行直接的语音教学。

最近,在美国国会的要求下,NICHD综合了所有儿童阅读教学法上的研究成果,从100 000多项发表的研究报告中筛选出有严格科学标准的实验和类实验方法进行的各项研究,专家们认为,上述各种研究显示,系统学习和掌握音素、培养音素意识(即知道词语是由不同音素构成的,如go是由两个音素构成的)是很有必要的。

专家们指出,有显著的证据表明,语音教学从学前到6年级对孩子都有益处,对年纪大点儿的有阅读障碍的孩子也有益处。对大多数孩子而言,系统的语音学习有非常明显的效果,但对一些差点儿或是有学习障碍的孩子,合成语音教学更为有效。合成语音教学对处于社会劣势的孩子十分有效,它还能提高所有孩子的拼写能力(NICHD,2000)。

在老师、同学或其他成人指导下的朗读有助于提高孩子的阅读流畅性,这样做可以及时给他们进行反馈,纠正他们的读音、帮助他们认识新词,提高他们的阅读理解力。但默读是否也有上述作用还不清楚(NICHD,2000)。

专家们还综合了有关阅读理解方面的各种研究成果,尤其是词汇教学、文章理解以及阅读理解技巧方面的教学法等。他们认为,词汇教学可以是直接(除了专门的课文之外)和间接(当词语出现在特定的课文里时)的。不断地重复和多看有助于发展词汇量,信息技术在这方面可起到一定作用。词汇教学没有什么特别有效的方法,这就是说我们最好多种方法结合使用,这样可能更奏效。可以系统地教给学生各种阅读技巧和方法,帮助他们回顾阅读的信息、提出问题并对所读的信息加以总结(NICHD,2000)。

在那些语音教学法的研究基础上又衍生出一些新的研究。哈啼(Hattie,2009)曾对各种发表的元数据分析研究又进行了综合元数据分析,发表了一篇重要综述,她认为语音教学对阅读学习非常有用($d = 0.60$),而全语教学却几乎没有什么作用($d = 0.06$)。这个结论被英国的一篇研究论文所证实,该论文的作者声称,100个没有接受过语音教学的孩子中,只有50个能在测试中得50分或以上,而如果接受了系统语音教学,则有62个孩子能得50分或以上(Torgerson等,2006: 47)。语音教学法对贫困家庭和少数族裔家庭的孩子尤其有益。而其中的合成语音教学法在英语作为外语的教学中也十分有效。在海得拉巴德(译者注:印度)地区进行的一个类实验研究发现,接受过语音教学的贫困家庭的孩子,无论在拼写还是阅读方面的进步都远远大于那些没有接受语音教学的控制组的孩子(Dixon等,2011),最近在卡纳塔克邦(译者注:印度)的一项研究也得出了类似的结论(Nishanimut等,2013)。

有证据显示,合成语音教学法有特别好的效果。约翰斯顿和华生(Johnston和Watson,

2004)曾在苏格兰进行了一项重要研究,他们对比了两组学生的学习效果,一组用合成语音教学法,另一组用分析语音教学法,结果发现前者比后者有效得多。荷兰进行的一项研究也得出类似结论,当然,我们应当考虑到英语跟荷兰语的不同,荷兰语的拼写比英语还要拼音化(de Graaff等,2009)。也有人对语音教学法的长期效果进行过研究,有研究将10岁的男女生进行了分析,发现小时候接受过分析语音教学或合成语音教学的学生在识字、拼写和阅读理解方面的表现都好于其他学生(Johnston等,2012)。

上述研究结论都支持语音教学法,而支持全语教学法的研究证据还没有多少(Tierney和Readence,2000)。但是全语教学法的倡导者却不承认这些研究结论,他们认为这些研究使用的标准化测试缺乏有效性,认为语言评价应当注重学生自我评价、教师课堂观测、周期性的表现抽查以及对话记录等多种方式的结合(Church,1994)。显而易见,他们倡导的这些测试从根本上排斥了对学生的任何科学和客观评估(Tierney和Readence,2000),具有很大的主观性。

各种教学法的平衡使用

综上所述,语音教学对发展学生的阅读能力十分重要,尤其对那些来自社会底层和有阅读障碍的学生更为重要。音素意识和字母拼读都需要教给学生,让他们能应用自如。然而,语音只是阅读的一个因素,有效的阅读教学应当有五个基本要素——音素意识、语音、流畅性、词汇和理解等,其中每一项都很重要,缺一不可。因此,语音教学法最好和更广义的阅读教学相结合,当然,其中的语音学习最为关键(Buckingham等,2013)。同时,应当激发学生的阅读热情,让他们多读有趣的纯文学作品,发展他们根据上下文来理解阅读的能力。如果整节课都花在语音上,学生会觉得枯燥乏味,因此要尽量让他们阅读的材料生动有趣。不能把语音教学变成毫无意义的技巧操练,一旦孩子们内化了文字解码能力,就应当让他们接触真正的阅读材料。因此,阅读教学最好是纯正丰富的阅读材料、学习环境以及语音教学等三方面的结合统一。但是如果这样的话,语音教学就必须居于阅读教学之下,有人担心这种所谓的平衡会降低语音教学的重要性。

美国国家阅读专家组的数据分析表明,语音学习必须要有系统性,这样才会产生效果,同时,语音教学必须植根阅读教学,还应注重上下文理解和文化学习(Stuebing等,2008)。阅读教学必须因人而异,康纳等人(Connor等,2007)发现,多教语音对字母拼写差的学生很有帮助,而多教阅读理解则对词汇量差的学生有益。苏格兰进行的"想一想"阅读计划则是注重语音教学基础上的多种教学法结合。该计划分为三个方面:音素意识培养和语音教学(第一方面),语义提示系统(第二方面),用元认知策略来帮助学生掌握语言解码和理解能力(即元理解,第三方面)。通过随机对照发现,使用上述方法学习的学生明显比对照组学生表现得更出色。对照组学生使用的是苏格兰地区的常规教学方法,虽然该方法有语音教学,但它不成系统也不是重点,只占了课程的一小部分。研究结果显示,实验组的学生在阅读、拼写和阅读理解方面的表现都优于使用常规课程的学生(Ferguson等,2011)。

因此,最好使用包含五大阅读要素的综合阅读教学法,但是这并非意味着忽略系统的语音教学。这在实践中是极为常见的现象(Buckingham等,2013)。

早期干预计划

阅读能力对学习和生活都很重要,因此,不能让一个孩子在阅读方面落下。前面我们已经说过,对阅读有障碍的孩子一定要及早干预,这样他们才能在以后的各科学习中不至于落后,跟不上其他孩子。这种对阅读障碍进行的干预方案中,有两项影响甚广,它们就是“阅读恢复”和“人人成功”方案。

“阅读恢复”方案由新西兰的玛丽·克雷(Marie Clay)设计,该方案把语音教学法和全语教学法的环境完美结合起来。方案平均为期16周,经过特殊训练的老师和每个学生每天一起学习30分钟。学生会由易到难接触到各种书籍,还有小型写作课以及塑料字母供学生练习拼读。“阅读恢复”方案包括七个步骤:

(1)重读两三篇学生熟悉(但不能背诵的)的课文——这个阶段的重点是对课文的理解。

(2)连续记录下头天学习的新课文——老师观察学生阅读课文。

(3)用磁性字母练习字母辨认和组词。

(4)写一个故事,发展音素意识——学生写个故事,不会的字用语音标注。鼓励学生把词语分解成音素。

(5)让学生把上述故事分解开,如拆分成短语、词语、字母群和单个字母。

(6)阅读新书——给学生引入一本新书,这本书对他们不能太难,尽量不涉及新知识。

(7)在老师帮助下阅读上述新书(Clay,1993)。

总的来说,目前,“阅读恢复”方案主要在英语国家使用,但关于它的效果还没有定论。有些研究显示该方案有显著效果(D'Agostino和Murphy,2004;Potter,2007),最近在美国进行过一个大型评估,认为在该方案的干预下,学生的阅读能力有大幅度提高(May等,2015)。但是,另有研究,特别是那些极力反对该方案的学者则认为它的效果并不明显。该方案需要一对一教学,但仍有四分之一的学生并没有什么进步(Center等,1995;Geeke,1988;Haen,2000),这种高成本低效率也备受质疑。此外,也有证据显示,“阅读恢复”方案的效果只是短期的,两年过后,40%参与者的阅读水平仍然会大大低于他们的同学(Jesson和Limbrick,2014)。另一项研究也显示,大部分参与者的阅读水平最终会降低至大部分学生以下(Nicholas和Parkhill,2014)。

思考题 15.2

“阅读恢复”方案的效果备受争议，从本书的其他地方我们知道，这是教育干预方案评估的方法问题。你认为呢？

“人人成功”(success for all，SFA)是为生源不那么好的学校订制的阅读教学方案，该方案取得了巨大成功。和“阅读恢复”方案一样，SFA方案既注重课文的意义和纯正性，又对学生进行系统的语音教学，还要教给学生一些阅读技巧等。这个方案具体包括以下内容：

(1)受过培训的阅读辅导员给阅读水平低于平均水平的学生进行20分钟一次的一对一辅导。这些辅导员也会上一些阅读或语文课，这样可以增加语文课的师资，降低班级人数。辅导员要不断对学生的阅读水平进行评估。

(2)每天有90分钟的阅读课，课上学生按阅读能力分组(可能年龄不同)。在念故事的时候要用语音教学法。学龄前儿童一旦有能力进行初步阅读，就要求他们进行合作阅读和编故事活动。

(3)每八周对学生进行一次评估，阅读辅导员也要重新分配。

(4)有SFA方案的学校一般会提供全日制幼儿园和半日制学前班教育，这样学生可以接受和他们年龄相应的教育，还可以进行有关语言发展的各类活动。

(5)学校还为家长提供一定的支持，一起为孩子的教育而努力(Madden等，1993；Slavin，1993；Tierney和Readence，2000)。

“人人成功”方案受到来自各方面的评估，和对照的学校相比，被公认在提高学生阅读水平和整体学习成绩方面取得了巨大成功(Quint等，2014；Slavin，1995，1997；Wasik和Slavin，1993)。此外，在美国，专家们还发现该方案能缩小白人学生和黑人学生之间的学习差距(Madden，2006)。总之，“人人成功”方案的效果比“阅读恢复”方案更明显。但是，一些随机对照研究发现，SFA只有在小学低年级就开始进行的情况下才会奏效，如果从3~5年级才开始就已经晚了(Hanselman和Borman，2012)。

还有一些其他阅读干预方案，如美国北卡罗来纳州夏洛特市的“光明起航”方案，该方案有更多家长和社区参与，也取得了令人满意的效果(Smith等，2003)。此外还有其他一些成功的干预方案，结合了语音、阅读评估等，专门针对在阅读方面没有达到要求的学生个体(O’Connor等，2005)。

总结

阅读是儿童早期教育应当掌握的重要技能。

有许多阅读教学的方法，不过近年来争议最大的当属语音教学法和全语教学法。

语音教学法注重教给孩子44个音素(声音)和英语26个字母之间的对应关系。这是对语言进行解码的基础，语音教学法认为学习阅读最好的方法应该是从单个的词语理解再到语言的整体理解。这个方法受到各种阅读研究的支持。

全语教学法则注重对课文的整体理解。它认为阅读动机是最重要的，倡导使用纯正有趣的文学作品和丰富的阅读环境来鼓励学生阅读，这才是关键。根据全语教学的观点，没有必要专门教授语音，阅读应该是对课文整体的理解再到词语理解，根据上下文猜测词义、浏览等是阅读的基本技巧。

在过去三十年里，美国儿童健康与发展研究院进行了一系列阅读方面的研究，收集了可能是全世界最多的阅读研究成果。他们认为语音教学是重要的，但也不可忽视阅读理解技巧的学习。最近的研究证实，语音教学只能是阅读教学的一部分，阅读教学还应当包括其他，如流畅性、词汇、理解以及丰富的语音文字环境等。

复习题

1. 你认为全语教学法和平衡的阅读教学法是兼容的吗？
2. 为什么NICHD的研究认为语音教学法在阅读教学上是有效的？
3. NICHD的研究支持全语教学法吗？为什么？
4. “人人成功”阅读解决方案是平衡的阅读教学吗？为什么？
5. 为什么仍然有很多人反对语音教学法？

第16章 数学

本章要点

这章读者将看到：

- 关于儿童和青少年数学成绩的国际研究；
- 我们对少儿数学学习的认知；
- 儿童数学学习研究对数学教育的影响；
- 提高数学教学效率的其他因素；
- 东亚地区的数学教学方法。

引论

无论学生还是成人，通常都把数学看作所有学科中最难学的。这个问题在英国尤其突出，英国900万成年人的数学技能远远低于经济发展与合作组织（译者注：Organization for Economic Co-operation和Development，OECD）成员国平均水平。而就语文水平来说，英国成人起码达到了该组织的平均分（Kuczera等，2016）。美国成人的数学水平也好不到哪里。在学校，许多学生对数学不感兴趣，并且质疑为什么要花这么多的时间来学这门课。但是，各种研究却显示，数学在成年人的日常生活中十分重要。缺乏数字技能跟失业和低收入有关，甚至比跟没有读写技能的关系还要密切（Bynner和Parsons，1997）。数学比基本的算术更加重要，是发展学生逻辑思维和高级认知能力的主要载体，还在其他科学领域，如物理、工程和统计等起着重要作用。数学课作为一门学习科目会受到来自学校和班级风气的影响。老师和学校对学生数学成绩的影响远远大于对英语成绩的影响，例如，有一项对课程相关成绩数据的研究发现，把学生的家庭背景考虑在内，20%的数学成绩和学生上的哪所学校，甚至和数学老师是谁有关系（Opdenakker等，2002）。就数学教学的重要性和许多人面对这门科目学习的各种问题来看，有许多针对学生数学思维和学习的研究也就不足为奇了。这章我们将介绍一些这方面的研究发现和成果。

思考题 16.1

为什么英国人的数字能力低于他们的读写能力?

我们对儿童数学学习的认知

儿童是带着数学知识、技能和误解来学校的

早在上学以前,儿童就有一些数学活动,他们数数、分东西(如糖果之类的),还时常做一些简单的加减法。但是,这些学前的数学知识和数学学习并没有什么直接的关系,有些研究甚至不建议鼓励儿童使用这些非正规的数学知识(Anghileri,1995;Romberg和Kaput,1999)。比如,许多孩子上学前就会数数,但他们并不理解基数(认识数的绝对意义,比如知道4颗绿色糖果和4颗红色糖果具有相同的意义)概念。许多孩子在学前就已经会分东西了,对这个概念的掌握应该说还可以。有的孩子在学前阶段还会一些小数目的加减,不过研究还没有确认他们是否理解这两种算法是可以相互反转的。

数数、分东西、加减法是低年级数学的基本内容,因此这些早期知识对孩子在小学阶段的学习十分重要。孩子们在此基础上逐渐发展出他们的数学能力并加深他们对这些知识的理解。随着年龄的增长,他们会在校外的活动,如购物、看账单等方面继续积累数学方面的知识,这些校外的学习可以和书本知识很好地结合起来。这样学生就会明白数学和生活的联系,就会把书本知识应用到实际生活,这样他们就可以每天使用到所学的数学知识。

研究要点 16.1

国际数学与科学研究项目

国际教育协会曾在许多国家对儿童的数学表现开展过三次大规模测试研究。在20世纪60年代进行了第一次国际数学研究测试(First International Mathematics Study,FIMS),从20世纪80年代以来先后又进行了第二次国际数学研究测试(SIMS)和第三次国际数学研究测试(TIMSS),产生了大量研究数据,并对各国儿童的数学表现进行了比较研究。

政治家关注的是各国和地区在测试上的排名,新加坡、韩国和中国香港等东南亚地区的学生表现突出。美国和英国认为他们的学生表现特别差,其实这并不完全正确。这两个国家的学生得分表现尚可,属于中等。此外,这种全球排名淡化了学生在不同题型上的表现差异。如果看看具体题型上的表现,就会发现英美国家的学生其实在几何论证题上的得分是相当不错的,他们只是在基本算术技能方面表现差些。

在SIMS和TIMSS测试中，研究人员试图找出造成国家和地区之间以及国内（通常这种差距更大）学生之间数学成绩差距的原因。和学校有关的重要因素就是学生是否有接触各种数学学习的机会，比如学生是否有机会接触各种题型等。其他因素关系特定人群，如学生是否对数学有一定信念，是否处在一个对数学要求比较高的国家（Koller，2001）。

其他有关数学成绩的研究就是OECD赞助的PISA研究。这项研究也是对各国和地区进行排名，同时对这些国家和地区的数学教学过程有些有趣发现。PISA研究具有相当的影响力，许多国家和地区的政策制订都是依据它来的。就数学而言，东亚国家和地区，如新加坡、韩国等在PISA测试上又一次表现出色，西方教育工作者都纷纷效仿他们的做法。

学生从外获得的数学知识形成了他们的数学基础，但同时我们得记住，外在的知识可能也给了他们一些错误的数学概念，比如他们关于等号的概念就和等号的数学意义不完全一样（Thompson，1997）。这些错误概念需要引起老师的重视并及时进行纠正，因此，老师要知道并了解学生在数学概念方面的情况。

思考题16.2

学生入学前获得的数学知识对课堂教学意味着什么？

数学是逻辑的应用

儿童应当学会运用逻辑思维才能学好数学，这是千真万确的真理。不过，学什么都需要逻辑，不是吗？但是逻辑对数学学习尤为重要，即便是最基本的数数，也是建立在逻辑操作之上的。

其中孩子必须懂得的逻辑就是数的次序——即数字是由小到大递增的（3>2，2>1），此外，他还必须懂得如果3>2和2>1，那么3就应该大于1。他还要懂得，数东西（如一包糖果的数量）的时候，先数哪个没有区别，但每个东西只能数一次，复杂的数字问题更需要逻辑。这里引用皮亚杰的一个例子：两个小孩儿在花园做工，一个做了10小时，另一个做了4小时。他们一共挣了10英镑，应该如何分配这笔钱呢？一个孩子应该比另一个孩子分得多，这才会公平，这里不需要多复杂的数学，只要用数学里的分配问题就能解决。然而，皮亚杰认为，这里面其实隐藏着相当复杂的逻辑，得保证工作时间和钱的一致性。他认为这需要大脑第二层次的运算，即运算上的运算（De Bock等，2003）。

数学就是学会一套规则

然而数学并不仅仅是逻辑的应用，它还涉及一些规则的掌握和应用（如除法等），这些规则可以让我们更好地表达一些概念。在不同文化里可能表现的形式会有所不同，比如我们的十进制和度量衡系统就和其他国家不一样（最好的例子就是英制度量衡和公制度量衡）。当然度量衡的选择是任意的，但是，它们都是数学运算所需要的逻辑指南。公制度量系统和英制度量系统都是有次序的系统。

显然,儿童应当学会使用这些规则,并掌握数学背后的逻辑关系。在这个过程中他们可能会有一些问题。布莱恩特(Bryant,1994)认为,学习这些规则系统可以提高儿童的逻辑思维能力。他以我们的数集系统中的十进制为例,10个1为10,10个10为100,以此类推。基本数字系统是必不可少的,而进制则效率更高。如果儿童要按一定的次序学习所有的数字(如0、1、2,等等),如果没有进制,他们就得学很多,而由于记忆的限制,能学的数字肯定有限。但是在10进制中,孩子们只需记住1到10,所有的十位数(11、12、20、30,等等)、百位数、千位数都只需把那些数字加以组合就能得到,这样他们就会轻而易举地数到更大的数字。因此,只要掌握了基本数字规则就拥有了思维能力(Nunes和Bryant,1996)。

数学教学法

使用有效教学策略

提到数学学习,我们首先想到的是一般的学习原理。同理,要谈数学教学,我们也应当先看看一般的教学原理,这些内容可以参照第2章、第3章。

这里需要指出的是,我们的许多教学研究其实是以数学为基础的。许多美国的教学有效性研究都是以数学课为基础,许多时候我们说和学习成绩相关的行为,这里的成绩其实是指数学成绩。同样,一些国际性教学研究也是指直接教学法在一些学生数学表现良好国家的有效性研究(Miao等,2015;Wang和Lin,2005)。

被许多教学专家提倡的结构性教学其实和数学知识的结构性特征是一致的,结构性教学强调把学习内容分成小块,一块一块地循序渐进地学习和掌握,这样可以使学生克服对数学的恐惧,也可使他们对自己的数学能力有一个清醒的认识。然而这还不够,有证据显示,教师不但要具备数学知识,还要具备专门针对数学的教学技巧,这对学生的数学成绩非常重要。例如,有一项研究发现,除了老师的一般资质和经验之外,是否拥有把数学知识呈现给学生的技能和学生的数学成绩好坏密切相关(Hill等,2005)。

综上所述,要想学好数学,必须发展学生的理解力和解决问题的能力。此外,死记硬背也有必要,数学的基本公式、规则等要烂熟于心,变成自动的意识,比如乘法口诀等,只有这样才能把记忆空间腾出来进行其他运算或学习(Merttens,1996)。但是如果只知道死记硬背,学生就不能对所学的知识进行迁移。因此,教学内容要与生活密切联系,记忆和灵活使用相平衡,这才是数学教学的关键(Yetkin,2003)。

纠正错误概念

上面我们说过,孩子很容易对数学概念产生误解。所以,老师应当在一开始就对这些错误概念加以纠正,这是很重要的。

这就意味着,得让学生把他们的答案说清楚,无论对错,一定要说清楚答案是怎么得来的，其次就是要让他们知道正确答案。这在数学教学中是非常重要的步骤，因为有时即使答案碰巧是正确的，但解题的方法却不是最好最简单的（这种解题方法其实是不对的，会导致错误答案），有时甚至是错误的，因此老师一定要让学生知道解题的过程。

小学生经常犯的错误就是在学会一个规则后往往会过度使用这个规则，把它用在并不适合的情景。比如，他们学会了10乘以某个数直接在这个数后面加个零的规则，就会在所有情况下加个零，如在乘以小数的时候也这样（如 $5.6 \times 10 = 5.60$）。又比如，他们往往会认为乘法的结果总是变大而除法的结果总是变小，因而他们会根据自己判断的数字大小来决定用乘法还是除法。

上述这些错误概念和理解存在于大部分学生中间，消除这些误解可以很好地提高学生的数学成绩。有研究发现，让学生先犯错，再对这些错误进行分析，这样做的效果好于先告诉学生什么是错误的（Askew和William，1995）。对学生所犯的错误进行分析可以很好地发展他们的推理和解决问题的能力（Eggleton和Moldavan，2001）。

想要避免对概念的误解，从一开始就应该确保他们对这些概念有一个准确的认识。这样做不一定马上产生效果，因为在低年级的时候，一些概念或符号的定义，比如等号的定义，不一定十分准确，但已经足够让学生理解或解决那个阶段的数学问题。然而，到了更高阶段的学习，当他们需要明白这个符号的准确含义时，你会发现，想要消除他们已经内化了的不准确的概念是多么的困难。与其今后非常困难地纠正学生的错误理解还不如从一开始就对他们灌输正确的概念。此外，要让学生明白，一些规则在特定情况下不能用。如上面10乘以某个数后面"加零"的例子，就可以很好地让学生进行讨论，这既可以激发他们的学习兴趣，还可以促使他们认清自己的错误。

研究要点16.2

新加坡的数学教育

东亚学生在国际数学研究中的出色表现促使西方的教育专家和官员去学习这些国家的数学教学方法并把它们引入自己国家，以提高学生的数学成绩。因此，有人对东西方数学教学进行了对比，发现了一些差别。例如，苗先生等人（Miao等，2015）对中英两国的数学教师进行了对比研究，发现中国老师使用了更多的全班互动教学，较少使用个别或小组教学。此外，在教学的各方面，中国老师的得分都比英国老师高，包括讲课是否清晰明了，是否注重发展学生的元认知技能等等。

研究还发现，东亚的数学教学一般都是全班教学，对每一个专题都比较深入，和宽度比起来他们更注重学习的深度,喜欢用问题来鼓励学生进行更深入的探讨。

新加坡的教法在西方流行开来,所谓的“新加坡数学”在多个国家,包括英国的小学进行了试验,发展成“数学征服计划”,该计划得到英国教育部的有力支持,提供了4 100万英镑用于支持进入该计划的学校(BBC,2016)。

该计划采取新加坡的普遍做法,其中包括几个关键要素:

•强调学生完全掌握所教的学习内容——所谓完全掌握是指学生能从不同的角度看待一个问题,会使用数学语言,能灵活使用所学的数学概念并能举一反三。

•全班教学,全体学生的学习进度基本一致。

•对所有学生都高标准严要求。上述的全班教学能确保所有学生都能掌握所学内容,也能保证所有学生都能达标。

•通过内容而不是速度来对待不同的学生,即很快掌握教学内容的学生可以做些有一定难度的题,而不是加快他们的学习进度。

•扎扎实实教学,对某个主题要学就学透,不像西方数学教学那样浮光掠影,而是降低教学速度,确保每个学生都能真正理解并牢牢掌握所学的内容——这样做也可使老师不再“炒冷饭”,因为学生都已经完全掌握了所学的内容。

•鼓励并指导学生使用多种方法解答同样的问题。

•从具体到抽象引入概念——从真实世界入手,然后画出图表,最后抽象出算法或概念(Mathematics Mastery,2016)。

显而易见,新加坡数学教法符合许多有效教学的标准,如学好学透、全班教学,也符合本章提到的许多数学教学标准,这样看来,这种教法不但在新加坡在西方也有无限前景。

尽管我们还没有多少“数学征服计划”效果的最新数据,但我们有过一个最严格的评估研究,该研究对4 000名小学一年级学生进行了检测,并没有发现该项目对孩子们的数学成绩有什么突出影响(Vignoles等,2016)。还有其他一些受东亚教学法启示而进行的类似项目,如“数学激励”计划,该计划也学新加坡,采用从具体、图表到抽象(译者注:Concrete,Pictorial,Abstract ,CPA)的教学过程和全班教学方式,结合一系列教材,保证学生学好学透。对该项目的评估显示,经过两个学期学习的一年级学生取得的成绩好于对照组的学生,这个组只进行了一个学期的学习。效果从微小到中等都有,不过令人欣喜的是,这些效果都大于男女生之间的成绩差异(Hall等,2016)。可是,关键是新加坡学生的优异成绩仅仅是教学法的成果吗?东亚地区和英美有很大的文化差异,这也许是该地区学生数学成绩优异的原因。这里的人非常重视教育,家长会花大量时间辅导孩子学习,准备参加竞争激烈的国家高考。在新加坡,只要走进一家书店,你就会发现大量的帮助家长辅导孩子学习的各种教辅材料,这些辅导从小学就开始了。国际考试对英国的学校来说竞争性可能很强,但有证据显示在国外接受教育的中国学生数学仍然学得很好,例如,在英国中学留学的中国学生,数学成绩优异率的是英国学生的三倍(National Statistics,2007)。此外,我们在第18章会讲到,东亚国家的教师培训比西方国家做得好,这些培训可以帮助教师更有效地使用我们上述的那些数学教学方法。

数学要结合日常生活

数学对孩子们来说难学，很大的原因在于它的抽象性。通常情况下，他们很难看出所学的数学知识和日常生活的联系。这个问题可以通过尽可能使用日常案例，让学生灵活运用数学知识来解决。使用生活中的材料，如购物小票等可以加快这种联系并能产生一些非正规的数学知识。这些材料可以由学生带来学校，这样也可使他们更有参与感（Gravemeijer，1997）。

老师以一个实际问题开始，然后把这个实际问题转化成数学问题，再找出数学答案，最后再把这个数学答案变成实际问题的解决方案。这是经常被推荐的数学教学模式，显然这种教学模式很好地把数学和实际问题结合了起来（Askew和William，1995）。

老师给的例子一定要尽可能地和现实相联系，要用多种方式，如符号、图表，甚至实物来解释新的数学概念。这样，学生不仅能通过实物还能通过数学概念来思考。

不过老师一定要注意，一些实例可能会让孩子产生误解，尤其当这些实例不能完全表达所学的概念时。此外，数学符号在不同的情况下表达的意思可能略有不同，如果老师给出的实际例子太过有限，反而会不利于学生活学活用，把所学的数学知识用于其他场合。因此要尽量给他们提供不同类型的实例，要让他们明白不同场合要有一定的变通（Yetkin，2003）。

要注意的是，所谓使用实际生活的例子并不仅仅是指文字题，有些文字题其实非常不切实际，如波拉克（Pollack，1969）曾举的一个例子："两只蜜蜂可以在30分钟之内采集100朵蜀葵花上的花粉。假定每只蜜蜂每天工作8小时，一周工作5天，一个夏季有15周，那么请问这两只蜜蜂一个夏季能采集多少朵蜀葵花的花粉？"显然这道题和学生的实际生活没有半点关系，用这种例子根本不能帮助学生把数学用于实际生活，也不能帮助他们把课外积累的非正式数学知识和课堂上所学的知识联系起来。

当然上述例子可能太极端了，许多文字题看起来貌似跟实际生活有联系，但本质上和上述例子没什么差别。要想达到学习效果，一定要确保和学生的真实生活相联系。

教学生融会贯通

本章已经提到过，要教会学生把课程的各部分内容融会贯通，这样才能学好数学。教会学生融会贯通很重要，这也是数学成绩优异的国家如中国等亚洲国家的老师和美国等数学成绩较差国家的老师的差别（Wang和Lin，2005）。新学的知识要和已经学过的概念联系起来，课程的各部分也要相互联系起来。不能孤立学习数学概念，应该特别注意概念之间的关系。这样能帮助学生更好地记住所学的知识，也能更好地使他们理解数学知识的层次性。这就是说，老师自己应当先理解数学课程各个知识点之间的关系，并能在不同场合灵活使用数学知识，这对教师的专业知识要求非常高。这也和学生的学业表现有紧密联系（Mandeville和Liu，1997）。

总结

数学在学校教育中占有重要地位,因为我们的日常生活需要基本的数学知识,掌握逻辑思维技巧需要数学,其他科学领域也非常需要数学。

孩子们上学之前就已经具备一些简单的数学技能,如数数、简单加减法、次序等,这些都需要在学习中进一步加强。即使在低年级,数学也需要使用一些逻辑思维,如次序、各种系统如十进制等等。孩子们需要系统学习这些知识才能发展逻辑思维能力。

我们在2、3章里综合的许多有效教学研究成果其实大都是以数学科目为研究对象,因此这些成果和数学教学密不可分。此外,还有一些专门针对数学教学的建议。学生经常会对一些数学问题产生不正确的理解,这些错误理解会妨碍他们的数学学习。因此,需要对这些不正确的理解进行纠正,这是数学教学的一部分。数学的抽象性会对学生学习造成一定的困难,甚至会影响他们对数学的态度。这个问题可以通过尽量使数学内容生活化,强调数学与生活的关系来解决。最后,要让学生将所学的数学知识融会贯通,这点尤其重要。

近些年来,由于东亚学生在国际评估如TIMSS和PISA中的出色表现,该地区的数学教学方法越来越得到世界其他国家的重视。东亚的数学教学以全班教学为主,注重内容的深度而不是广度,强调熟练程度。以新加坡数学教学法为主的一些数学实验项目正在一些西欧国家进行。

复习题

1. 孩子们入学前拥有的数学知识对他们的课堂学习有益还是有害?如果有害,教师该如何处理?

2. 你认为我们提供的具体数学教学方法和第2、3章里的有效教学方法是相互抵触还是一致的?

3. 能否描述一些学生在数学学习中面临的具体问题并给出解决这些问题的建议吗?

4. 你认为孩子学习数学规则有多重要?

5. 数学教学应该注重理解还是注重基本技能的训练?

6. 你认为新加坡的数学教法在西方国家行得通吗?为什么?

第17章　学习评估

本章要点

这章读者会看到：

- 当今学校使用的主要评估形式；
- 标准化考试的主要特征；
- 教师出题考试的优劣；
- 其他常见的几种评估方式；
- 学习评估的重要性；
- 学习评估的主要特征。

引论

考试可能是教师最重要也可能是争议最大的工作内容之一，老师们往往花大量时间在考试上。这种太过注重考试的做法招致大量批评，有人甚至说还不如把考试的时间用到实际教学上。

国家问责制度更加剧了这一趋势。在有些情况下，教师甚至不得不全力以赴地准备一些必需的考试（Berends等，2001）。然而，下面我们会看到，评估测试，尤其是学生学习情况的评估测试是教师甚至整个教育系统的宝贵手段，通过测试可以了解学生的优势和缺陷，从而让教师更好地准备教学计划，也可以使学校和老师清楚学生的学习情况并对教学进行相应地调整。评估测试还可以使教师看清自己学生的水平和全国水平的差距。

什么是评估测试？

测试是指教师了解学生学习情况的所有手段，包括正规考试、小论文、家庭作业，也包括其他非正式手段，如观察或互动等（Arends，1998）。评估是指对学生学习情况的评判、估计和排名（Arends，1998；Scriven，1999）。在实践中，考试就是一种测试（收集某个学生的相关数据），而改卷子打分则是评估。

评估测试形式

有两种评估测试形式:形成性和总结性评估测试。形成性测试可让老师对学生的学习表现,如知识和技能的掌握有一个了解,以便更好地安排课程,或是采取一些补救措施改善学生的学习。这种考试还有一个重要作用就是让学生对自己的学习情况有一个了解,以便更好地学习。形成性测试对学生的学习有非常积极的作用(Black 和 Wiliam,1998;Hattie,2009)。总结性评估测试更有利于对教育质量进行系统化控制,了解学生是否达成某一科目某段时间的学习目标。当今使用最多的评估测试手段有三种:标准化考试、教师自主出题考试和其他测试手段,如课堂表现和学档记录等。

标准化考试

标准化考试是由专业测试机构(相对于教师)组织进行的考试,其结果具有相当的可靠性。比如美国的加州成就测试、TAAS(德克萨斯州学习技能评估测试,译者注)、荷兰教育评估研究所的学业成就测试等。

标准化考试由于其可靠性经常被学校、地方教育机关、各省乃至国家采纳。标准化考试涵盖各种科目,也可订制省级或全国考试。许多情况下,标准化考试的结果可用来评价学校和老师的教学,不过,这样做仍然会有一些问题,我们在19章将专门讲解。

常模参照和标准参照测试

标准化考试又分为常模参照和标准参照测试两种。常模参照测试主要是比较性质的,可对学生进行排名,通常是在全国范围内对学生的学习情况进行比较排名。这就是说,这类考试必须对学生进行甄别,只有使学生的分数足够多样化才能做到这点。通常情况下,除了学生的测试分(即原始成绩),这种测试还会给用户提供一个年龄标准分,这个标准分平均值为100,对应该年龄学生的平均分,这些平均分从最低70到最高130不等。为了使这种测试的结果更加可靠,测试的最初对象样本必须在该年龄群体中具有代表性(如荷兰境内所有小学四年级学生)。这就是说,样本必须包括一定比例的男女学生、来自不同学校的学生等等,总之要能代表该年龄段学生的各种特征。

标准参照测试不是用于比较学生,而是用来测试学生是否达到了某一个设定的标准,如是否掌握了某门功课要求的特定教学内容。这就意味着标准参照测试的考题内容必须比常模参照测试更具体,但这种考试不能用于甄别学生。例如,如果测试的目的是看学生是否掌握了大纲要求的某个教学内容,试题的设计就必须使所有掌握了该项内容的学生通过测试。好的标准参照测试可以采集到学生对大纲规定的许多教学内容的掌握情况,如数学里的三位数加法、心算等。

因此,在购买或设计某种测试服务的时候,一定要清楚自己的测试目的是什么,这很关键。一般来讲,如果是形成性考试,最好使用标准参照测试类型的试题,因为这种考试能让老师发现学生是否达到了某个教学目标。如果是总结性考试，特别是想要比较学生之间的学习情况，或是比较学校或是教师的好坏，那么常模参照性试题就比较适合这些情况。一定要分清这两种测试的不同目的，那种想一石双鸟的测试反而会导致不理想的结果。

无论是选择常模参照测试还是标准参照测试，一定要使用最新设计或更新过的试题(5年以内的)，因为无论是学生还是教学都在不断变化，这就是说，旧的试题可能不再适合新的学生。此外，课本和大纲也在变化，因此旧的测试标准也不再能够反映新的教学大纲要求。

成就和能力测试

标准化考试进一步还可分为成就考试和能力测试。成就考试测试的是某个时间段学生就某些科目某些学习内容的掌握情况。而能力测试涉及的范围更广，和教学大纲的关系也不是那么大。能力测试是用来指示知识在学生身上的表现情况，考查学生是否能完成学年内的学习目标(Macklem，1990)。因此，能力测试可以帮助老师对学生的学习进行分析诊断，找出他们的优势和不足，以便老师给学生(个体)设立学习目标。

标准化考试的优缺点

标准化考试的优势在于其高品质，其试题都是由相关学科的专家设计，考试的管理和评分都是按一定的标准实施。标准化考试还可在全国范围对学生进行比较排名，具有很高的可靠性和有效性。标准化考试中的多项选择题可以涵盖广泛的内容，可以很好地检测学生对大纲要求的内容的掌握情况。此外，标准化考试还可以提高学生对大纲知识学习的效果(Jurges等，2012；Sanders和Horn，1994，1995)。其缺点就是考试的内容和学生所学内容有可能有出入，再大型的考试都不可能把所有教学内容全部包括进去。和其他形式的考试比起来，标准化考试不能考查学生的思维过程。

研究要点17.1

计算机辅助考试

顾名思义，计算机辅助考试CAT(CAT：computer adaptive test，译者注)是指在计算机上通过互联网或是一些软件和光盘进行的考试。

计算机辅助考试基本上都是多项选择题，其优势在于(使用所谓的筛选题目)学生可以选择适合自己水平的试题。学生先回答一些基本问题，在他们回答的基础上，计算机可以给出一套难易合适的试题——这是纸质考试不能做到的。

计算机辅助考试还可以使出题机构不断更新试题，可以从庞大的试题库里随机选出一套难易相当的试题。这就意味着试题在不断变化，即使几场考试同时进行，也不用担心试题出现雷同、考试成绩不可靠的情况。此外,计算机辅助考试的成绩可以当场出来。

从技术层面上来看,计算机辅助考试还可以用试题反应模型来校正试题,确保试题难易程度的准确性。

计算机辅助考试越来越多地使用多媒体工具,出现了针对阅读缺陷学生的视听版试题或是针对视力缺陷学生的触摸版试题等。

教师自制考试

除了标准化考试,老师们还可以自己设计试卷来对学生进行测试,这种考试对大纲和学习进度更有针对性。和非计算机辅助的标准化考试比起来,教师自制考试可以经常进行,可以针对最近所学的内容;并不像计算机辅助的标准化考试那样因为涉及的内容太多和试题容易出现雷同而不能经常进行。

有效的教师自制考试

格兰伦(Gronlund,1991)给出了有效的教师自制考试的标准:

(1)试题应该最大限度地测试学生是否达到了所有的学习目标。

(2)好的试题应该涵盖所有形式的知识,如事实类知识、过程类知识和思维技巧等。

(3)不同类型的试题有不同的测试目的,因此,教师应当根据自己的目的选择使用开放性试题、多项选择题或是其他题型。

(4)试题应该有诊断功能,能反映学生的学习情况,老师应该和学生一起解决存在的问题。考试应和教学结合,这要比单纯给学生打分重要得多(Black 和 Wiliam,1999;Hattie,2009;Shute,2008)。考试结果的目的应当是提高学生学习而不是让学生之间相互攀比竞争。

如果考试能遵循上述标准,那么这种形成性考试就有利于学生,特别是对那些学习不好的学生。

试题类型

试题类型主要有两种,即封闭性的选择题和开放性的问答题,问答题往往需要学生写一个小型作文。这两类试题都有各自的优缺点。

选择题的优势是简单易改,答案都是客观的(只有一个正确答案),可以根据统计标准来变化问题,这样来决定试题难易程度。和开放性试题比起来,选择题容易回答,一张试卷可以出许多道选择题,因而可以涵盖很多学习内容。

选择题的缺点在于学生不能解释自己的思考过程,因而改卷的时候只能看结果而看不到答题的过程。此外,选择题容易造成学生猜答案的情况,不过这可以通过倒扣分来加以解决。

选择题虽然容易批改,但试题的准备却需要大量时间,因为要剔除模棱两可的问题,确保问题只有一个唯一答案。选择题的第一部分叫作题干，题干必须清晰明了，必须有充足的内容。多个(通常为三个)错误的答案是用来迷惑考生的。这些答案对学生来说必须看似正确，不能有明显的暗示，如比正确答案短小、不知所云、特别的语法结构等(Arends，1998；Borich，2000)。

还有其他类型的封闭性试题，如画线匹配题(外语测试里的词汇测试就是一个例子，要求学生把母语里的一些词语和外语的意思用线匹配起来，母语和外语的词语排列顺序是打乱的)；填空题，如“法国的首都是”。

开放性试题的优点是有空间允许学生解释自己的答案，因而对老师来说就具有诊断的效果，老师可以通过学生的回答过程发现他们的问题出在什么地方。开放性试题所能涵盖的内容和概念比选择题更为广泛。通常认为，选择题不能反映学生的答题过程，不能有高阶题目。其实这种认识并不全面，能涵盖许多学习内容(不只是事实类内容)的选择试题已经被开发出来了(Sanders和Horn，1995)，不过，问答题比选择题更能考查学生的高阶思维。

开放性试题的缺点就是改卷子费时，难以确保客观公正地给分。为了解决这些问题，必须要有详细的打分标准，必须列出答案的细节，分成几点、每点的分值等，这些是最基本的。批卷方式应该采用“盲改”，即试卷上没有学生姓名，只有学号，或是让考生把姓名写在试卷背面，这样，老师不知道卷子是谁的，可以提高分数的客观公正性。可是，教师对自己班里的学生一般都比较了解，可以认出他们的笔迹，这种情况下，可以让老师交叉改卷。最后，人们往往会把流畅漂亮的书写和该有的正确答案混淆起来，因此老师要确保不要把问答题变成作文题来考查学生，不能被一些学生答案的长度和漂亮的书写影响，这对其他学生是不公平的(Borich，2000；Sanders和Horn，1995)。

为了使问答题更为有效，试题必须清楚明了，要让学生明确需要回答什么。如果要考查学生的高阶思维能力，问答题应该不止考查学生对事实的记忆，最好有多种答案。批改这类试卷的时候，答题过程的分数应该多于结果上的分数(Badger和Thomas，1992)。

教师自制试题非常适合日常教学的评估，可以专门针对课堂上的教学内容，或是专门针对某个水平的学生。和大量专业人士花大量时间专门设计的标准化考试相比，教师自制试题的缺点就是难以保证试题的测试效果。此外，教师自制试题无法对学生进行全国比较。

其他评估方式

近年来，出现了其他一些旨在提供所谓更加“真实”的学生学习情况的评估方式。这里的“真实”是指在一个现实任务下测评学生的表现，而不是传统上的用试题来间接测评学生的潜在特质(Wiggins，1989)。这些类型的测评一般是在真实的课堂上进行的。

表现测评

表现测评的目的是直接评估学生的学习表现，而不是通过传统的考试。一个显著的例子就是体育课。许多情况下，体育课的测评就是由老师直接进行的。这种测评方式还可用于高阶认知过程的测评。用这种方式测评学生，需要教师设立一个具体的情景，然后对学生解决问题、与人合作、完成任务等方面的表现进行评估。这样做的优点在于教师可以直接观察学生的实际表现，而不是通过他们做试题的情况来考查。这样教师可以了解学生在考试条件下不会出现的一些行为或表现，因为考试的目的可能并不在于此，或者是考试时的紧张妨碍了学生的这些表现。例如考查学生使用外语对话或是进行某种实验就是这种情形。表现测评可以在日常课堂上轻而易举进行（Brualdi，1998；Moskal，2000）。

与平常对学生的观察不同，表现测评需要精心准备，且有一套严格的规程。在准备表现测评的时候，教师首先要设定测评目标，即学生的哪些成就，包括认知和情感方面。然后教师要提前设计一项任务，列出完成这项任务学生需要使用或表现出测评目标里的技能、行为或表现。任务可以是角色扮演、实验或是讨论。任务不一定要有一个"正确"结果，但应当有一定难度，应当使老师能测评出学生的多项技能。任务必须有充分的代表性，能使教师评估总结出学生的相关能力。大多数表现测评都是针对学生个体或小组的，如何把测评任务交给学生，应当有一个标准规程。

测评学生的表现，教师需要一套测评标准，包括所有需要测评的因素，如学生的态度、技能和认知过程等等。给学生进行测评反馈的时候，应当有一个对其表现进行清楚描述的清单，这对学生下一步的学习很重要（Borich，2000；Brualdi，1998；Elliott，1995；Moskal，2000；Roeber，1996）。

表现测评从本质上来看具有一定的主观性，这就意味着老师的偏心是不可避免的。然而，这种评估形式可以在真实情景中对学生的行为进行测评（比如学生的合作行为等），还可对他们的思维过程进行测评，这是普通考试不能做到的。因此这种评估方式具有巨大的潜力。准备和实施表现测评非常耗时，所以每次测评的任务是非常有限的。不过，评估测评对学生的评估深度有余但宽度却不足（Sanders 和 Horn，1995）。

学档测评

表现测评体现的是学生某个特定时间的表现，而学档测评则通过收集整理学生在相对较长时期内的学习情况并对其加以评估。收集的资料除了他们完成的小论文、练习以及其他学习资料，还应当包括他们的草稿、初步想法以及能体现他们如何得出一些结论的思维过程。和表现测评一样，首先学档测评的目标、内容等必须有详细的标准，必须对全体学生一致。

学档的内容要和学习目标一致，教师必须使学生有能力完成学档规定的内容。教师必须对规定的学档内容，包括学生的每一次作业情况、最终结果等设立一个评价标准，并给出好、中、差的评价。最后，还要对这些成绩进行综合，进行必要的加分、平均或是加重某方面的权重（如最终答案、答题过程的比重高于草稿、拼写等）（Borich，1996）。

学档测评的优势在于，不仅能体现学生的思维过程，还能体现他们一学年的学习发展情况。缺点在于加大了师生的工作量。如何使这种测评结果可靠，必须要求学生有很高的学习自觉性，这些都是这种测评形式容易出现的问题。和表现测评一样，这种测评也会出现教师偏心的情况(Madaus和O'Dwyer，1999；Sanders和Horn，1995)。

思考题17.1

我们这章讨论的各种评估方式，无论传统还是新型的，都认为首先要设立评估标准。你认为这必要吗？

研究要点17.2

信息化学校

在考查大量的评估测试时我们发现，可供学校使用的数据少得可怜。所以，如果学校都变得更为信息化，如果学校、管理部门在决策时多多使用学生的各种数据，那该多好。

如果各种测试的数据，从教师自制测验到标准化考试以及其他学业成就考试的数据能集中储存起来、便于使用，那么教师、学校领导和教育部门就可以马上采集有关学生的信息，发现他们存在的问题。教师可以知道某个学生是否在其他科目上也有问题、根据学生的阅读测试成绩知道他是否有阅读障碍、是否在以前的学校或班级表现良好、在能力测试上是否得了高分、通过态度测试的结果了解他们是否有自信问题、是否对学校有归属感等。这些都有利于教师分析学生的问题。

从学校层面来看，这些数据可以用来对学生进行分级，通过他们的能力测试分数可以分析他们是否发挥了最大潜力、能否发现有阅读障碍的学生、能否发现不同问题的学生(如少数族裔学生)等。这些数据还可以和其他信息系统结合，用来分析各个教育部门或学科教学的情况。

为了达成这些目标，学校应当利用这些数据，教师也应当有使用管理这些数据的相关培训。如今数据管理系统得到广泛使用，政府和管理机构常常能为学校提供分析过的有关学生的各种信息，因此，数据使用将不成问题。而如何培训教师使用这些数据才是个问题，对此我们在下一章会专门讨论。

学习测评

学习测评这一概念来自英国，指那些能直接提高学生学习成绩的各种评估测试。这些测试主要包括用来提高学生成绩的课堂测评。这种测评的理论基础认为学生只有明白了学习目标、自己和目标的距离以及如何达成目标(或是缩小和目标的距离)等才能在学习上取得进步(QCDA,2009)。该理论发端于布莱克和威廉(Black和Wiliam,1998)的“黑匣子”理论研究。该研究的关键成果是发现形成性测评对学生学习有非常积极的影响,尤其是对学生进行反馈后,这种效果更好。除了布莱克和威廉的研究,也有其他证据可以显示测试反馈对学生的学习和成绩提高有关键作用。舒特(Shute,2008)和哈蒂(Hattie,2009)在其论文综述中分别发现,测试反馈是提高学生成绩的主要因素之一,影响效果非常大。舒特还指出并不是所有的反馈都会产生影响,只有某些类型的反馈才起作用。反馈需集中在需要学生改进的要点上,反馈应当尽快进行。

有助于提高学生学习表现的反馈需具备以下特征:

(1)书面反馈——除了给出分数,老师还应该对学生的作业进行书面评价,尤其要讲清楚学生应该具体做什么来改进学习,这对提高学生成绩尤其重要。有专家建议不必给学生打分,直接给出书面建议和评价即可。

(2)要考虑反馈的时间——有实验显示,需要花一定时间的任务可以促使学生仔细思考,这种思考可以让学生学到更多。当学生还没来得及自己思考问题就进行反馈的时候,学生是学不到什么的。

(3)用布莱克和威廉(Black和Wiliam,1999)所谓的“构架式反馈”——学生遇到困难时只需给出他们需要的帮助,其余的让他们自己思考,这样的效果好于把全部答案告诉他们,然后再重新给他们一道题。

(4)培养学生自我评估能力——这能使他们变得更加自律,使学习更加有效。要让学生做到这点,必须具备以下四个条件:

- 给他们明确的目标;
- 让他们清楚自己离目标还有多远;
- 让他们知道如何缩小自己和目标的差距;
- 同学互评:学生相互评价作业也是培养学生自我评价的一个方法,该方法应在学校得到非常广泛的使用。

学习测评应当成为教学的中心,这样才会达到应有的效果。首先,师生都应明确学习目标,尤其是学生,必须做到对某节课或某些课程的目标心中有数。要做到这些,可以在设立教学目标时把学生包括进来。其次,应让学生清楚(不仅仅是老师)测评标准是什么,必须跟他们沟通交流,确保他们知道这些标准。学生要明白某个测评的具体目的是什么,评分标准是什么。最后,也是最关键的,对学生的测评结果进行恰当反馈。根据资格与课程发展局(译者注:QCDA,即qualifications和curriculum development agency,2009)的建议,教师在对学生进行测评反馈时应当做到:

- 指出学生的优势和长处,并给出如何发展长处的建议;
- 清楚学生的弱项,并能就如何改进这些给出建设性意见;

• 给学生改进的机会。

学习测评可以有效消除传统考试评估的消极影响,如焦虑和自我信心不足等。因为这种测评的主要目的是比较学生的今天和昨天,因而减少了学生之间相互比较的许多弊端。此外,如果测评成为学习的日常经验,目的是帮助学生学习,那么传统考试带来的成绩焦虑就会消除。

当然,学习测评和其他教学手段一样,并非对所有学生都起作用,也并非没有缺陷。这可能是因为大家都在进行学习测评,但具体的实施可能千差万别(Bennett,2011)。学习测评要达到应有的效果,必须满足两个条件:

(1)必须给出学生提高学习的建议;

(2)学生必须使用老师提供的学习材料,听取老师给出的建议,如有必要,必须寻求老师的帮助或是和同学一起(Wiliam,2011)。

要实施学习测评,有时候要改变学校甚至整个教育系统的做法,特别是传统上把测评看作是选拔或是分流能力高低学生、把他们放到不同类型学校甚至不同高校的手段。

另一方面,有关方面必须认识到,学习测评是教学的过程,而不是一个评估学生的方法。

下面我们会看到,学习测评是课堂日常的一部分,包括讨论、问题等,这些特征使其概念远远大于其他学习评估形式(Swaffield,2011)。

学习测评的要素有:

• 使用有效的问题形式;
• 对测评进行反馈;
• 让学生也清楚教学目标;
• 同学互评和自我测评;
• 用测评结果来对学习进行规划。

下面我们会逐个加以讨论。

思考题 17.2

尽管学习测评得到研究者和教师的高度赞扬和支持,但仍免不了一些批评。你能想出一些学习测评的缺点吗?

使用有效的问题形式

有效使用问题形式是学习测评的要素之一,不过鉴于我们已在第3章专门讨论过,这里就不赘述了。不过,我们发现,使用高阶问题尤其能促进学生对学习内容的理解。许多情况下,紧随学习任务之后,老师应当针对学习情况马上提出问题,问题应当引发学生思考。麦克勒姆(McCallum,2002)建议在教学中应按照“观察、等待、倾听和问题”的顺序进行,特别是要把学生分成小组,这样更利于观察。

对测评进行反馈

学习测评的另一要素是对测评进行反馈。如上所述,布莱克和威廉(Black和Wiliam,1998)的研究发现,对测评进行书面反馈的结果远远优于简单的打分。反馈应当包括如何让学生改进学习的具体建议,而不是一个简单的问题答案;应当是根据学生现有的知识水平和学习状况为其搭建的知识"构架",可以让学生自己动脑筋找出正确答案。应当鼓励学生寻找多个解题方法,应当在他们解题的不同阶段给出适当的反馈。反馈还应当使学生清楚自己在某个特定知识或任务中所处的位置、努力的方向以及如何缩小自己和学习目标的差距,最终达成目标。

反馈应当比较学生的今天和昨天,而不是让学生相互攀比,只有这样才能让他们认清自己的学习,建立适合自己的学习目标。这是书面反馈的另一优势。

让学生也清楚教学目标

本书第一部分曾讨论过直接教学法,我们认为让学生理解课程目的十分重要。我们曾建议教师最好在上新课前把课程目标挂出来并给学生讲清楚。现在把上述情况和我们正探讨的学习测评结合起来看,学生不但要清楚课程的目标,还应当清楚自己要在接下来的一系列课程活动中做什么、学到什么。关键是要让学生理解学习的目标是什么,在某项特定任务中"优秀"应当是什么样子(Swaffield,2011)。跟学生明确学习内容和测评标准有利于提高学生的学习效果(Hanover Research,2014)。

同学互评和自我测评

同学互评是指学生之间互相测评学习成果。这个做法非常有利于学生对自己的学习进行反思,分小组进行效果尤佳。把测评标准告知学生,让他们用这些标准去测评其他同学的作业,当然事先要教会他们如何给出正规的建设性反馈。

自我测评对学生的学习反思尤为有效。有证据显示,自我测评和学习提高之间有直接的关系。让学生根据给出的标准评价自己的作业能帮助他们对自己的学习进行反思,发展他们的元认知技能。这要求评价标准必须明确,学生易于理解,当然还要对学生进行一些相关的培训。

为此,麦克科勒姆(McCallum,2002)给出如下建议,在课堂上老师应当:

- 明确什么是自我测评;
- 解释"学习目标";
- 讲解不同的测评技巧,强调其可以如何帮助学习;
- 告诉学生这种自我测评将是课堂的一部分;
- 让学生明白,他们自己的评价和老师的评价会是一种交流,而这种交流是师生共同为提高学生学习成绩寻找方法的有效途径。

此外还有一个方法可以培养和发展学生的学习技巧,那就是让他们分别看看其他学生的作业，无论是达标还是不达标的。多看看不同的答案可以让学生了解同样的问题可以有哪些解决方法，让他们认识自己在哪些地方还需要改进加强。

直接教学法最后的全班评讲环节可以用来对一堂课所学到的知识进行反思。克拉克（Clarbe，1998～2000）建议，老师在这个环节可以用一张自我评估问题表来激发学生的反思。

用测评结果来对学习进行规划

学习测评不仅关乎学生，也关乎老师。老师应当利用学习测评来规划课程，发现存在的问题，重复难点，使之更加适合学生。这就是说，其实学习测评比课程计划对教学更具有指导意义，学习测评能发现学生存在的问题，教师必须在教学中针对这些问题找到解决方案。

根据麦克科勒姆（McCallum，2002）的意见，这就意味着，形成性测评如要发挥作用，那么在安排课程计划时，就必须考虑学生在测评中的表现。要做到这点，必须在每个教学单元开始时对学生进行一个测评，这样接下来无论教学还是练习才能适合学生的水平。必须经常定时进行学习测评，教学必须根据测评结果加以适当修正。

从学习测评教师可以看到根据学生需求而制订的教学计划进展如何，这样就能帮助教师进行个性化教学。建立个人学习目标的关键是，一方面要有理想，要能让学生发挥出最大潜能，另一方面也要现实，因此要建立在测评结果的基础上。学习目标要包括长远的学期目标，同时也要有短期目标。应有一套追踪学生学习情况的系统，这十分重要。英国教育部提出一套有效追踪系统应该具备的特征：

- 追踪学生个人学习情况的同时，也要关注其他同学或某一特定的学生群体，使用一系列学习测评手段，包括教师定期评估和考试成绩等；
- 能发现学生的优势和缺陷，能帮助制订恰当的学习计划和教学手段；
- 数据收集以学期为单位，老师学生都可以分享这些数据；
- 给学生机会对自己的学习进行分析讨论。在制订学习目标、分析学习情况时教师应积极让学生参与进来；
- 无论是教学计划、干预计划还是复习计划等等，都应该根据学生的学习情况而定；
- 家长和监护人应定期收到学生学习情况的通知，这样他们才能更好地帮助学生，必要时加以鼓励；
- 学生的学习情况数据应在全校范围进行管理，所有教师都可使用；
- 学生数据在学校层面进行管理，确保一致，上级领导定期对这些数据进行评估，以保证满足所有学生的学习需求（DCSF，2009:16－17）。

回顾本章讨论的这些评估类型，我们发现学习测评需要使用大量的教师自制试题和其他一些非正式评估形式。提问作为一种评估方式，是学习测评的中心。在学年开始时可以使用标准化考试来评估学生的现有水平，帮助教师修正教学计划，制订学生个人学习计划。期末考试应该为总结性考试，而不是形成性考试。

总结

对学生进行评估是教师工作的重点，占用了大量的教学时间。

形成性考试可以使老师了解学生的学习情况、已有的知识和技能，根据这些考试提供的信息，老师可以安排课程、对一些内容进行适当的补救，以提高学生学习成绩。总结性考试的目的在于对学生一段时间内某个科目的学习情况进行一个总结，看他们是否达到了既定的目标。

标准化考试由专门的考试机构开发制订，其结果具有很高的可靠性。标准化考试主要分两种，一种是对考生进行比较的常模参照考试，另一种是标准参照考试，考查学生是否达到某个科目设定的标准。

标准化考试应当可靠（在一定时期内的结果是相同的，即信度）、有效（测评的内容是准确有效的，即效度）和适时。标准化考试的优点在于其良好的信度、效度和易于评分，可以把学生成绩和国家标准进行比较，可以涵盖广泛内容。其缺点是和学校课程没有多少联系，缺乏灵活性。

教师自制考试则可以和学生所学课程紧密联系起来，也能很好地适应学生的现有水平。

选择题涵盖内容广，能快速回答，没有模棱两可的答案，易于老师批阅。但是这种题型不能评估高阶的认知思维能力和过程。

开放式问题可以让学生写下他们的解题过程和思路，能考查学生的学习深度（没有广度）。这类问题的缺点是容易产生老师偏心、没有评分标准等情况。

近来，真实性评估的使用越来越广泛。这种评估旨在真实环境中对学生的学习进行评估，而不是把学生限于只有纸和笔的考场上。学习测评是指对学生学习产生积极效应的测评。学习测评的目的是把测评和教学结合起来，通过对测评的反馈帮助学生评价自己学得如何，离学习目标还有多远，如何缩短自己和目标之间的差距。学习测评的要领是，在对学生进行反馈时不要单纯打分，而应当对他们进行具体的评价；在反馈中给他们建立学习的“构架”而不是简单给出答案；在学习测评中要有学生的参与。

复习题

1. 你愿意用哪种方式（标准化考试、其他形式的考试）来评价学生？为什么？
2 你认为学档测评能取代其他可靠的测评形式吗？请给出理由。
3. 你认为真实性评估方式真就“真实”吗？
4. 要想有效评估学生学习，教师应当使用哪些类型的问题？
5. 在你的教学经验中，有没有发现特别好的学习测评方式？如有，是什么样的？
6. 你有没有发现特别好的对学生进行反馈的方式？为什么这种反馈方式特别有效？

第五部分

教师职业发展

第18章 教师职业发展

本章要点

这章读者会看到:

- 什么是教师职业发展? 它为什么重要?
- 教师职业发展的主要类型;
- 关于几种教师职业发展的一些研究证据;
- 一种有效的教师职业发展模式;
- 什么是研究圈? 如何使用?
- 什么是课程研究? 如何使用?
- 如何评估教师职业发展?

引论

任何职业的从业人员都应当紧跟行业发展,与时俱进,对许多职业来说,这是强制性的。如牙医或其他医疗行业的从业者每年必须完成一定的职业学习才能保住其从业资格。在许多国家,教师行业没有这种强制性要求,但教师的职业发展仍然十分重要。学科有新的发现,学科知识在不断发展,教师应当与时俱进。教育研究也在日新月异,教师应当时刻把握有效教学、教学法以及具体学科教法的发展动向。科学技术发展迅速,网络计算机技术不断更新,教师也应当不时更新自己这方面的相关知识。最后,众所周知,政府有关教育评价、课程设置等教育方面的方针政策在不断变化,对这些变化教师应当心中有数,接受一定的培训,这样才能在教学实践中落实这些相关政策。总而言之,教师的职业发展不能止步于师范毕业,也不能止步于入职仪式。教师的职业发展应当是一个长期的终身过程,这里我们引出CPD这一概念(CPD:continuing professional development,字面意思为职业再发展,我国习惯称职业发展,故此文均采用职业发展这一说法,译者注)。

职业发展有许多种定义,教育行业的职业发展我们采纳戴逸(Day,1999:4)的定义:"CPD包含所有自然学习经验和所有主动计划的旨在直接或间接对教师个体、群体以及学校有利的一切学习活动"。所有的CPD活动必须发展教师的学习,提高教师的教学效果并最终有利于学生的学习。CPD既有针对教师个体的，也可针对某个教研室，例如当某个学科的最新发展需要整合到具体教学中的时候。有些CPD需要面向全校，如需要引入新的教学方法或是政府有新的教育政策需要学校贯彻执行的时候。上述CPD定义还有一点十分重要，即承认CPD不一定非得是正规的训练，教师可以通过多种方式进行学习，包括反思、讨论、同行听课等。本章要讨论的主要是正规的CPD，这些CPD形式经过研究发现是有一定的效果的。

CPD的类型

教师职业发展可以有多种形式。如上所述，可以是非正规的，也可是正规的。正规的CPD又分不同的形式。其中最普遍的是学校举办的在职日间或夜间培训。这些培训可以是某位老师展示其新颖的教学方法，或是外来的培训老师举办的教法展示或工作坊。教师还可以到大学或网上学习多种课程；也可进行一些不那么传统的CPD项目，如影子学习等。

CPD的分类有几种。汤姆逊等人（Thomson等，2001）从商业角度把CPD分为不同的活动，如参加校外课程、导师制、轮岗制、校内培训、在职培训、教师传帮带、外来顾问等。佛雷森（Frearson，2002）则专门从教师学习和技能方面将CPD分为：从经验中学习，跟随其他老师学习，借调/安排到其他部门学习，参观/交流学习，计划项目学习，发给教师学习资料让其根据自己具体情况进行自学，教师根据各自情况选择计算机学习，网上远程学习，校内举办研讨会或工作坊，校外的研讨会或工作坊，短期课程，长期课程，业余课程以及休假学习等。列柏曼（Lieberman，1996）专门把学校的CPD划分为三大类：直接培训（如课程、工作坊等）、校内培训（如同事之间的传帮带、来自同事的建议、行为研究以及任务团队等）以及校外培训（如学习网络、参观其他学校以及和大学合作等）。肯尼迪（Kennedy，2005）描述了9种校内CPD模式：

（1）来自专家的培训，注重教学技巧；

（2）大学提供的学位课程；

（3）针对教师个人在教学实践中的弱点为其量身订制的专门培训；

（4）瀑布模式，即一个老师到外面接受培训，再回来培训其他老师；

（5）标准化模式，即就某一种有效的教学法对全体教师进行培训；

（6）同事之间的传帮带，即教师在一种平和的、不带竞争色彩的关系中互相支持、相互帮助，从而更好地从事各自的教学工作；

（7）“团队实践”方法，根据个人在团队中能更好学习的原则，在全校教师或某个教研室开展集体学习；

（8）行为研究，对此我们后面会进行详细阐述；

（9）改革型CPD，它将上述各种类型的CPD形式综合起来，形成一种全面的CPD项目形式。

罗斯和雷诺兹（Rose和Reynolds，2007）将CPD分为以同行帮助与合作为主和以来自外部帮助为主两种，前者是教师同行之间相互帮助共同发展进步，后者主要借助外面的机构或专家，如大学或咨询机构等。

厄劳（Eraut，1994）则把教师发展划分为：

（1）正式举办的课程、研讨和教育；

（2）职业教育和在职学习。

缪伊斯等人（Muijs等，2006）对其加以发展，进一步把CPD划分为：

（1）以课程为主的CPD，对应厄劳的正式课程，包括传统课程、研讨和在职培训；

（2）个人CPD，包括针对教师个体的所有CPD，如网上远程学习等；

（3）实践中的CPD，如同行传帮带、同行协助下的以工作为基础的学习等。

综上所述，CPD的类型虽然多种多样，但基本可分为来自校外机构的正式课程和校内教师为主体的各种传帮带、同行合作等。

关于CPD的效果，研究都怎么说？

有清楚的证据表明，教师职业发展的质量和学校的教学效能有密切关系。在学生国际考试如PISA等中表现优异的国家往往注重教师职业发展（Chapman等，2015）。教师教学国际调查（TALIS）的一项调查发现，那些参加过教师职业发展课程培训的老师在教学中更喜欢使用培训过的教学方法（Barrera-Pedemonte，2016）。有研究发现，设计良好的教师职业发展项目对学生的学习成绩有积极作用（Cordingley等，2015）。不过也有证据表明，有许多教师职业发展项目并没有什么效果，至少在学生的学习成绩上没有多大体现（Muijs和Lindsay，2008）。

近年来有不少对什么是有效的职业发展进行的研究，也有不少这方面研究的综述。其中，科丁利等人（Cordingley等，2015）为英国教师职业发展信托基金做了一篇“综述之综述”，他们发现了有效教师职业发展项目的一些特征：

（1）长期项目比短期项目更为有效，项目最好持续两学期才能显示出应有的效果，不过时间本身并不是关键，关键是在这段时间里做了什么；

（2）有效的CPD项目必须有后续跟踪、实践和支持，这跟对学生教学一样，不能指望他们一下记住所有的东西并能马上使用；

（3）CPD项目必须和教师的日常工作紧密相连；

（4）CPD项目不能一刀切，必须根据教师的不同起点加以区分；

（5）CPD项目必须让教师可以互相学习，相互合作；

（6）学科知识和教学法（有效教学）同等重要，而一般属性的题目（如学习评估等）则应该整合到具体学科中进行；

（6）CPD必须有明确的目标和进程；

（7）最有效的CPD必须有来自外部的输入，外来的培训老师必须：

- 让参与CPD项目的教师能接触其相关知识领域的信息库；

• 给教师引进最新的知识和技能；

• 让教师相信自己一定能提高学生的学习成绩，哪怕是处境最为劣势的学生；

• 通过对学生学习情况的讨论和学生成绩数据的分析，把教师的学习和学生的学习有机结合起来；

• 培训老师应该是指导者和服务者，不是简单的授课者。

(8)CPD开展的活动应该以课堂实践为导向，确保教师把所学的东西应用到教学实践中去；

(9)教师应该对所学内容背后的理论基础有所了解；

(10)有效的CPD往往注重培养教师的元认知能力。

其他人的综述也有类似的发现。亨兹克尔(Hunzicker,2011)对CPD有如下建议：

(1)支持把教师的个人需求与学校需求结合起来，让教师积极参与；

(2)与教师的工作结合，密切联系教师的教学实践；

(3)专注教学，以提高学生学习成绩为目的；

(4)合作，让教师互相支持合作；

(5)要有足够长的时间。

也有研究强调教师在CPD学习过程中的积极参与、与现有CPD内容以及政府相关政策和教师教育理念的一致性(Desimone,2011)，但是教师的理念并不一定都是正确的，而转变教师的理念和他们的一些实践操作正是教师职业发展的目的之一。

根据TALIS调查的数据分析显示，使用上述策略的CPD都能进一步提高教师之间的合作，激发他们主动学习的热情(Barrera-Pedemonte,2016)。

研究发现，失败的CPD往往缺乏实践和发展的目标，只有培训师的说教，告诉老师做这个做那个，此外，有的CPD不重视学生的学习成绩，这也是失败的。

总之，研究表明，CPD需要一定的时间、需要教师配合、注重教学实践和学生学习成绩。但不幸的是，正是这些本该最有效果的CPD，在实践中的质量却是参差不齐，有些时候被狭隘地理解为上上课、听听讲座等。经济合作与发展组织国家(OECD)的教师与教师教学国际调查(TALIS)组织是一个大型的关于教师和校长的国际调查机构，该机构发现英国的老师花了大量时间在短期课程和工作坊上面，而花在更有深度的CPD活动上的时间几乎为零(Cordingley等,2015)。

思考题18.1

看看有效教师职业发展的特征，你认为与有效教学的基本特征有什么不同？

一种循环CPD模式

根据一些研究成果，廷珀利(Timperley,2008)创造了一种循环教师职业发展模式，如图18.1。

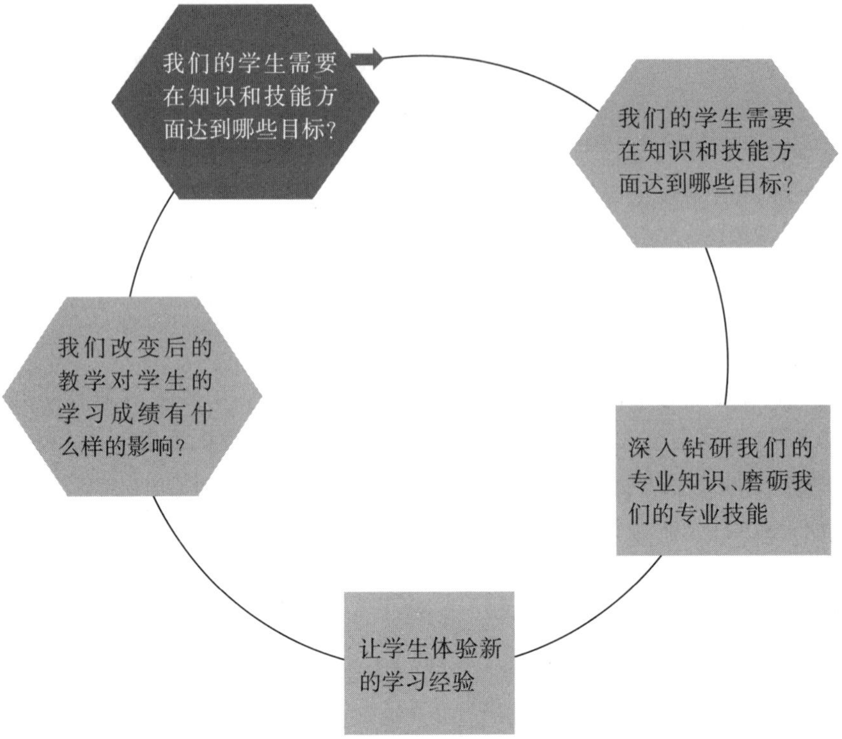

图 18.1 教师为提高学生成绩在知识和技能方面的探寻

该循环从分析学生情况开始,他们和给他们设立的某个特定学习目标处于一个什么样的关系状态(如数学的某个内容),分析他们和设定的目标还有多大的差距。这第一步可以看作是差距分析,重点在学生。这种分析可以是概况性的,可从课程的整体角度来分析,也可从学生学习的细节着手,如学生的概念掌握得如何,是否有不清楚的地方等。教师必须对学生十分了解,必须使用学生的相关数据才能进行这个分析。

第二步的重点从学生转移到教师身上,这里我们要问问老师们,自己有哪些知识和技能?要让学生达到预设的目标,老师们应该具备哪方面的知识和技能?对新知识应该达到什么样的了解程度?这一步需要外面的专家输入指导,这些专家清楚老师们需要挖掘现有的哪些知识,帮助他们对现有的知识和技能做进一步的反思。

第三步就是从传统的职业发展开始,活动如工作坊、课程等就出现在这一步。大多数CPD模式都是从这里开始的,但廷珀利看来这正是问题所在。这意味着,由外来专家决定什么对学校是重要的,而参与CPD的教师没有必要了解为什么这些内容是重要的,为什么他们要这么做(Muijs等,2014)。

第四步我们先前已经说过,是关于实践,这是最基本的。我们说过,职业发展中的任何新内容新理念都必须用到教学实践中,这样才能对学生的学习产生影响。

最后一步就是对职业发展活动加以评估,看它是否产生了一定的效果。

研究要点18.1

如何评估职业发展

如上所述，廷珀利(Timperley,2008)的职业发展循环模式的最后一步是对CPD活动的评估，尤其是看它对学生的学习是否产生了影响。这一步很重要，但在教育实践中却很难做到这一点。此外，职业发展评估常在CPD活动结束后以问卷的形式出现，询问参与者是否满意等等。这其实远远不够。参与者满意与否并不能说明他们一定会改变他们的教学实践，更不用说影响学生的成绩了。因此，古斯基(Guskey,2000)把CPD评估划分为几个层次，如果要想使CPD达到积极效果，必须满足这几个层次的要求。

第一层次：参与者的反应。

目前，这是最常见的也是最容易采集的评估形式。然而，这也是最没有多大用处的评估形式，因为参与者对CPD项目的反应往往是凭自己的印象，非常主观。第一层次关注的问题一般包括参与者是否对该项目满意，是否觉得有用，项目是否满足了他们的需求，是否组织、展示得当等。这种形式的评估可解答三类问题：内容问题(如涉及的问题是否相关？提供的资料水准是否相当？)、过程问题(如培训师是否准备充分？提供的资料是否恰当？)和环境问题(如培训的场地大小是否合适？室内温度是否合适？)(Guskey,2000)。可以看出，这类问题只是解决CPD的一些先决条件，使CPD带来一些相应的变化，但并不衡量这些变化本身。

第二层次：参与者在CPD中的学习。

古斯基评估框架的第二层次是参与者在CPD项目中的学习。这些学习可分为几种类型：认知、行为等。参与者获得不同类型的知识或是对已有知识进行不同程度的调整，因此，这个层次的评估需要采用一些不同的方法。

第三层次：组织机构上的支持和改变。

古斯基评估的第三层次是关于组织机构层面的支持和改变。关于学校办学水平提升方面的研究和教育转变方面的文献资料越来越多，显然，如果没有组织机构上的支持，任何CPD项目都不可能发挥长久的效果(Muijs等,2004)。学校积极支持、所有老师都有望参与，这是确保CPD项目产生效果的重要因素(Edmonds和Lee,2001)。教师职业发展活动只有和教师个人的专业和价值观以及学校现行的职业发展方法相契合才能毫无困难地转变教师的教学行为和实践(Knight,2002)。学校的转变不仅仅是影响CPD项目成功与否的重要因素，也是CPD项目的重要目标。所以，组织机构即学校的改变和支持是CPD项目评估的重要组成部分。

第四层次：参与者对新知识和新技能的使用。

如果一个CPD项目的目的是要转变教师的教学实践，那么对项目参与者是否使用新获得的知识和技能进行评估就是理所当然的。这种评估必须要在一定的时间之后进行(具体看这些知识和技能的难易程度,还得看参与者具体使用这些知识技能所需要的时间),这样才能使参与者有足够的时间消化使用这些新方法新技能。

第五层次:学生的成绩表现。

古斯基区分的CPD效果评估的第五层次是对学生学习的影响效果。这个层次的评估有多种方式,其中可以分为认知成绩,如数学成绩;非认知成绩,如学习态度等。不过二者都需要通过不同的方法来确定CPD项目所产生的效果(Guskey,2000)。发现CPD项目对学生成绩的影响效果,这要看项目的具体目的、参与的老师以及我们前面提到的四个层面上的效果。每个学校的主观能动性不同,想要把某个CPD项目的效果和学校里的其他因素或培训完全分开是不可能的。然而,任何教育的最终目的都是学生的最终表现,这一事实使得学生成绩成为任何CPD项目评估不可或缺的一个因素。

缪伊斯和琳赛(Muijs和Lindsay,2008)建议再加一个层次的评估,即成本效率。要考虑到各种培训的成本不尽相同,而在学校和教育机构有限的财力范围内,效率最高的培训不一定是效果最好的。

评估的方式有多种,包括问卷、访谈、测试以及观测等。

CPD细化

许多CPD的通病就是一刀切,经常是针对整个学校。这样做的前提假设是所有的老师在预设项目的知识和能力方面的起点是一致的。这种假设其实很不合理。众所周知,一个学校的教师无论年龄还是经验都是千差万别的,专业水平也是参差不齐的。我们不能希望一所学校的老师的起点都是相同的,就像我们不能希望所有学生都有一个相同的起点一样。因此,细化CPD应该更为明智。

有一种以研究为基础的CPD形式叫做动态综合式CPD,是由塞浦路斯的学者开发的(Antoniou和Kyriakides,2011,2013)。该CPD形式首先对处于不同职业点上的教师的各种能力加以研究,再和学生的成绩相联系,就教师的教学技能等方面总结出五个不同的职业发展阶段:

第一阶段:拥有直接教学法的基本能力。在该阶段,教师应该具备直接教学法的基本能力,如课堂和时间管理、对学生提问的频率和课业检测频率等,这些都是师范教育的基础。

第二阶段:开始关注教学质量,开始涉及积极教学法。这一阶段的教师仍然在努力掌握直接教学法,但关注更多的是教学的质量,如开始学习如何提问等。

第三阶段:能掌握积极/直接教学的质量。这可视为直接教学法的最后阶段,这个阶段的教师更注重对学生的提问,帮助学生更好地回答问题。

第四阶段:分化阶段。这个阶段的教师开始在教学技能上,如课程结构、提问技巧、时间管理等方面出现分化。

第五阶段:取得一定教学成果,在使用教学方法上出现分化。这个阶段的教师已熟练掌握了各种教学技能,能分化学生、发展学生的元认知策略。

因此，首先要对教师进行评估，确定他们处于职业的哪个阶段，然后再为其量身订制一个职业发展项目，帮助他们提高职业水平。研究显示，使用这套CPD不仅能提高参与教师的职业水平，而且能提高学生的学业成绩（Antoniou和Kyriakides，2011，2013）。

到目前为止，我们从总体上探讨了职业发展的一些基本特征，下面我们将专门探讨两种具体的、常见的也是前景良好的以教师为中心的职业发展形式。前面我们已经提出，有效的职业发展不能仅仅是讲座/研讨的形式，而是必须让教师积极参与进来。下面要谈到的行为研究循环和课程学习职业发展形式就是这种教师积极参与的形式。对此我们将分别进行探讨。

行为研究

行为研究是一种实证研究方法，用于研究解决某一机构（如某一学校）的问题。重要的是，这是一套严格的包含一系列活动的方法，研究就是在这些活动中进行。行为研究的目的是要改变某一状况，注重"做中学"——人们发现问题、采取措施、解决问题，看看有无效果，如果效果欠佳，那就重新再来。行为研究是一种介于研究和实践之间的方法，是鉴于传统研究方法与实践的脱节，对实践毫无用处，而出现的新的研究方法。行为研究的推崇者认为，它必须要解决相关领域的实际问题，要考虑相关领域从业者在实践中的局限性，为其提供实用的知识。而相关的从业者，这里即教师们，也应当把自己当作研究者。

行为研究是一个循环结构，由五大要素构成。如图18.2.所示。这个循环的第一步是问题诊断。行为研究开始于教师们发现的问题、难题或争议，可以是一般性问题，也可是老师发现的某种需要或是和课程相关的问题。

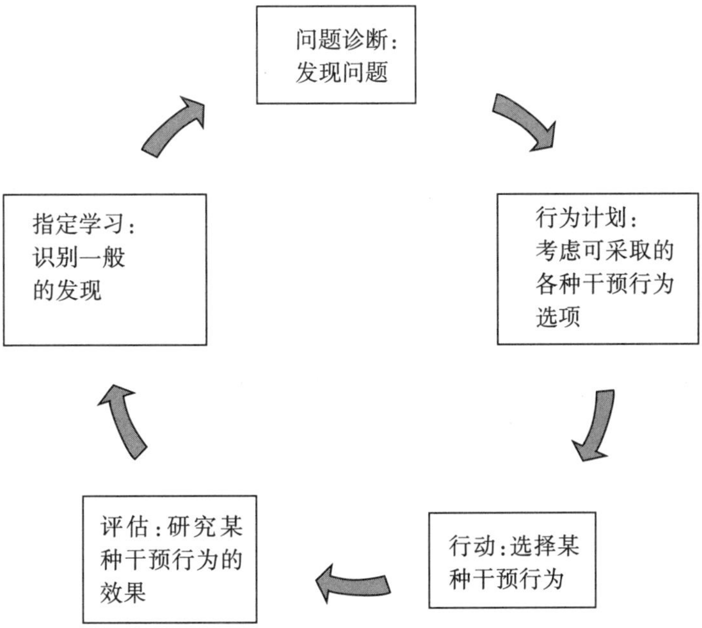

图18.2 行为研究模式图

"我们的学生在元认知方面好像有点问题。""我们好像在课程过渡方面花的时间太多。"等等,这些都是需要我们解决的问题,即"我们如何把元认知和课程教学结合起来?""如何才能减少学生花在课程过度上的时间?"。为此,我们首先要问四个关键的问题:

(1)我们要解决什么问题?

(2)造成这些问题的原因是什么?

(3)问题涉及哪些人?

(4)影响问题的外因和内因是什么?

然后,再来寻找解决问题的方法,我们可以反思一下有哪些好的实践,还可查找一下相关的文献资料。比如,可以查找一下第5章里谈到的那些相关文献资料,看看如何把元认知和教学结合起来。

下一步是制订一个实际计划,这个计划是我们要具体实施的,如用问题的形式,让学生反思一下他们的学习策略。这里我们又要回答四个关键问题:

(1)我们要做什么?

(2)我们还可以怎么做?

(3)都涉及哪些人?

(4)如何赢得相关人员的信任?

最后一个问题里的相关人员可能是学校的管理层、家长、其他老师,甚至是学生自己。一定要注意,确保计划的可行性,要考虑计划在实施过程中其他人的反应。这一步我们还需要仔细考虑需要收集哪些数据来对我们的计划进行评估。

第三步就是计划的实施。我们要把我们的策略和想法付诸课堂,具体实施。尽管我们肯定希望坚持自己的计划,但学校和课堂的具体环境是复杂的,所以我们应当灵活实施自己的计划,必要时可做适当的改变。要详细记录我们所做的一切,计划有所改变时更应该如此。

下一步是评估我们计划的实施情况,这就是为什么要在第二步时考虑要收集哪些数据的原因。我们不能只看问题解决与否,还要关注哪些因素起的作用大,哪些因素起的作用小;为什么有些因素起作用,而有的因素却不起作用。我们还应当考虑计划对不同学生群体,如男生和女生的效果。

最后一步是反思这一过程的收获。我们应当审慎地思考做得好的地方,做得不那么好的地方。哪些过程可以做些改变?下一次我们会有哪些不同?有没有出乎意料的结果?很多时候,这一步又会把我们带回第一步,会出现一个新的循环。

行为研究可以是单个老师独自进行,也可是一个教师群体进行,后者更利于思想交流和反思,可以从不同角度来思考问题,从而达到更好的效果。

思考题18.2

顾名思义,行为研究既是一种职业发展模式,也是一种研究方法。作为一种研究方法,你认为它有哪些优缺点?

行为研究可以围绕某一具体问题进行系统有效的教师职业发展,可以确保收集足够的数据和证据。然而,令人惊讶的是,没有多少证据能证明该方法有多少整体效果,虽然有许多成功的例子,但也出现过不少毫无意义的案例。许多情况下,反而来自外部的支持可能会加强参与者的反思。

课程研究

一种来自日本和东南亚的教师职业发展方式越来越受到欢迎。和行为研究一样,课程研究也是一种以教师为主导的职业发展方式,一般来说,三个教师为一个小组(在西方国家每组成员会多一些),每个教师找一个课程内容进行研究,以提高学生的学习效果。然后通过一定的计划,上一系列示范课,在这个过程中,老师们相互听课。和行为研究一样,在这种课程研究过程中,老师们可以讨论、反思课程,必要时还可以一起改进课程(Dudley,2014)。

课程研究有三个步骤:

(1)首先由三个老师一起确定一个他们想改进的教学内容,然后一起准备课程,以改进相关内容的教与学。他们还要选定三名学生,特别关注他们对改进后的教学的反应。这样做的目的是确保老师时刻记得学生的需求,因而选定的三个学生必须具有一定的代表性。

(2)下一步包括讲课和听课。其中一个老师把在第一步准备的课程教给学生,其他两个老师则旁听,要特别关注上一步选定的三个学生。最好能和三个学生交谈一下,了解他们对课程的感受。

(3)第三步,三个老师坐下来讨论上课过程中哪些做得好,哪些还有欠缺,主要通过听课笔记(旁听的两个老师)、教学感受(上课的老师)和对学生的谈话。尤其要反思上述所做的一切是否导致了学生行为和学习的转变。

课程研究有一系列的课要上。上述的反思要用于下一次课程的准备,下一次课最好换成上次听课的老师来上。做课程研究讨论的时候最好要有一些规定,如要为课程本身和选定的学生制订一些目标,还要考查这些目标是否达到。

尽管有限,但仍然有一些证据证明这种课程研究模式对学生的学习成绩有积极效果。课程研究流行于教育高效的东南亚国家,如前所述,这并不具备必然的因果关系。比如,英国的“全国骨干教师培训项目”也涉及课程研究模式,对该项目的评估显示,使用该模式学校学生的英语和数学都要好于对比学校(Hadfield等,2011),但是,由于这些学校还做了其他形式的教师培训,因而难以把学生的好成绩完全归功于课程研究模式。

总结

职业发展是所有职业的重要活动,教师职业也不例外。学科内容和教学方法在不断变化发展,教师需要与时俱进,不断发展自己的职业实践。

CPD有许多不同的形式,最基本的有以课程为主的CPD,如传统的课程、研讨和INSET项目等;针对个人的CPD,包括个人网上远程学习;在实践中进行的CPD,如教师之间的传帮带,其他从业者指导下的以工作为主的学习等。

有证据显示,教师职业发展的质量与学校的教学效能和质量提高有直接关系。那些在PISA中表现突出的国家都非常重视教师职业发展。研究表明,CPD要有一定的时间长度、要涉及教师之间的交流合作、注重教师的教学实践和学生的学习效果才有效。

许多CPD的缺点就是一刀切。许多情况下,学校的CPD都是一个模样,这样做的假设前提是所有的老师在知识水平和教学技能上的起点是一样的,就整个学校来说,这个假设是不正确的。因此,更加细化的、动态的、综合的CPD形式更为合理。这种模式的CPD把教师的教学技能分为五个不同阶段,针对不同阶段的教师要为其制订不同的职业发展规划。

行为研究是一种以实践为主的CPD形式,专门解决学校的问题。该形式通过一定的组织结构,涉及一系列的行为活动,形成循环,其目的是要解决教学中的问题,注重"做中学",是一个可以循环的过程。

课程研究形式由三个老师为一组,相互合作,一起选定需要改进的教学内容,一起备课,相互听课,形成示范课。然后老师们一起反思,改进课程教学。

复习题

1. 要求教师完成一定的职业发展培训是否合理?为什么?

2. 回想一次你参与过的职业发展培训活动,它的效果如何?为什么?

3. 请设计一个职业发展培训活动,使之符合有效CPD的特征。

4. 请设计一个评估计划对第三题的CPD培训活动进行评估。

5. 在行为研究一节中我们曾说要灵活,因为现实总会对计划有不利的影响。请举例说明这个话题。

6. 试想一些可用课程研究方式进行教师职业培训的课题。

第19章　教师评估

本章要点

这章我们要讨论：

- 为什么教师评估很重要；
- 教师评估的主要手段；
- 用学生学业成就来评估教师；
- 用听课的方式来评估教师；
- 用评级手段来评估教师；
- 用学生打分来评估教师。

引论

我们在本书一再强调教师的重要性。在我们的模拟研究中发现，在两个学生背景相同（性别、社会经济地位等）、新学期考试成绩一样的条件下，在高效能老师手下的学生期末成绩比在低效能老师手下的学生提高了25%（Muijs和Reynolds，2001）。如果这是真的，那么教育系统就应该确保雇佣最好的老师、好好培养他们、不断支持他们的职业发展，同时还要对他们进行评价，这样才能让他们知道努力的方向。

这对学校来说也很重要。学校里的校长、教师领导必须确保学生能接受高质量的教育。据经济合作与发展组织（OECD，2009）的调查，对教学进行有效的监控和评价是提高学校教学质量、确保有效教学的关键，也是好学校和坏学校的差别所在。经济合作与发展组织（2009）认为教师评价具有两大功能：

（1）改进提高功能：教师评价的目的是发现教师职业发展所需的东西，给教师提供教学反馈，最终提高、改进教师的教学。

（2）问责功能：目的是要教师为自己的教学负责。评价结果可用于教师的升级、奖赏和惩罚。

上述的改进功能从本质上说是形成性的，而问责功能则主要是总结性的，这就意味着，这两个功能其实是相互矛盾且不可调和的。

既然教学和教师质量如此重要,那么学校和教育系统(如美国各州)要制定教师评价的政策也就不足为怪了。不过问题是如何制定这些政策?许多研究显示,教师的教育背景以及学位、年龄和经验其实与教学质量的关系不大,只有8%的差异(Aaronson等,2007)。我们在本书第1章中说过,教师在课堂上的表现才是至关重要的。因此,教师评价注重他们的课堂表现就是理所当然的。不过这仍然给我们留下许多问题,更别提如何有效地对教师进行评估了。教师评估有许多手段,主要有:

- 通过学生成绩进行评估;
- 通过系统性的听课进行评估;
- 通过校长或领头教师进行评估;
- 通过学生调查进行评估。

以上手段都被实践过,其有效性也得到过证实。下面我们将一一说明。

研究要点19.1

教师评估的优劣

如上所述,教师评估有许多理由。其中之一就是了解教师的教学表现,以便学校进行相应的职业发展活动,以改进教师教学的不足方面。

在本书的第18章中我们曾谈到,最好对CPD进行细化,而教师评估正好可以帮助我们做到这点。对教师教学进行反馈有利于教师的自我发展。作为一名教师,要对自己的优缺点了如指掌是不容易的。而教师评估可以发现教师的优点长处,并使之发扬光大;同时发现不合格的教师时应对其进行相应的惩罚直至开除。教师评估还可以防止教师满足于现状,促使他们不断提高自己的教学水平;还可在决定奖赏或提拔教师时提供参考。

然而,教师评估也有一些不足之处。它可能造成教师间的竞争,不利于同事之间的合作,也可能使教师有意改变自己的行为来迎合评估,例如,如果让学生打分来评估教师,教师可能会有意给学生都打高分;如果用学生考试成绩来评估,教师就有可能花大量时间来教学生应试。教师评估还可能给教师造成心理压力,使一些教师离开这个行业。

目前已知的涉及范围最广最有力的关于教师效能的研究是在美国进行的有效教学测量计划(MET项目),该计划由比尔和梅琳达·盖茨基金资助。它用随机抽样的方式,收集了进入该计划的教师在2009~2010学年的所有教学效能方面的数据,用学生成绩、听课和学生评价等形式对教师进行评估。然后,在下一学年,将参与该项目学校的学生随机安排到被评价的老师手下，结果发现，被安排在高效能老师手下的学生在2010~2011学年的成绩好于被安排在低效能教师手下的学生。该项目说明，测量教师教学效能是可行的，这些测量和学生学业成绩有关系（METProject，2013）。MET项目还为我们提供了一些其他信息，如上述三种教师评估方式的可靠性和有效性等，对此，我们将在本章进行详细的讨论。

通过学生成绩来评估教师

教师评估的一个逻辑起点就是学生的学习情况。毕竟，教学的目的就是提高学生的学习成绩。各种考试、测评，如全国统考等的学生成绩都可以作为评价教师的合理、有效手段。根据学生在考试中的表现，我们可以轻而易举地分出教师的高低水平。然而，这样做也会出现一些问题。其中最主要的问题是，教师对学生的考试成绩确实有很大影响，但却不是最重要的因素。学生自身的因素远胜于教师能做的。影响学生考试成绩的最大因素是他们之前的学习情况，同时学生自身的能力、智力等也是影响他们考试成绩的重要因素。除此以外，学生的社会背景、性别等，也是不可忽视的因素。这就意味着，如果我们只是简单地看学生成绩，得出的结果其实只是某个班级或学校学生学到了多少，而不能看出教师的教学到底有多少有效性。某个老师无论有多好，但如果他（她）任教于一个很差的学区，那他（她）的学生的考试成绩无论如何也不会好于那些好学区的学生。同理，在那些对学生进行分流分班的学校，好班的学生所取得的考试成绩肯定优于那些差班的。

故而，如果要用学生成绩来评估教师的教学有效性，我们得采用一种成绩提高率的方法来进行。该方法不是简单地看学生的考试成绩，而是考查学生在某个特定老师手下考试成绩提高了多少。将学生之前的成绩作为参考，而他们所提高的分数才是评价教师教学效果的关键。

然而还有其他因素不是教师可以掌控的，如学生的社会经济地位、种族等，但这些因素也能影响学生的学习成绩。因此，有些地方会考虑上述因素的情境附加值来评估教师，而确定考虑哪些附加因素却不是容易的事。例如，我们是否认为种族因素的影响大于社会背景因素？是否该考虑性别因素？有些地方甚至把学生的学习动力因素也包括进来，但这是否也有教师的影响在里面？有人认为，考虑社会背景因素会导致对学生的低期望值，会给学校和教师一个让这些学生得低分的借口。上述的MET研究项目认为，学生之前的成绩是控制的关键因素，而情境附加条件对学生的成绩影响不大（MET Project，2013）。

成绩提高率评价法是否有效可靠？

总的来说，如果使用高质量的考试来测量学生的成绩，成绩提高率评价法是有效可靠的，能体现教师的长期表现，得出的结论公正有力，和校长对教师的总体评价相互印证（Rockoff和Speroni，2010）。

成绩提高率评估法还涉及其他一些因素。首先，即便考虑了情境附加值，仍然有些因素在教师的掌控之外，这些因素也会影响到学生的考试成绩。例如，学校和学校领导班子的效率也会影响学生的考试成绩(Chapman等，2015)。因此，有效的评估应当把这个因素考虑进去，否则，高效率学校的高效能老师会吃亏。从统计学角度来看，用多层模式就可以解决这个问题。不过，其他如当地社区对教育的态度之类的因素却不易考虑进来。

要认真考虑使用哪种考试手段，这很重要。试题必须可靠而有效，学生成绩增长应该呈线性，即差生的成绩增长和一般学生的成绩增长是一致的(Murphy，2013)。应确保试题考查的是我们认为对学生来说重要的学习内容，并尽量做到准确无误。不同的考试形式得出的学生成绩可能对教学有效性的评估有不同的结果(Papay，2011)。使用现代试题设计手段，如项目反应理论，可以设计出最可靠的试题，但可惜的是，许多国家的教育系统(如英国的)并不使用这种理论来设计试题。

要测量成绩提高率，需要学生之前的成绩。最为理想的状态是，每年对学生在我们认为重要的科目上进行测试就能看出学生在某个老师手下成绩有多大提高。如果做不到这点就很难对教师的教学表现进行评估。如果像英国这样，五年才有一次全国大考(如六年级考试、关键阶段2考试、SAT考试、11年级考试和GCSE考试)，就会看不出学生这些成绩该归功于五个重要科目的哪位任课老师。

此外，成绩提高率并不一定就是稳定的，因而教师评估所得的分数也会有所波动，有些老师(大约10%的老师)甚至会从最好的20%里跌落至最差的20%里。这有可能是群体效应，或是因为有的老师和特定的学生配合得更好(Lomax和Kuenzi，2012；Murphy，2013)。统计方式本身并不能解决这种问题，因为所有的统计方式都有这样那样的问题，因此要使用成绩提高率的评估方式，应当谨慎选择统计方法，使统计出的数据更加有效(Guarino等，2012)。更为重要的是，要用几年(最少3年较为合理)的成绩提高率的平均数才能得出一个较为稳定的评估结果。如果学生漏考就会出现所谓的漏失值，这会影响提高率的数值，应当尽量避免这种情况的发生。虽然可以使用统计方法来填补漏失的数据，但如果这种情况太多的话，评估结果的可靠性就会大打折扣(Lomax和Kuenzi，2012)。

成绩提高率评估方法存在一个技术性问题，即使用并不完善的测评方法(如用考试测量学生的学习成绩就是一种并不完善的测评方法，其得出的学生成绩可能会有一定的测量误差)，得出的数据可能造成教师成绩提高率的不确定性。这就意味着，得出的每个分数都会存在一个置信区间，即95%的分数都会和实际统计的数据有一定的误差。因此，我们关注的不应该是分数本身，而是每位老师的置信区间。如图19.1：

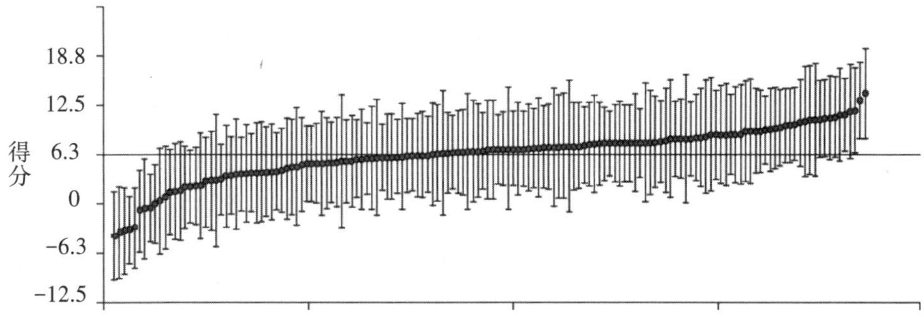

图 19.1 有置信区间的成绩提高率

如图 19.1 所示,每个数字和垂直线代表一位教师。垂直线表示置信区,每位教师的成绩提高率就在这条线上的某处。如果代表两位教师的两条线重叠,那么他们的教学效果就没什么两样。如图所示,大多数教师都是这种情况。水平线"0"是每位教师的预计评价得分。只有当代表置信区的垂直线条没有和该线重叠时,我们才能判断某位教师的教学效果是好(高于水平线)还是差(低于水平线)于学生以往成绩,或是其他该评价模式所确定的预期成绩。由于一个班的学生数量有限,置信区往往会显得很大。上图所显示的是个典型案例,即没有多少教师的得分特别高或特别低。

思考题 19.1

综上所述,成绩提高率评估法十分复杂,需要考虑的因素有许多。你认为这对试图使用该方法对教师进行评估的学校意味着什么?

听课评估法

成绩提高率评估法只能通过学生成绩来看教师的教学效果,不能告诉我们教师在课堂上的实际表现。该评估法需通过许多考试测验来进行,而这并非是所有学校和教师乐意的。此外,成绩提高率评估法存在一些问题和限制,因此,出现了其他一些教师评估方法,其中最被广泛采用的是听课评估法。听课评估法是指某个局外人,如校长、教研主任、其他老师或是教学督导通过听课来判断某位教师的教学效果。该方法可以深入考查教师教学的许多方面,如课堂管理、课堂气氛等等。英国教育标准局(OFSTED)的教学督导就是通过该方法来评估教师教学的。

听课评估法的有效性和可靠性有多大?

听课评估法的一大好处就是可以让听课人对教师的教学做出一些有意义的反馈。成绩提高率评估法只能提供一些总结性数据,不能具体说明教师哪些方面做得好或哪些方面还欠缺。而听课评估法可以提供一系列课堂实践的信息,从而使学校管理者如校长对教师的具体课堂操作有一个具体的了解,这是其他评估法所不能的。教师们也宁愿通过听课而不愿通过学生考试成绩来接受评估,因为他们认为自己的行为是可控的,而学生成绩是不可控的,我们上面已经说过,学生成绩会受许多其他因素的影响,而这些因素是教师不能控制的。研究发现,受训教师的听课得分和他们以后的教学效能有非常大的关联(Rockoff和Speroni,2010),还有很多研究显示,教师的听课得分跟学生们的成绩提高率也有很大关系(Muijs等,2014;Muijs和Reynolds,2000b)。

从另一方面来看,对教师而言听课评估的可靠性是整体大于个体的。对大量教师进行听课评估后会发现,其结果和用成绩提高率评估的结果有非常大的相关性,而对教师个体而言却并不一定。上述的MET项目发现,要想得出准确的听课评估,必须至少听两堂课,每堂课由不同的评估者进行,因为即便听课人是受过严格训练的,对单独一堂课的观察评估还远远不能看出教师的教学效果,甚至还没有成绩提高率更能说明问题。一定要注意这点,一堂课只能对教师的教学有个大致印象,对其了解非常有限,不具备代表性,因为影响一堂课的因素有很多(谁还没有倒霉的一天呢!)。如果要用听课法评估教师,一定要确保多听几堂(最好4~6堂),这样得出的评估才具有可靠性。MET项目的研究结论指出最好是多让几个不同的人来听。听课评估的结果很大部分取决于我们想考查教师教学的哪些方面,对一堂课的观察不可能面面俱到。

听课评估要做到有效,进行听课评估的人必须受过良好的相关培训,明白自己要考查什么。通常情况下要有一个评判间信度,即不同的听课人要对同样的课程或教师行为进行评估打分,这需要严格的训练。

被听课的老师可能会改变自己的一些行为,尤其在教学评估这类高风险的评估中,有些教师可能会精心准备一堂"展示"课,迎合听课评估人,这可能导致该堂课不具有代表性,因而得出的评估结论具有偏差。

课堂观测手段

为了达到听课评估的目的,需要使用一些标准手段,让听课人记录下他(她)想要观察的东西,因为一堂课里的东西太多太复杂,还会进行许多活动,想要听课人观察(记录)所有的东西是不现实的。因此,听课之前需要定下观察谁:老师还是学生,甚或是教师助理?需要观察什么:课堂的整体质量?教师提问的技巧?课堂管理?男生和女生一样参与课堂活动了吗?一旦定下要观测的对象和目标,就需要选择一种适合这些目标的观测手段。课堂教学的任何方面都可成为课堂观测的目标。

课堂观测手段主要分为偏重行为的观测和需要听课人进行好坏判断的观测(偏重价值的观测)。

行为观测是指观察特定的行为是否在课堂出现过,无需对教学或被观测的教师做出"好还是差"的整体评价。而另一方面价值观察则要对课堂进行整体判断。

许多观测手段其实是介于上述两者之间的。如果要求听课人做太多的主观判断(如要求听课人对一堂课进行从"优秀"到"差"的判断),这本身就是有问题的。即便是经过长期培训,听课人的这种主观判断仍然不是十分可靠的(什么是"好"?),这就使得这种具有主观判断的观测难以正规进行。就职业发展目的而言,这种整体观测并不能为教师提供多少有利于改进教学的建议和意见。

此外课堂观测还有高推断观测和低推断观测之分。

低推断观测无须听课人的多少判断,例如记录教师的提问次数,记录提问后教师留给学生思考的时间有多少等。

而高推断观测则需要听课人更多的判断。例如对"教师是否讲解清楚"的观测。听课人需要判断教师的讲解是否清楚明了,而最终这里的"清楚明了"是指什么,听课人应当有一个清楚的判断。高推断观测需要使用一些量表,需要对听课人进行相应的培训,让他们熟悉量表上的各个项目(比如从"行为频繁出现"到"行为没有出现")。

最后是整体观测和具体观测之分。整体观测是指对教学行为进行广泛观察,而具体观测则是对教学的某一具体行为,如课堂管理进行观察。听课评估往往从相对整体的观测开始,然后根据出现的具体教学问题再进行更加深入的具体观测。

还可以把听课评估分为现场观测和录像观测。前者是听课人观察课堂教学,对其进行当场或稍后打分。后者先录下教师的课堂教学,观看后对其打分。后者的评估效果更为可靠,因为这样可以随意观测课堂的任何部分,也可让多人观看。不足之处在于不能及时给出反馈,有偏见和事后诸葛之嫌。

重要的是,无论使用哪种观测手段,都需要和一个有效的观察系统结合起来,这包括可靠而又高效的评分设计以及听课人的选择和培训(Hill等,2012)。

思考题19.2

课堂观测手段是观察教师课堂表现的一个好方法,但是有哪些是没办法观测的呢?

研究要点19.2

教师观察与反馈国际体系(ISTOF)是一种高推断观测手段,用于收集对教师进行国际比较的数据。ISTOF的设计是基于教师效能研究的各种文献,由24个国家组成的国际团队开发,特别注重在不同国家使用时的有效性。该观测手段的开发是一个复杂而艰难的过程,由多个不同的委员会共同完成,他们分别是:

- 中心委员会:该委员会负责各个国家的团队组建,负责设计构建ISTOF的各项指标,协调各个国家团队之间的沟通和交流。
- 分析委员会:该委员会负责ISTOF数据的分析事宜,包括数据的概括性研究和拉希模型的建立等。

• 演绎委员会:负责使用现有理论框架和观测手段进一步发展ISTOF观测模式。

为了生成ISTOF观测模式的各观测项目,团队通过网络使用德尔菲法(Delphi technique)在各国专家中反复多次进行调查,征求他们对有效教学的意见,从中产生了ISTOF系统测评有效教学的相关构成指标和测评项目(Teddlie等,2006),其中包括11项内容:

(1)评估;

(2)教学清晰度;

(3)课堂气氛;

(4)课堂管理;

(5)区别和包容;

(6)教学技能;

(7)单课计划(教案);

(8)课程的长期计划;

(9)教师应具备的知识(学科知识、教育和教学的相关知识);

(10)教师的专业素养以及反思能力;

(11)推动积极学习和发展元认知的能力。

不是所有项目都能被轻易观测的,所以有的指标,如单课计划、课程的长远计划以及教师应具备的知识等可以通过调查或问卷来完成。

许多研究已经采纳这种观测模式,证明了其可靠性和有效性,不过该模式需要对观测者进行大量的观测培训才能确保观测有效进行(Sammons和Ko,2008)。

来自校长的评价

另一个常见的教师评估方式是来自校长的评价。这种评估方式比成绩提高率和听课评估更为简便易行,也更加现实。校长了解教师和学生的情况,因而不会像其他评估方式那样错过一些东西。例如,教师家里可能正面临什么困难,他(她)所教的班级可能是最困难最调皮的等等,这些情况校长都了解,因而在评价教师的教学时会酌情考虑这些因素。

不过也有批评这种校长评价评估方式的声音。校长了解教师情况,和教师有私交,会使校长的评价有偏差,这也可能正是这种评估法的劣势。有证据显示,校长往往不愿意对教师进行差评(Calabrese等,2004)。此外,还有一个问题,即校长对教师的信息来源是什么?校长不可能对教学科目样样精通,因此难以对一些科目教学进行评价。在一些大型学校,校长不可能对所有教师都进行观察,因此他们可能会依靠副校长、教研室主任等其他人的观察,而这些人如果没有经过适当培训,很难对教师给出统一的评价。有时候校长会用学生成绩来评价教师,但如上所述,他们很难会考虑学生以往成绩和置信区等因素。此外,还有一个问题,即校长对教师的评价会受其对有效教学的理解的影响,而他们的这些理解往往又是缺乏依据的。

关于这方面的研究并没有一个定论。MET项目的研究发现，校长给自己老师的评分往往会高于外部观测的评分，不过他们对教师的总体评价却大体一致。有专家建议在校长的评价基础上加上外部观测评价，这会大大提高教师评价的可信度。据高伊等人（Goe等，2008）的观点，校长评价和学生成绩之间的关系是含混不清的。而罗考夫和斯佩罗尼（Rockoff和Speroni，2010）发现校长评价和成绩提高率之间有非常紧密的联系。另有研究发现，校长对最差教师和最优教师的甄别还是很可靠的，他们只是甄别中等水平教师的能力较差，不过关于这点，我们在成绩提高率评估法的部分里已经论述过（见图19.1），这也恰好证明，那些处于教学效能中等水平的教师确实没有多大差距（Jacob和Lefgren，2008）。对30所学校进行的混合评估的研究显示，校长评价和成绩提高率评估得出的结论有相关性，但是很小。对校长的访谈发现，他们之所以给那些在成绩提高率评估得高分的老师比较低的评价，是因为他们认为这种教师只是“孤胆英雄”，对学校的贡献不大（Harris等，2014）。

学生调查

有的学校使用学生调查的方式来评估教师的教学，他们之所以这样选择，是因为他们觉得学生是教学的直接对象，当然知道学校哪些老师好哪些老师不好。与校长评价和其他评估方式不同，学生可以对不同的老师进行比较，他们每天都在上这些老师的课，和听课人不一样，对老师的印象不是瞬间产生的。支持使用学生调查来评估老师的人士认为，这样有助于师生之间就什么是有效教学进行对话交流，从而提高教学质量。MET项目研究发现，学生调查的结果和学生成绩提高率的相关性大于听课评估方式，但这种相关性并不太大。

不过学生调查确实存在一些问题，他们可能混淆教师的受欢迎程度和教学有效性的概念。有主要来自大学的研究证据显示，学生在性别、种族等方面对教师有偏见，此外，成绩得分高的学生往往也会给老师打高分（Muijs和Bokhove，2017）。这可能促使教师故意给学生高分，以此来提高自己在学生那里的评分。这方面的研究主要来自大学，只有大学才频繁用学生给讲师、教授打分的方式来评估他们的教学表现。卓等人（Cho等，2015）的研究发现，在高校，考试成绩好的学生给老师的分数往往会高于那些成绩不好的学生。他们分析认为，与其说这是对老师教学质量的评价还不如说是学生给老师的“心理礼物”。布拉加等（Braga等，2014: 85）进一步质疑这种学生打分和教师表现的相关性，认为许多情况下它们甚至是负相关的关系：“这些实证研究的结论对这种看法是一个挑战，即学生会在课堂观察教师的教学能力，并通过问卷方式对管理层进行反馈。更加合理的解释应该是，好老师对学生要求严格，学生尤其是那些表现不好的学生往往不喜欢这样的老师。他们的评价反映具有一定功利性。”

最后，巴萨特等人（Bassett等，2015）表示，学生缺乏一定动力，他们的漠不关心可能对教师的课程评估有潜在危害,至少有一点十分清楚,学生知道他们打分的用途,很有可能会故意用打低分的方式来伤害他们不喜欢的老师(Murphy,2013)。学生打分的可靠性备受质疑,至少已有研究显示有多种结果(Muijs,2006)。

因此,学生调查最好用做教师的形成性评价而不是总结性评价,用于对教师教学的反馈而不是评估。作为一种反馈机制,如果事先告诉学生什么样的反馈是有用的(如具体说明哪些教学对他们学习有帮助,或是如何教学才能对他们更为有效),学生调查还是能起到有一定的作用。

综合评估法

综上所述,任何评估手段都存在一定的优点和缺陷,可能把这些手段综合起来使用更为合理。MET研究项目也正是这样建议的。该项目总结认为,把学生调查、听课评估法和成绩提高率评估法结合起来对教师进行评估得出的结论和教师教学的长期效率之间的关系强于单独使用上述评估法。该项目还建议,在综合使用上述评估法时,应当给予成绩提高率更多权重,应占50%(MET Project,2013)。综合评估法得出的结论更为有效可靠,也更利于给教师反馈,然而这种评估法也更为复杂,成本也更高。

总之,如果使用合理(如综合多年的成绩数据、考虑置信区等),成绩提高率不失为最可靠的教师评估手段。而听课评估最能给教师的表现提供及时的反馈意见。

总结

无论从国家教育系统还是学校层面来说,教师评估都是十分重要的事情。然而如何对教师进行评估却存在各种争议。教师评估有提高教学水平和问责两大功能。教师评估手段主要分为成绩提高率评价法、听课评估、校长评价和学生打分等形式。

使用学生成绩来给教师排名是无效的,因为学生之前的学习情况、能力和所处的社会背景等会导致这种比较的不公平性。因此我们使用一种叫成绩提高率的方法来进行教师评估。成绩提高率不是单纯看学生的考试得分,而是看学生在某个老师手下成绩提高了多少。学生的旧成绩作为学生新考试成绩的参照,教师教学的有效性体现在学生新旧成绩之间的差距。使用成绩提高率评估教师,有时会把学生的社会背景、种族等因素加以考虑,这样做被称作情境附加值。

成绩提高率只能告诉我们学生的学习成绩,不能告诉我们教师具体在课堂上的表现。有一种专门考查教师课堂教学的评估方法叫听课评估法。使用这种评估方法时,外来人员,如校长、教研室主任、其他老师或是教学督导等到课堂上观测教师教学过程,从而对其进行评判。听课评估法可让听课人观察教师教学的各个细节,如课堂管理、课堂气氛等等。听课评估要达到效果,必须对听课人进行相关培训,要让其明白在课堂上该关注什么。

还有一种常见的教师评估方法,即校长评价法。这种方法比起成绩提高率评估法和听课法更为简单易行,和学校的日常联系更加紧密。校长对老师和学生都比较了解,因而与成绩提高率评估法和听课评估法相比,他更理解上述两种方法容易忽略的因素。不过,校长不可能精通每个学科,也有可能有失偏颇。在实践中,校长给自己老师打的分数往往高于外来听课人所给的分数。

有些学校用学生调查来评估教师的教学。学生每天都经历教师的教学,他们会对不同的教师进行比较,他们对教师的印象不像听课人那样短暂。不过学生调查也有一些问题。他们可能把教学有效性和受欢迎程度混淆,对教师的性别、种族等可能有偏见。考试成绩好的学生往往会给自己的老师打高分。

所有教师评估手段中,成绩提高率评估法最能说明学生的学习成就,也是最可靠的。然而,成绩提高率评估法极为复杂,需要许多准备。它也不可能为教师提供相应的反馈。因此,有着广泛影响力的MET项目研究提倡把成绩提高率评估法、听课评估法和校长评价综合起来使用。

复习题

1. 你认为理想的成绩提高率评估模式应当包括哪些变量？为什么？

2. 如果要观测教师的提问质量,应当用高推断模式还是低推断模式,或是两者的结合？为什么？

3. 你能开发一种观测教师行为管理的观察方法吗？

4. 校长观察教师时会出现哪些偏颇？

5. 你会乐意接受学生对你的教学反馈吗？为什么？

6. 如果要你开发一套教师评估系统,你会考虑纳入哪些评估要素？为什么？

结语　21世纪的教师和教学

相信读者对什么是有效教学已经略知一二了。显然，我们只是对这方面的某些研究成果做了一个粗略的总结，也为有兴趣在这方面做进一步研究的读者引荐了一些相关资料。有些内容我们在本书中并没有涉及，如具体学科方面的教学研究，比如科学和现代外语教学；如何对来自不同社会背景和种族背景的学生因材施教等。不过，我们对教学相关领域的一些主要研究成果还是做了一些回顾和评论。

本书主要内容回顾

首先，从研究成果最丰富的领域开始，我们总结了课堂和行为管理方面的研究。这些成果为创造有利于学生学习的课堂环境打下了理论基础。第二，我们介绍了有关直接教学法的研究，这些研究为我们提供了许多基本的教学技能，介绍了一些基本的、有效的教学行为，如提问、个人练习、课堂构建等。第三，关于高级思维技能和元认知方面的研究成果越来越多，我们介绍了许多有关学生自我认知、如何提高社交技能方面的研究，还大致介绍了关于天才学生和其他有特殊需求学生的教育。第四，关于读写方面的研究成果也是汗牛充栋，数学教学方面的研究成果也不可小视（虽然没有读写方面的研究多）。第五，学习评估为我们提供了另一个重要的研究和实践领域。

上述五个领域方面的研究成果都很丰硕。其中第一部分涉及的一般教学行为可能是最为丰富的，然而这些研究大都在有限的几个国家（主要是英国、美国和荷兰）进行，关注的也是有限的科目（主要是数学和阅读），涉及的学生对象以小学生为主。显然这些研究对其他科目、其他年龄的学生甚至其他国家是否适宜，这是需要打问号的。不错，许多研究成果具有一定的普适性，但仍需进一步研究才能得出结论。其他方面的研究，如教育细化、教师职业发展等比较薄弱，需要进一步发展。

有待加强的研究

有两个领域需要加强研究，即IT在课堂上的使用，教育策略和计划的效能。随着大量IT项目的实施，IT在教育上的使用得到政府和教育界的支持，但什么样的IT项目是高效的，关于这方面的研究却少之又少。本书前两个版本我们有专门的章节介绍IT使用，但这方面的知识更新和其他相比实在太慢，我们认为在新的版本里没有必要专门辟出一章来讲。显然IT在教育领域的潜力是无穷的，它也改变了我们的生活和工作，但关于其在课堂和学校的使用方面的研究如此之少，实在令人诧异。考虑到人们在IT上的大量花销，IT通过和年轻一代亚文化结合，使知识产生和传输形式发生巨大变革，如果没有足够的研究来释放IT的这些巨大能量，那将是一个遗憾。不幸的是，IT使用目前主要集中在时尚行业和销售行业，有关研究大都是定性和主观的，缺乏一个坚实可靠的研究基础。

另一个需要加强研究的领域就是教育计划和项目的效能问题。用于教育的经费不是无限的，这就是说如何更好地分配利用这些教育资源是需要各个层面的人士认真考虑的。显然，我们应该优先考虑具有教育效能的项目，同时还应考虑教育策略的效率问题。例如，从国家教育系统层面来看，管理层要在是花费大量资金为学校提供IT资源，还是把钱花在教师的在职培训上做出选择。同样，即便提供IT资源，这些资源是花在软件上还是花在使用者的培训上？如何提高教育政策计划的成本效率和有效性（以及教育有效性），这些还需要做大量研究。可喜的是，自本书前几版以来，教育捐赠基金会已经在其资金使用说明和项目评估中包括了资金成本。这样做虽然有限，但人们已开始注重具体项目的效率问题。

认知神经科学的兴起

认知神经学方面的研究成果可能会给教学实践带来一些挑战。英国教育界对此还毫无反应，而其他国家则积极热情地迎接着这些挑战。教育学者和教师们似乎更相信通过教育系统内部（和我们密切联系）的变革来提高教育水平，而不是直接和生理学遗传学之类的学科相结合来寻找教育的变革出路。在第1章我们讨论过认知神经学方面的一些成果，而其他方面的成果，如小脑的作用、分散练习的必要等也是值得我们关注的。

我们的第一个思考是关于教学中是否忽视了小脑的作用。众所周知，我们技能的获得分为几个步骤：首先是“陈述”阶段，在这个阶段我们学会做什么；其次是“程式化”阶段，这个阶段我们学会怎么做；最后是“自动化”阶段，这个阶段我们可以自动地使用所学的技能。认知神经学发现，大脑里存在两个回路：一个负责陈述性学习（小脑额叶和海马区），另一个负责程式化学习（小脑额叶、小脑和运动区）。小脑负责运动技能和思考技能，也是语言获得、时间处理的中枢，并和前额认知区有紧密联系。尼克森等人（Nicolson等，2001）创建了“小脑赤字理论”（CDT：cerebellar deficit theory，译者注），该理论认为阅读障碍、动作失调症、多动症（ADHD/ADD）等学习问题都源于小脑发育不良，正因为如此，上述症状的孩子不能够把所学的技能“自动化”。他们认为，小脑发育迟缓（CDD: cerebella development delay）是许多孩子学习失败的原因，这是可以避免的。该理论尚有争议，他们设计的以运动为基础来激活小脑的干预措施（站在晃板上保持平衡，将装满豆子的袋子从左手“扔”向右手）取得了良好效果,但也因其实验样本范围有限、数据不合理受到各种非议(见 Dyslexia,Volume 9,for multiple criticisms 和 Nicolson 和 Reynolds,2003,for a defence)。但无论如何,未来的教学应同传统意义上关注"大脑思维"一样,也该关注一下如何释放小脑的能力。

我们的第二个思考是关于如何开发大脑潜能。我们已经知道,"分散"练习比"集中"练习有效。这就是说,学习一个技能,用6个10分钟的分段式效果好于1个小时的整体式。因为技能获得可分为不同阶段:从容易波动的EEG(脑电图)形式到几小时后的相对稳定形式(仍然易受影响)再到更加稳定牢固的形式(该形式往往通过睡眠形成)。时间越长形成的神经通路越稳固,而睡眠起到关键的作用。在上述各个阶段,大脑一旦受到刺激,都需要时间来起作用。简单说,就是大脑需要一定的空间来打通新的神经通路,关闭多余的通路。然而,在我们的传统教学里,正是这种满堂灌和集中练习的方法大行其道。满堂灌一个小时甚至更久只会让旧的学习内容干扰新的学习内容。结果只会造成错误加错误,一个科目在一两天内的学习毫无进展。现行的教学方式完全违背了科学依据。美国人菲尔茨(Fields)在对人体生长时DNA合成的细胞变化研究中发现了活动的时间间隔模式。他发现,激活CREB(环磷腺苷效应元件组合蛋白:译者注)是产生记忆的关键,而其最佳的激活模式是每10分钟3次的脉冲刺激(此内容转引自凯勒,Kelley,2007,他详细分析过该文献)。众所周知在蒙克西顿高中进行过"间隔学习"试验(Barkham,2009)。在这个试验里,用间隔教学法进行短时的智力刺激只持续90分钟,而得出的成绩和传统教学模式相当。这些都表明,21世纪的教学应该有一个剧烈的变化才行。

方法论方面存在的问题

即使在研究基础很好的领域,依然存在着研究方法论薄弱的问题。在教师效能研究领域需要使用更加复杂的方法论。综合各种方法,把定量分析和定性分析结合起来,综合前者的活力和后者的深度,定能够产生一些丰硕的研究成果(Tashakkori 和 Teddlie,1998)。如果要进一步发展这方面的研究,应更好地收集学生方面的相关数据。此外,本书探讨过的一些研究中,并没有把一些意料之外的后果考虑进来。例如,把有特殊需求的学生放入普通班级中,相对于那些有优势的同学,这对他们的成绩有何影响?高级思维技能教学如何影响基础知识的教学,等等。

另一个关于方法论的问题是,大多数研究的隐含前提是,学习过程是呈线性发展的。这个问题并没有引起足够的重视,甚至完全没有意识到。尤其在定量研究中,经常使用线性模式来解释教育现象,如经常使用的多元线性回归和线性结构方程等统计方式,本质上都是线性模式。这种线性假设显然不符合大多数教育理论,也和教学研究以及教师们的教学经验背道而驰,我们都知道学生的学习其实是呈非线性的。教育研究应当更多地使用一些非线性研究方法了。

另一个需要研究解决的关键，是要探索所谓的有效教学行为在多大程度上可以被推广使用到各种具体的教育场景中，或是需要多大程度上的细化。让教师做到具体问题具体分析，使用恰当的教学行为，可能这才是必然的(Campbell等，2004)。从后一种观点的角度来看，有效教学其实是一个多维的创造，变化多端，而不是靠一些所谓普遍的做法就能达到的。

总的来说，越来越多的证据表明，需要对所谓好的教学进行更加细化的说明，主要从如下一些方面：

(1)不同的学科。我们知道，数学教学其实比读写教学更加重要，这些领域都有一些具体的教学策略和方法。而其他科目在这方面的研究就比较少见。

(2)不同社会经济背景的学生。对来自社会底层的学生来说，更需要教师创造一个支持而温暖的环境，让他们知道可以得到所需的帮助。开始新课之前最好看看学生的反应(任何反应)，确保各方面都没有问题再向前推进，先讲知识及其应用，然后再做抽象总结(先具体再抽象)，及时提供帮助(可以发动同学)，给他们打好学习基础，循序渐进。而对来自中产阶层的学生，应多开拓他们的推理能力，多给他们一些需要进行综合概括的问题，提供富有复杂概念的材料，使用项目学习，培养他们独立判断、发现和解决问题的能力，使用更多原始资料，鼓励他们自觉学习，丰富他们的词汇表达能力(Borich，1996)。

(3)不同效率的学校。高效能的学校之间应该有更多的合作与交流，而低效能的学校应该加强领导(Hopkins和Reynolds，2001)。

(4)学校所处状况。和已经进入高效状态的学校相比，那些正步入轨道的学校更需要各种帮助和资源的支持(Hopkins和Reynolds，2001)。

未来的教育政策和实践

未来十年，教育政策会变得更加富有挑战。从教学研究和实践的层面来看，我们应该填补一些研究方面的“空白”，加强一些薄弱领域的研究(如怎样具体问题具体分析)，细化我们的一些研究，避免把我们的研究精力放到一些意义不是很大的事情上。

并不是说我们要怎样迎合政府的所谓新的教育政策，而是要清楚目前的教育研究成果和新兴的、革命性的其他知识体系以及它们可能给课堂和学校带来的变革，这些变革对师生来说都是有利的。接下来在我们的结束语里，我们将从政府和学术界的层面来看看这些变化。

首先，来自教育政策的重大挑战。政府对教育的要求越来越高，经常将学校和教师置于问题的中心，凡是涉及青年学生发展与成长的问题，似乎答案都在学校和教师这里，即便没有任何证据表明这些问题和学校或教师有何关联。最近，政府加强了教育结构的调整，从制度层面上转变教育由谁负责的问题，比如，转变了教育控制权。这确实是个不小的改革，但是如果触及不到核心问题，即教师和教学问题，这种改革对提高我们的教育水平就毫无意义。

英国从来都是把“学校”作为教育测评、考量、政策转变和发展的主体。这种情况需要改变了。尽管目前总的教育政策承认,除了学校,教育也发生在其他一些场合,但这些除学校之外的场合,在政策文件里仍只是一种“宏观”概念的存在,而不是以“微观”的具体过程出现。我们经常见到的如:

(1)学生的学习是在教室等地方和教师面对面发生的。如果真要解决他们的学习需求,教育管理者应当更具教育眼光,政策的制定应当从学生的学习经验(往往是多样化的)入手,而不是仅仅从学校或其他组织机构入手。我们需要一个注重学生体验的教育,而不是国家政策想要的教育,两者是有区别的。

(2)教室,或其他学习场景里的教师,或其他施教者才是教育孩子的关键,不是学校这种机构组织。迄今为止来自几乎所有层面、所有国家、所有部门的分析都认为,教师或是课堂教学对学生成绩的影响是学校的4到5倍(参见本书前言及其他相关内容)。学校的组织形式,无论规模、结构、管理形式还是其他什么形式对学生来说都不重要。但是在我们的政策文件里,提及“学校”的次数往往比“教室”被提及的次数多得多。这是我们英国最大的问题,我们也许把教育问题过度政治化,几乎所有教育问题都想用政治手段解决。世界上大多数国家,包括学生成绩最好的环太平洋国家,讨论教育问题时,重点都放在教学和课程上,都认为它们是学生学习的强大“杠杆”。

可惜在我们英国,政府虽然关注教学,但不是从有利的角度来关注的。政府制定政策时,关于什么是有效教学,不是靠研究证据,而常常是靠个人经验、靠某种思想甚至靠想当然。对这种“后真相”式的政策,我们作为教育研究者、教师和教育管理者应当予以坚决抵制。

在本书中我们指出,教育无论作为研究领域还是实践领域,都充满着无限魅力。大量的教师行为与学生的学习成绩有着千丝万缕的联系,而这些联系又不是十分紧密,这就意味着,好的教学并不是要把所谓几桩“大事”做得怎么好,而是要把许许多多的“小事”做好。教师对自己的信念、自我效能与学生的学业进步有关系,学生的行为影响教师的态度,而教师的态度又反过来影响学生的行为。教学其实可以轻而易举地改进,也可以变得更为有效(Hopkins和Reynolds,2001;Slavin,1996)。

公平而言,把教学改革的重点放在“学校”不仅仅是国家政府的问题。从一开始,教育效能运动(Chapman等,2015;Teddlie和Reynolds,2000)就只到达学校这一层面,也只在学校层面受到欢迎,这就导致有关有效教学行为等方面知识的匮乏,不过这种情况在过去10年得到了改善,本书已有涉及。

然而,不管是谁的问题,单靠学校层面的管理和领导出不了21世纪所需要的教师和教学。传统的学校管理不再能促进教师,因为教师的关注焦点会更多地放在学科及其教学上。传统的教育管理也意味着,政策对学生学习的影响力不会强只会弱。我们需要的管理政策应当是针对学习层面上的。

教育研究对实践的影响极有可能还表现在学校内部的成绩多样性上。目前"整体"学校的管理模式其实忽略了一个问题即学校内部的成绩多样性(WSV),如果这个问题得到关注,出台一些"分解"学校的政策的话,也会改变我们未来的教学。

学校内部的成绩多样性其实远远大于学校之间的成绩多样性,这并不奇怪,因为学校一般都是由各种各样的人和部门组成的。PISA在2006年的研究发现,在所有参与研究的国家中,英国校内成绩的多样性是最高的。只有一半(大约)的校内成绩多样性与学生先前的成绩和背景个性有关系,其余的只能用师资水平等其他因素解释。

一些针对学校的研究和发展项目显示,改变校内学生参差不齐的情况必须通过提高学生的整体成绩来实现。此外,一些较成功的干预措施已形成正式项目,帮助学习成绩优秀的学校,将最好的措施变为标准常态(Reynolds,2007)。这些干预措施包括:

(1)营造学校文化,使其能支持学生之间和教师之间更好地相互学习;

(2)要有高品质的数字系统,确保好的实践能得到该有的认可;

(3)制订学校的改革与发展措施时,要多听取学生的声音(通常这声音是非常清晰明了的);

(4)在不影响创造性的同时,要使用标准执行程序将成绩多样性降到最低;

(5)注重实际教学,而不是学校一级的组织管理事务;

(6)把"中层"领导人员变成教学改进的引擎,而不是行政管理的工具。

因此,21世纪的学校组织结构应当被分解在其组织、构想和功能意义上。个人(以小学为例)和部门(以中学为例)要成为教育—教学的主体,因为相对整个学校教职工而言,它们人数更少,也更为灵活。同事之间的相互学习比坐等学校之间的人员和知识交流更快,也可避免各种借口,因为就学校的大多数科目而言,很可能同样的学生会学习一样的科目,这就意味着学生之间的差距反映的是其教育的差距,而不是他们之间原有的差距。

未来的课堂和学校需要更多地与教育之外的各种宝贵学习资源和经验相联系,也需要加强它们内部之间的联系。以更小的单位来构想和组织教育看来是不言而喻的。

未来的教学

我们已看到,在未来10年,无论是政府政策,已有的研究成果,还是新兴知识领域,如认知神经学等方面的研究成果,都将给我们带来各种新的挑战。我们传统的师资培训方式和职业发展模式其实就像"师徒制"一样,新教师跟随"导师"亦步亦趋习得被认为有效的教学方式方法,这样的方式在未来不足以使我们充满信心迎接上述挑战。

由于国家政策不断变化,还有本章概括的各种新知识新理念的到来,关于教育的知识和理念也在不断更新,我们传统的师资培训和教师职业发展模式远远不能满足上述需要。更加理性、更加实用的教学模式会更受欢迎,对教育从业者而言,无论政府政策如何变化,教育知识理论如何更新,他们都应该以教育研究为基础,配合现实和新的知识理论来解决教学中的实际问题。

上述模式下的教师,无论政策如何变化、理论如何更新,都能应付自如。他们不只是旧教学法的拥趸,不仅仅会坚持有效的方法。事实上,越来越多的教师开始自己开展研究活动,通过诸如教育研究之类的组织揭露一些无效的理论,这种趋势和动向非常值得肯定。不过,要造就能有效面对未来各种挑战的教师群体,使之成为自己教学的研究者,还任重道远。

附录　思考题参考答案

第一章

思考题 1.1

虽然有一些证据显示存在一般智力因素，但是这些还不足以证明其存在。首先，一般智力本身由不同部分组成，如语言和非语言智力。其次，所谓的一般智力因素并不能很好地解释人类的所有行为表现（如运动）。所以一般智力并不能决定人类行为表现的各个方面，这种看法是正确，并且是重要的。但是，这也并不是说，人类的各种行为背后都由不同的智力支配。

思考题 1.2

这三种理论有着不同意义，由它们产生出了截然不同的教学法。行为主义理论强调教师对教学效果的作用，对诸如直接教学法等以教师为主的教学法有重要影响（见第2章）。皮亚杰的理论更注重儿童的个人发展，成人的作用只是为其提供一个理想的环境，使儿童的发展自然发生。皮亚杰的理论产生了以儿童为中心的发现学习法。维果茨基强调的是学习构架的建设，即学生应当和同学合作，成人只需为其提供有限的支持，使其能够进入下一步的学习。

思考题 1.3

这就意味着我们应当从学习后进行的所谓的区块练习转向交叉练习。如果我们要让学生学习的内容是1，2，3，那么传统的区块练习是111122223333，而交叉练习则是123213123321。

第二章

思考题 2.1

反对直接教学法是有一定原因的。首先人们认为直接教学法是一种“满堂灌”的方法，学生几乎没有参与教学的可能。尤其是当教师没有足够的提问，和学生没有足够的互动的时候，更是如此。但这不是直接教学法本身的问题。其次，从哲学角度来看，反对直接教学法的根源在于对教师主导教学的抗拒。这种观点往往认为直接教学法是“传统”教学方法，和更加“进步”或是现代的以儿童为中心的教学法背道而驰。这种观点可溯源到18世纪法国哲学家卢梭的浪漫主义儿童观。这种儿童观在历史上不断复兴，最终在20世纪60年代站稳脚跟。这种浪漫主义儿童观强调儿童的主动性和自我发展，后来又从建构主义哲学那里获得支持。这种对直接教学法的评论在本质上并没有证据可依。第三类对直接教学法的批评和第二类相似。其观点认为，世界在变化，老的教学法已经过时，任何以传授知识为主的教学法都没有用了（持这种观点的人通常也认为互联网就可提供各种知识）。

上述观点和认知科学背道而驰（见第1章）。最后还有一种观点认为，直接教学法并非万能教学法，只适合基础知识、基本技能以及一些事实性的知识传授，并不适合一些高级技能的学习。对此，我们将在第5章详细探讨。

思考题2.2

总的来说，直接教学法更适合基本知识和技能的教学，不适合高阶思维训练。因此，就某个教学内容而言，可先用直接教学法保证学生获得一定的知识基础，接下来再使用其他教学法（见第5章）。但是，直接教学法并不只限于某个教学阶段。我们常说阅读和数学起步很重要，但知识获取存在于教育的每个阶段，即使在大学阶段，直接教学法也是有必要的。

第三章

思考题3.1

不举手回答问题显然有利于激发学生的积极性，只要准备好，他们随时可以回答。但是，有人指出，如果教师按照学生的能力来提问的话，可能会有失偏颇，不利于少数族裔学生。教师在使用这种提问方法时，一定要注意是在向谁提问，一定注意对那些容易产生偏见的学生如黑人男生提出合适的有一定难度的问题。让学生书面回答问题可以确保每个学生都能参与进来，也可避免上述的偏颇，然而，这种形式比较费时，很有可能打破课堂节奏。所以，不能所有的问题都要求学生进行书面回答。

思考题3.2

一些国家的学者认为，教师在课堂提问环节注重答案的问题使用过多而注重解题过程的问题过少，将不利于发展学生的高阶思维能力和创造性，而后者其实更加重要，因为社会在不断发展变化，我们已处于知识经济时代，知识变化日新月异，获取知识相对而言已不再是教育最重要的目的。与之相反的观点则认为，知识仍然是培养学生理解能力的基础，这种观点是有认知科学依据的（见第1章）。

第四章

思考题4.1

很显然，一群学生就某一知识点的理解存在一定差距，正因如此，他们才可以相互学习、相互帮助。只有这样，小组讨论才能发展学生的理解能力，才有“群体智力”，即群体比个体能储备更多知识、定律。然而，小组讨论也存在一定弊端，有时小组讨论会加深学生的错误理解和概念。小组可能被最有自信的学生掌控，而不是知识储备最丰富的学生。这就是说，小组学习项目必须注意难易程度，老师必须注意学生是否存在对知识的错误理解，必须确保小组成员的水平有高有低。

思考题4.2

当然小组学习不需要太多的教师干预，但是我们知道，有效的小组学习其实需要教师有一定的输入。教师必须确保学生在小组里能有效学习，必须适当分组、分配任务、分配学生在小组里扮演的角色、管理学生行为，确保学生完成学习任务并监控他们对知识是否理解正确。

第五章

思考题5.1

启发式教学注重自我调节学习中的认知因素。大家可以看出，它的四个步骤其实和本章引论里讨论的认知四要素极为相似。这就意味着，启发式教学虽然有用，但它只能解决自我调节学习过程中的一部分问题，并不能解决关键的元认知部分的问题。

思考题5.2

大部分对直接教学法效能的研究主要考查的是知识和基本技能的掌握程度，而没有考查自我调节下的学习过程。我们只要考查一下就能发现，除了直接教学，我们还需要其他一些教学法做补充。直接教学法是很重要，因为我们需要掌握一定的知识发展我们的学习。但直接教学法并不是唯一的方法，我们还可使用元认知方法、小组学习法等来解决学习中的其他问题。因此，教学效果良好的教师需要的是多种教学法的综合使用。

第六章

思考题6.1

回头看看我们讨论过的各种教学法背后的教育哲学思想，可以发现，如果认为教育是传授知识的话，就很容易和直接教学法联系起来，而如果认为教学是以发现为导向的话，就会导致建构主义教学法和其他以学生为主导的教学法。联结主义没有产生什么具体的教学法,但却强调有效的师生互动和提问策略,关于这点我们在第3章有所涉及。

思考题6.2

为确保教师具备良好的学科知识体系,意味着要在教育体系里多管齐下。首先,必须确保招收最好的师范学生,他们已具备相关学科知识的良好基础。这就得保证教育行业对他们有足够的吸引力。其次,在师资培养过程中,不能忽视学科知识的教育,这是师资培养的关键。第三,要确保教师能常常更新其学科知识,高质量的职业发展注重的就是学科知识的最新发展。最后,要避免"教非所学"的问题,不要让教师上他们的非专业课程。这种情况往往会出现在师资缺乏,特别是某个科目师资缺乏的学校。这又让我们回到刚才的问题,即首先要能招到优质的学科教师。

当然,在小学,一个老师往往会教很多门课。这意味着在师资培养和职业发展过程中,要么保证教师有比较宽泛的学科知识,要么加强小学教师的专业化,这正是中国等国家的做法。

第七章

思考题7.1

让教师确立自己的课堂纪律规范似乎有一定道理,这样能使课堂纪律适合教师的教学风格,能让教师有主人翁的感觉。然而,全校教师实行学校的统一规定和政策其实更为明智。关于这点有如下原因:第一,稳定统一的校园环境对学生十分重要,尤其对那些缺乏稳定家庭环境的学生。第二,全校实行统一规定,对每个学生都一视同仁,这对学生来说更公平。对青少年尤为重要。第三,每个老师各自为政,实行不同的规定,学生可能会质疑为什么A老师实行的规定B老师却不实行,这会相互损坏他们各自的威信。

思考题7.2

正如本章所讲,和我们想的不同,学生的意见并不会导致纪律松懈。其实大部分学生喜欢有纪律的课堂,这样他们才能好好学习。然而可能出现这样的情况,即学生和老师关于行为举止的看法不一样,特别是诸如统一着装这类问题,这类问题对课堂学习的影响,并不像诸如吵闹这类问题这么直接。这里有必要强调,任何班级的纪律规定都不可和学校的纪律规定矛盾(见思考题7.1)。这就是说,学生必须适应整个学校而不只是班级。学校纪律和规定的制订往往由一些人来代表(如校委会),而不一定涉及所有的人。所以,我们看到的就是只有一些学生代表参与制订学校的纪律规定。

第八章

思考题 8.1

不可能按一定数据来营造学校或教室气氛，这有许多原因。其一，收集的数据可能掩盖学生的不同观点。学生群体不是同类群体，他们的观点意见可能大不相同，甚至是矛盾的。其次，学生想要的不一定对教学有利，而遇到这种情况，学生的观点就必须服从教学需要，必须优先营造适合教学的环境。

思考题 8.2

在描述一些复杂现象时，我们往往会使用分类的手段，这样就很容易理解它们之间的差异。这也可以让我们看清教师行为是如何影响学生成绩的。但是，这种分类往往使问题过分简单化。实践中，每个教师的行为不可能总是落入一种类型，而是根据课堂情况、学生情况和教学内容，使用不同的教学方法和手段。例如，面对一群调皮捣蛋的学生，老师必须维护纪律，而面对那些成绩优秀纪律好的学生，他就没必要花时间管纪律了。老师的行为往往会随其所处的环境变化。因此，分类研究有一定的作用，但只能大致反映教师的行为变化，不可能反映其所有的行为变化。

第九章

思考题 9.1

有的学生在家里做功课的条件非常有限，有的甚至连一个安静的学习环境都没有，来自穷困家庭的孩子尤其如此。因此做家庭作业对这种孩子就没有什么优势可言。如遇这种情况，学校应当尽量为孩子提供一个放学后做作业的地方。例如，有学校成立了课后作业俱乐部，这种做法非常成功。这当然并不是说要教师或其他辅导人员来监督学生，如果这样的话就会给学校教职工平添了负担。不过，这种做法对那些处境不好的孩子来说真的是值得的。

思考题 9.2

家庭作业对评估学生的学习情况非常有用，能及时对学生的学习进行反馈，告诉他们哪些方面学得好，哪些方面还没理解透彻，哪些方面还有待加强。但是给作业打分没有多大用处。从学习的角度来讲，分数反馈可能对学生而言反而是种负担，可能使学生为分数而分数。从教师评价学生的角度来讲，给作业打分还会带来一些问题，比如有些家长会过度参与，这样分数对学生的成绩评价就变得不再可靠。

第十章

思考题 10.1

总体上说,那些只发生在学校的因子最能反映学校和教师的效能,而那些校外因子则不行。因此,当我们考查学科教学效果时,那些受家庭影响越小的科目,学校和教师的效能就越大。比如,教师在数学科目上的效能比阅读大,这是因为家长一般都会给孩子读书,而不会专门教他们数学。非认知成绩,如学生身心是否健康,部分因素在于学生的性格,以及家长如何给他们鼓励、如何教他们认真对待学习等等。因此,学校和教师在非认知方面的效能比较低。难道这就意味着,教师关注学生的身心健康等非认知因素就是浪费时间吗?绝不是的,10%的影响差距仍然重要,此外,学校教师在这方面所做的努力,如创造一个有利于学生学习的课堂环境,也能提高学生的学习成绩。

思考题 10.2

从文献上看,心理弹性和坚忍不拔(resilience 和 grit)这两个词经常用于形容相似的品行。但其实它们在意思上是有差别的。心理弹性(resilience)是指克服困难,从逆境中复原的能力;而坚忍不拔(grit)却是指能长期保持兴趣或努力的能力。从概念上讲,这两者显然是不同的。然而,在教学实践上,在对学生这两种品行的磨炼上所采取的方法却是相似的。因为能帮助我们锻炼韧性的东西往往也会帮助我们长期坚持我们的兴趣和努力,因为要坚持这些也是需要克服许多困难的。

思考题 10.3

家长可以做些努力,帮助发展孩子的社交能力。如给孩子提供和小伙伴玩耍的机会,鼓励孩子参加课后娱乐活动、兴趣小组,这些不但好玩,还能发展孩子的社交能力。

家长陪孩子玩耍可以发展孩子和其他小伙伴玩耍所需的社交能力。研究显示,有家长陪同玩耍经历的孩子,社交能力发展比没有这种经历的孩子要好。陪孩子玩耍时,家长应注意不能太主导或是经常纠正孩子,而是应当尽量和孩子平等,这样孩子才能学会和小伙伴玩耍所需的社交能力。

和孩子谈论他们和小伙伴的关系也能提高他们的社交能力。通常情况下可以和他们聊聊一天的活动等。

孩子没能参加某种活动,如戏剧表演之类的,这种情况是不可避免的,即便是比较受欢迎的孩子也会遇到这种情形。这个时候,家长应当避免对孩子说些泄气的话,如“可能他们不喜欢你”等,而应当说些鼓励安慰的话,如“可能他们今天也不顺,他们可能明天就会不一样吧”等。

第十一章

思考题 11.1

让残障学生融入社会并非就是指让他们到普通学校就读，这个说法乍一看似乎有理，但经不起推敲。首先，没有证据显示在专门的学校残障学生就能融入社会，因此也不可能知道那样是否就更好。其次，在普通学校全面接纳残障学生，效果肯定好于把他们与正常同龄人隔开的做法。那些研究真正想表达的是，学校和老师必须关注残障学生的社会融入问题，通过一些活动鼓励其他学生接纳、帮助他们，同时帮助他们发展社交能力，这才是问题的关键所在。

思考题 11.2

当然，学校要想接纳残障学生，必须首先做好硬件设施方面的准备。教学楼必须安全，所有学生都可使用，尤其是那些残疾学生，更不能忽略他们的需要。这包括确保教室不能太过拥挤；必要的地方要有斜坡；教室门要够宽，能让轮椅通行。教室要有足够的光线，最好是自然光，要避免使用日光灯，因为它们的光闪会影响注意力有缺陷的学生。要保证教室足够安静，能听到老师的声音。扩音系统(教师使用的无线话筒)对一些学生来说是必要的。

第十二章

思考题 12.1

环境决定才能，这个情况对天才的甄别影响很大。我们可能认为天才孩子大都出自富裕家庭，而对贫困家庭出现的天才视而不见。有研究显示这种现象确实存在，比如天才项目里的少数族裔明显不多。这意味着，作为一名教育工作者，我们应当尽量确保来自贫困家庭的天才孩子能够被发现。因为文化差异会在考试成绩中体现出来，因而不能只靠认知能力测试来甄别天才学生。所以天才项目应当适当关注那些非主流文化背景出身的学生，有可能的话最好有一定比例。

思考题 12.2

先修课程有一些优势。首先，它考虑到了天才学生的能力差异。不是所有学生在各方面都是天才。其次，它让天才学生仍然和其他同学保持一定接触，这可避免他们在社交能力方面的发展不足。先修课程无论对学校还是学生都具有一定的灵活性。另一方面，先修课程使天才学生脱离自己的班级，在社会交往方面显得不稳定，会限制他们融入学生群体，这对天才学生的社交能力仍然有一定影响。从学校来看，先修课程的组织比较复杂，实施起来有一定难度。最后，有的学生确实在各方面都是天才。

第十三章

思考题 13.1

哈特和莱斯利(Hart 和 Risley,1995)的研究显示,早在孩子上幼儿园之前,不同的社会背景就已经造成其发展的差异,很大原因在于如孩子与人互动、社会资本和语言使用等方面的发展资源存在不同。如果孩子不上幼儿园,所受的影响只来自家庭,那么上述差异会更加恶化。幼儿园能给家庭环境不好的孩子提供一个更加丰富的学习环境。然而要达到上述效果,这些幼儿园必须是高质量的,必须和那些富裕家庭孩子所上的幼儿园一样优质。因此,关键在于政府的相关政策,要为那些上不起私立优质幼儿园的孩子提供受教育机会,并确保质量。

思考题 13.2

人工观察容易出现的问题是主观性。性别、种族等因素会影响一个人的判断。要看的东西太多反而会影响我们应当观察的重点。为避免上述问题,我们应当做到下面几点。首先,要有一个清晰的观察量表,要具有描述性和客观性。其次,要对观察人员进行相关培训,让他们学会使用量表。不仅要理解量表上的各项指标,还要注意一些无意的偏见。最后,最好让不同的观察人员对同一个孩子分别进行观察,然后对他们各自的测评进行比对。虽然不能全部,但至少能对一些孩子的测评进行校正。

第十四章

思考题 14.1

支持优选体制的人认为,综合教育体制其实也会产生分化,中产家庭的孩子更喜欢往优质学校挤,这确实没错。综合体制里的分化现象往往是这样发生的,首先,在按片区入学的地方,一旦有了适龄的孩子,有钱的家长往往会把家搬到有“好”学校的片区。这是贫困家庭承受不起的,更别说好学校片区的房价会一个劲往上涨。其次,富裕的家长往往更会和体制系统谈判、交易,比如通过关系认识校长,让自己的孩子挤进“好”学校。尽管如此,有明确的证据表明,优选体制下的不公仍然大于综合教育体制(Sibieta,2016)。

思考题 14.2

学生之间有很多差异,在设计教学的时候,不可能把这些差异考虑得面面俱到。但是,有一些方面的差异必须加以考虑,例如,我们班上可能有一个、多个或很多个非母语的学生,这就需要我们认真考虑如何满足他们的学习需求,是采用浸入式教学还是用他们的母语进行部分教学。我们学生的文化差异很大,我们是否应当考虑到来自不同文化背景的学生之间的交流?学生个体发展并不是同步的,特别是在青春期,这需要我们区别对待他们。

第十五章

思考题 15.1

主要问题在于，和其他语言相比，英语在拼写和读音上的联系并不是特别紧密（看看“Worcestershire sauce”，读作“Wooster sauce”）。这是因为口语随着时间在不断发展变化，而书写形式一旦定下来会相对稳定。有些语言的拼写也会与时俱进，不断更新。尽管如此，词语和发音之间仍然有非常密切的联系，正因为如此，使得语音教学法不失为一个有效的教给孩子阅读的方法。

思考题 15.2

不同研究对相同的干预方案会得出不同的结论，这是有很多原因的。首先，研究的质量不同；最严格的研究需要进行随机抽样和控制组试验等，但这在教育界是不可能进行的，因此，许多研究采取不那么严格但仍然可靠的方法，如准实验类的研究设计。其次，教师实施干预的情况千差万别；干预可能对一群学生有效，而对另一群学生却无效，在一些学校有效，而另一些学校则无效。看到这些良莠不齐的结果，我们没必要担忧、犹豫是否值得进行某项干预。尤其是许多情况下，人们更喜欢公开干预的积极效果，因此，我们看到的良莠不齐的结果其实是干预措施的正常效果。

第十六章

思考题 16.1

为什么一些国家的人数学能力很好，而另一些国家的人数学能力却很差，原因有很多。其中之一是课程设置。如果你没怎么学过数学，你的数学能力当然会很差。在英国，学生课程很早就开始分化，有些学生 16 岁以后就根本没有数学课了。在美国，只有少数学生会学高等数学。而在许多其他国家，18 岁之前的课程极为宽泛。其次，教学质量也是个问题。如我们本章后面所述，研究人员对那些数学好的国家的教学进行了研究，发现他们做了许多和英美及其他西方国家传统上极为不同的事情。最后，文化也是一个原因。在英国，即使研究生也会承认自己的数学很差，这很正常，但如果说自己阅读很差，那就是不能接受的了。

思考题 16.2

数学往往被看作是难学、和生活无关的课程，但事实上课堂之外我们学了很多数学知识，对教师来讲，这是一个可加利用的优势。使用真实世界的例子和材料可以帮助学生更好地理解数学知识，将数学知识实际化。这可以随时随地进行。不过，如果只依赖真实世界的例子来学数学会出现一些问题。首先，会使学生难以把在真实世界学的概念迁移到其他场景。其次，学生对概念的全面理解难以形成，不会有效地使用数学语言，这对知识抽象化是关键的。基于上述原因,新加坡的教育工作者开发了一套把学生从具体的真实世界引向抽象世界的方法,我们会在本章讲到。

第十七章

思考题17.1

我们要进行任何总结性评估或正式测试,无论是传统的考试还是其他如学档记录之类的做法都是必要的。但如果是形成性评估就没有这些必要了。如果我们从更大的角度看待学习评估,把它看成一种发现学生学习情况的手段,对他们的学习情况进行相应的反馈,告诉他们如何做得更好,那老师在课堂上做的许多事情都可以是评估手段。例如,提问和讨论可让老师检测学生的理解,对他们的理解进行反馈;课堂作业和小组作业时老师巡视教室,对学生的理解进行反馈;家庭作业、批改家庭作业也同样提供类似的机会。我们还可看到,有些评估方式就是明确包括了上述这些活动。

思考题17.2

对学习测评确实有不少批评。其中之一就是认为这个名称的定义不详,定义不详就意味着有许多解释。这就会造成实践中的误用,例如,许多情况下把学习测评等同于总结性评估,进而等于国家统考或其他形式的考试。另一种批评认为学习测评太关注短期学习效果,主要关心老师一节课的内容。一节课的关注是没有什么意义的,因为学习需要更长的时间。贝内特(Bennet,2011)曾说过,关于学习测评效果的证据远远没有我们想象的多,而我们本章提到的那些综述里的研究设计都不是很好。

第十八章

思考题18.1

看看有效教师职业发展的特征,正如科丁勒等(Cordingley等,2015)认为的那样,你会发现这些特征和有效教学的特征差不多,如学生的积极参与、元认知、明确的学习目标和过程以及有效反馈等,这些我们在本书第一部分进行过详细的论述。教师职业发展需要一定的时间,这和我们所知道的学习过程是一样的。正如我们不会让学生只是听老师讲,不给他们实践和练习的机会一样,教师职业发展也是一个道理。但是教师作为成人,却经常在实践中忘记其所学的关于教学的基本规律。

思考题18.2

作为研究方法,行为研究有一定的优势,它实用且和教师实践面临的问题密切相关,这就是说,研究的项目是关乎教师教学实践的,因而可以为实践带来一些改变。行为研究具有很强的参与性，不是对教师进行研究，而是教师做的研究。研究与日常实践的结合意味着对教学细节过程的关注。但从另一方面来看，行为研究可能会有一些主观性，对整个教育学研究知识的贡献具有一定的局限性，因为所研究的问题可能其他专业人士已经研究过。大量校内的小型、未公开发表的研究项目不可能积累起多少适合广大教育界的知识。此外，行为研究的情境性和小规模不足以抽象出普适的教育规律。

第十九章

思考题 19.1

成绩提高率模式需要大量的数据和复杂的数据分析，所以只能靠校外机构，如私人组织、大学、地方政府或国家来提供。然而，校长或其他校级领导务必要理解成绩提高率所考查的内容，如应当考虑哪些变量，而哪些变量可以不加考虑，使用什么样的考试等。提供成绩提高率考查模式的机构应当给学校和老师提供一定的指导，帮助他们分析理解数据，最好的情况是，学校里有这方面的专业人员负责分析成绩提高率模式下的各种相关数据。这样一来就需要对学校的相关人员进行培训，否则的话，可能会出现过度解读数据，或是数据结果不产生任何作用的情况。

思考题 19.2

教学有许多不可观测的方面。例如，教师的备课只能在变成书面形式后才可观测，而书面的内容并不能全面反映教师的备课过程。某个教学内容需要几次课才能讲完，听一次课并不能反映某教学内容的全面情况，甚至会产生误导。教师和家长的交流、对学生的个别辅导等都是不可观测的。最为重要的是，和听课观测模式的意义相反，学习是不可观测的。我们可以观测学生上课有多专心，但我们并不能观测他们脑子里面的情况。